U1070853

乡村振兴与全域土地综合整治研究

任　平　姚树荣　李何超　洪步庭　著

科学出版社

北京

内 容 简 介

本书主要内容为基于全域土地综合整治、乡村振兴和乡村更新等理论视角，通过全域土地综合整治助推乡村振兴的机制创新，探索乡村地域空间重构路径。本书介绍了国内外以土地综合整治助推乡村振兴的主要做法与经验，深入调研成都市土地综合整治的实践探索，对政策实施过程中的利益相关者进行了微观层面的定量评价和分析，提出了完善建设用地指标交易政策的思路与建议。在深入剖析土地综合整治典型案例基础上，提出了土地综合整治助推乡村振兴的创新机制与路径，并在丘区欠发达乡村进行了研究成果的应用示范。

本书适合自然资源管理、农村土地制度改革、乡村振兴等专业领域的学者、政府管理人员、研究生及相关专业人士参考和使用。

审图号：川S【2022】11001号

图书在版编目（CIP）数据

乡村振兴与全域土地综合整治研究 / 任平等著. —北京：科学出版社，2022.10（2023.6 重印）

ISBN 978-7-03-070942-4

Ⅰ. ①乡… Ⅱ. ①任… Ⅲ. ①农村－社会主义建设－研究－中国 ②农村－土地整理－研究－中国 Ⅳ. ①F320.3 ②F321.1

中国版本图书馆 CIP 数据核字（2021）第 261851 号

责任编辑：郑述方 / 责任校对：彭　映
责任印制：罗　科 / 封面设计：墨创文化

科 学 出 版 社 出版
北京东黄城根北街 16 号
邮政编码：100717
http://www.sciencep.com
成都锦瑞印刷有限责任公司印刷
科学出版社发行　各地新华书店经销
*
2022 年 10 月第　一　版　开本：B5（720×1000）
2023 年 6 月第二次印刷　印张：16
字数：322 000

定价：148.00 元

（如有印装质量问题，我社负责调换）

序

全面建成小康社会是实现中华民族伟大复兴中国梦的关键一步。党的十九大报告明确提出“实施乡村振兴战略”“加快推进农业农村现代化”的战略部署，擘画了未来产业兴旺、生态宜居、乡风文明、治理有效、生活富裕的乡村振兴宏伟蓝图。

乡村地域系统是一个开放的复杂巨系统，是由人文、经济、资源与环境相互联系、相互作用的要素共同组成的，具有一定结构、功能和联系的乡村空间体系。在过去相当长的一段时期内，城乡二元结构问题突出，城乡发展失衡，以人口、土地、资金等为核心的乡村关键发展要素大量流失，造成乡村的日益衰落。特别是近年来，随着工业化、城镇化和农业现代化的快速推进，自然资源和生态环境约束日益凸显。在乡村地域空间，村庄发展空心化、耕地利用碎片化、空间布局无序化、土地闲置低效化、生态质量退化等多维问题并存，如何破解这一乡村发展难题成为乡村振兴战略高质量实施必须回答的课题。

2018 年 9 月，联合国环境规划署将年度“地球卫士奖”中的“激励与行动奖”颁给浙江省“千村示范、万村整治”工程，该工程通过全域土地综合整治，不仅能促进耕地保护和土地节约集约利用，还能改善农村生态环境，为农业农村提供发展空间，助推乡村振兴，是践行绿水青山就是金山银山理念的最佳典范。2019 年 12 月，自然资源部印发《关于开展全域土地综合整治试点工作的通知》（自然资发〔2019〕194 号），明确要求贯彻落实习近平总书记对浙江“千村示范、万村整治”重要批示精神，按照《乡村振兴战略规划（2018—2022 年）》部署要求，在全国范围内部署开展全域土地综合整治试点工作。2021 年中央一号文件又明确提出：开展乡村全域土地综合整治试点。

成都市作为农村综合改革的前沿阵地，曾经为全国提供经验和模式，在乡村振兴和全域土地综合整治等方面，也积极探索，走在前列，专门列项开展研究。项目紧紧围绕“破解乡村发展用地难题，优化农村‘三生’空间布局”这条主线，将土地综合整治和乡村振兴有机结合，坚持问题导向、目标导向、需求导向，深入调研总结成都市经验和举措，创新性提出了一系列可资借鉴、可供推广的政策组合，率先在四川丘区欠发达乡村进行应用示范，检验了研究成果的科学性和实用性。该著作就是研究成果的集中体现，结构合理、逻辑严密、内容丰富、素材翔实、观点独到，具有以下几个显著特点。

一、将全域土地综合整治与乡村振兴战略有机结合，在总结国内外实践经验的基础上，系统分析两者之间的作用机理，对十个不同类型的典型案例进行深入调研和剖析，创新性地提出土地综合整治助推乡村振兴的机制和路径，在丘区欠发达地区开展应用示范，将理论研究与实践应用相结合，体现出研究的系统性。

二、全面梳理了我国土地综合整治的发展历程与政策演变，开展土地综合整治的实施影响利益相关者评价，涵盖了土地综合整治的产生、发展、升级到示范应用的各个环节，将宏观政策分析与微观影响评价相结合，具有较好的实践指导意义。

三、注重全域土地综合整治服务乡村振兴战略实施的现实需求，突出乡村振兴与土地综合整治的交叉融合，为全域土地综合整治助推乡村振兴过程中促进产业融合、优化“三生”空间格局提供了实现路径。

中国农村是中华传统文明和文化形态的承载者，农业维系着整个国家的粮食安全与国家稳定，乡村振兴是民族复兴大业的重要组成部分。该专著以乡村地域系统理论为基础，通过全域土地综合整治助推乡村振兴的机制创新，探索乡村空间有序重构的路径，从实践中总结提炼，并利用研究成果进行示范应用，把论文写在祖国大地上。该书的出版可促进研究成果的分享，有利于成都模式和四川经验的借鉴和推广。

中国科学院院士

2021 年 11 月

前　言

民族要复兴，乡村必振兴。实施乡村振兴战略，是中共十九大作出的重大决策部署，是决战全面建成小康社会、全面建设社会主义现代化国家的重大历史任务，是新时代“三农”工作的总抓手。2018 年 1 月，《中共中央国务院关于实施乡村振兴战略的意见》提出要坚持农业农村优先发展，按照产业兴旺、生态宜居、乡风文明、治理有效、生活富裕的总要求，加快推进农业农村现代化，走中国特色社会主义乡村振兴道路。2020 年中央一号文件《中共中央国务院关于抓好“三农”领域重点工作确保如期实现全面小康的意见》提出：破解乡村发展用地难题，开展乡村全域土地综合整治试点，优化农村生产、生活、生态空间布局。2021 年中央一号文件《中共中央国务院关于全面推进乡村振兴加快农业农村现代化的意见》提出：深入推进农村改革，完善盘活农村存量建设用地政策，实行负面清单管理，优先保障乡村产业发展、乡村建设用地。

全域土地综合整治是推动乡村振兴的重要抓手，是优化“三生”空间格局的重要举措，是实现农村三产融合发展的重要载体。其通过全域规划、整体设计、综合治理、多措并举，用“内涵综合、目标综合、手段综合、效益综合”的综合性手段全要素整治农村“山水林田湖草”，从而有序推进乡村空间重构，推动人地关系协调发展，实现乡村有机更新。为了推进乡村振兴战略的有效实施，迫切需要更新土地综合整治规划理念、创新土地综合整治模式、改革土地综合整治运行机制和完善土地综合整治政策体系。

本书是“新时代中国土地利用转型重大问题研究”系列研究之一，主要基于实施乡村振兴战略的新要求，在全面调研、系统评估的基础上，将土地综合整治和乡村振兴有机结合，坚持问题导向、目标导向，结合国内外的实践探索，吸收先进经验，立足国内现实需求，提出土地综合整治集成创新的政策建议，形成可复制、能推广、在全国具有引领与示范意义的成都模式和四川经验。

本书分为 4 部分，共 10 章。第一部分为理论基础（包括第 1～4 章）：第 1 章主要对本书的研究背景和意义、国内外研究现状和研究的思路、内容与方法进行概述；第 2 章介绍了土地综合整治、乡村振兴、乡村更新等概念的内涵和外延，同时从系统性、可持续性、区域性等方面阐释了有关理论作用过程；第 3 章系统回顾和梳理不同历史时期中国农村和土地综合整治发展与政策演进历程；第 4 章通过对德国、日本、荷兰等发达国家土地综合整治促进乡村发展的情况进行分析，拓宽研究视野，选择浙江、广东、河南、贵州等典型地区，对其通过土地制度改革与土地综合整治助推乡村振兴的实践进行观察，总结可借鉴的经验。第二部分为实践探索（包括第 5～8 章）：第 5 章通过系统回顾与梳理成都市土地综合整治的历程，总结了成都市土地综合整治的模式、存在的主要问题和取得的经验成效；第 6 章分别从农户和投资者等利益相关者视角开展了成都市土地综合整治政策实施影响评价；第 7 章对成都、重庆、广东、河南、浙江等地建设用地指标交易的政策探索进行了深入剖析，通过总结经验、查找问题，提出改革完善的政策建议；第 8 章从土地综合整治的不同模式中选取 10 个典型案例开展实地调查，进行深入系统的比较与分析。第三部分为政策创新（包括第 9 章）：通过系统地阐释集成创新的内涵与要求，梳理土地综合整治集成创新的必要性及其基本思路，从支持城市建设发展转向服务乡村振兴战略等五大板块，以乡村振兴为目标导向推进土地综合整治工作；从强化规划管控等六大方面以国土空间规划为科学引领推进土地综合整治；从优化建设用地指标交易政策等八个方面以政策制度创新为重要动力推进土地综合整治工作。第四部分为应用示范（包括第 10 章）：针对本书提出的要明确土地综合整治的目标导向、丰富土地综合整治的实施模式、依据村庄类型差别化实施土地综合整治、健全土地综合整治的运行机制与政策体系、优化土地综合整治的实施路径等思路举措在丘区欠发达地区的西充县金源乡进行了应用示范研究。

本书由任平和姚树荣负责总体思路和框架设计，任平和姚树荣带领团队进行实地调研，收集了大量研究数据和资料，主要负责第 6～9 章的研究和撰写工作，李何超、洪步庭主要负责第 10 章的成果应用示范研究工作，洪步庭、张晓宏负责第 1～3 章的撰写与修改工作，洪运、赵茜宇负责第 4～5 章的撰写与修改工作；同时参加的人员还有陈锴民、董诗琳、王忠良、徐林梅、孙冬雪、徐伟强、杨春梅、陈诗瑶等。本书的顺利完成，既得益于课题组人员、高校和自然资源部门的通力合作，又得益于学界前辈、专家、同行的潜心研究，尤其要感谢四川省国土整治中心为本书提供的宝贵资料和数据。同时还要感谢国家社会科学基金项目“基于地权演化视角的美丽乡村共建共享共治机制研究”（编号 17BJL087）对本书出版的支持。

在本书撰写过程中，课题组成员参阅了大量专家、学者的研究成果，在书中以参考文献等形式予以注明，因篇幅有限，书中可能未全部列出，谨此向各位专家学者表示感谢和歉意。由于全域土地综合整治和乡村振兴的试点、实施和研究还在深入推进中，受研究能力和视野所限，课题组对此问题的研究还有很多未涉及之处，目前的研究成果还不够全面和深入，本书仅在力所能及的范围内提出观点和建议，敬请各位专家、学者和读者批评指正。

课题组全体成员
2021 年 7 月

目　　录

第1章 绪　　论

1.1 研究背景与意义

1.1.1 研究背景

1. 乡村振兴战略实施

2017年10月，习近平总书记在党的十九大报告中明确提出实施乡村振兴战略。2018年1月，《中共中央国务院关于实施乡村振兴战略的意见》对实施乡村振兴战略进行了总体安排和具体部署，实施乡村振兴战略需牢固树立新发展理念，落实高质量发展要求，坚持农业农村优先发展方针，建立健全城乡融合发展的体制机制和政策体系，努力实现“产业兴旺、生态宜居、乡风文明、治理有效、生活富裕”总体目标，加快推进农业农村现代化。2020年中央一号文件《中共中央国务院关于抓好“三农”领域重点工作确保如期实现全面小康的意见》提出“开展乡村全域土地综合整治试点，优化农村生产、生活、生态空间布局”。

全域土地综合整治是推动乡村振兴的重要抓手，其通过全域规划、整体设计、综合治理，统筹推进农用地整理、建设用地整理和乡村生态修复，全要素整治农村“山水林田湖草”，全域优化生产、生活、生态国土空间布局，促进耕地保护和土地节约集约利用，规范和保障一二三产业融合发展用地，改善农村人居环境，已成为新时期高质量统筹推进农业农村现代化、乡村振兴和生态文明建设的重要支撑。为了推进乡村振兴战略的有效实施，迫切需要更新土地综合整治规划理念、创新土地综合整治模式、改革土地综合整治运行机制和完善土地综合整治政策体系。

2. 农村土地制度改革探索

农村土地制度改革事关农村发展大局。中共十八届三中全会对农村土地制度改革作出重要部署，明确了改革的方向和任务；2015年1月，中共中央办公厅和国务院办公厅联合印发《关于农村土地征收、集体经营性建设用地入市、宅基地制度改革试点工作的意见》（“三块地”改革试点工作的意见）；同年2月，十二届全国人大常委会第十三次会议审议通过了《关于授权国务院在北京市大兴区等三十三个试点县（市、区）行政区域暂时调整实施有关法律规定的决定》，授权在试点地区暂时调整实施有关法律规定。七年多来，“三块地”改革从试点、延期、扩围到上升为法律层面的探索实践，在推动建立城乡统一的建设用地市场、增强农村产业发展用地保障能力和增加农民土地财产收入等方面取得了显著成效。

2021 年中央一号文件《中共中央国务院关于全面推进乡村振兴加快农业农村现代化的意见》提出：完善盘活农村存量建设用地政策，实行负面清单管理，优先保障乡村产业发展、乡村建设用地。根据乡村休闲观光等产业分散布局的实际需要，探索灵活多样的供地新方式。有效盘活农村存量建设用地、集体经营性建设用地入市和闲置零星宅基地有偿退出等均离不开土地综合整治的政策机制、工程技术等支持，因此有必要创新土地综合整治的模式机制，更好地推动农村土地制度改革落到实处、取得实效。

3. 乡村有机更新的现实需要

近年来，随着我国工业化、城镇化和农业现代化进程加快，城乡土地供需矛盾日益凸显。一是农村普遍存在承包土地分散化、碎片化，缺乏对田、水、林、路等要素的统一规划，制约了农业生产规模经营；二是农村建设用地中的居民点呈现杂乱无序、分布散乱的特征，不利于土地节约集约利用。从现实需求看，农业基础设施落后、土地利用粗放、农业生产低效等问题严重制约着乡村发展，只有通过全域土地综合整治才能实现乡村有机更新。

乡村系统是一个有机生命体，在对乡村空间进行改造更新的过程中要充分考虑乡村有机更新与周边环境的关系，将其作为一个整体进行统筹协调，这种改造并不是机械的改造，而是综合人文、自然、社会的实际和需求进行环境改善。全域土地综合整治按照“山水林田湖草是一个生命共同体”的系统思想，通过对乡村土地进行空间重构，全域优化农村生活、生产、生态国土空间格局，从而实现乡村有机更新的目的。

1.1.2　研究意义

1. 优化“三生”空间

空间是物质存在的基本形式。生产、生活、生态（“三生”）三种功能空间基本涵盖了人们物质生产和精神生活的空间活动范围，是人类社会经济活动的基本载体。党的十八大报告提出“促进生产空间集约高效、生活空间宜居适度、生态空间山清水秀”的要求，为“三生”空间的优化指明了方向。“三生”空间的利用状况既是人类在特定政治、经济、社会、自然条件和技术背景下进行活动的空间反映，又是城乡社会经济活动发展的基础和制约因素。随着我国新型城镇化和乡村振兴进程的快速推进，城乡生产与生活活动对于空间的需求日益高涨，“三生”空间利用的失衡已经造成环境污染、生态系统功能退化、生活空间设施配套不全和缺少活力等问题。本书将研究如何通过土地综合整治的集成创新，来调整和优化生产、生活和生态空间布局，实现生产、生活和生态空间协调有序，服务于农村农业高质量发展。

2. 促进产业融合

城乡协调发展需改变以乡村资源换城市资金的传统模式，乡村振兴需要依靠产业振兴，因此树立新型资源观，植入产业发展思维，按照产业兴旺的要求，既严格保护永久基本农田，又为农村产业发展预留发展用地，打造产村融合型农村景观，开展沿河道或交通干线与农村一二三产业发展结合连片整治，统筹推动生态景观保护、乡土文明传承、现代产业发展。通常认为，乡村最多的资源就是土地，但随着乡村振兴战略的深入实施，一些城市近郊或有特殊资源禀赋或区位交通优势明显的乡村也面临着严重的建设用地不足问题，特别是连片成规模的建设用地稀缺，这成了乡村产业融合发展的瓶颈问题。本书将研究如何通过土地综合整治的集成创新，优化乡村建设布局和产业结构，为保障乡村三产融合发展提供用地保障。

3. 提升治理水平

治理有效是乡村振兴战略的重要保障。土地综合整治是一项复杂的系统工程，既要“动地”又要“动人”，涉及广大农民切身利益。近年来，一些地方积极转变政府职能，探索农民自主实施土地综合整治的新模式，取得了良好效果。如贵州全省推行土地综合整治“村民自建”模式，让村集体成为施工主体，农民参与施工、管理和建成后的运营维护，增强了村集体经济可持续发展能力；湖南省按照“自定、自筹、自建、自管”原则，给予广大农民自主开展土地综合整治的权利，由农民集体协商确定建设范围、建设内容和工程布局，自主组织项目实施、质量管理和后续管护。可见，土地综合整治可不再由政府“一肩挑”、唱“独角戏”，而是要让农民自己的事自己办，同时自己负责、自主受益，增强农民的自主性和积极性。本书将研究如何通过土地综合整治的集成创新，更好地把土地综合整治与乡村治理改革相结合，充分发挥农民和集体经济组织主体作用，调动各方力量参与土地综合整治，提升乡村治理水平和土地综合整治效果。

4. 增进农民福祉

实施乡村振兴战略，要充分保障农民合法收益，以实施农民增收促进工程为抓手，持续保障和改善民生，拓宽农民增收渠道，提升农民获得感和幸福感。一方面，要探索建立产权收益分享机制，深化制度创新，推动农村集体建设用地使用权、农村房屋所有权、土地承包经营权、林权、小型水利工程产权和集体资产股权等农村产权流转，加快建立以产权为纽带，以股份制改造为载体，以盘活资源为核心的农民财产性收入新机制，促进生产要素自由流动，促进农民财产性收入稳定增加。另一方面，要构建形成公共服务均衡配置、农民收入持续增长、生活条件显著改善新格局，实现幼有所育、学有所教、劳有所得、病有所医、老有所养、住有所居、弱有所扶，实现城乡均衡发展。本书将研究如何通过土地综合整治的集成创新，显化土地资源资产价值，建立共享发展机制，增加农民的就业增收机会，最终导向农民生活富裕。

1.2 国内外研究综述

1.2.1 国外研究综述

1. 土地综合整治的内涵

国外的土地整治最早可以追溯到 13 世纪的德国巴伐利亚，到 16～18 世纪，德国进行了全国性的土地整治活动，使得巴伐利亚成为著名农业生产区[1]，土地整治这一概念在 1886 年正式出现在巴伐利亚的法律文件上。在德国，土地整理是指在官方机构的指导下，按照一定的程序，在地产主、公共利益代表和农业职工代表的共同参与下进行的一种经济活动[2]。之后，荷兰、俄罗斯、日本等国也适时开展了土地整治活动。

在荷兰，土地整治是一种对土地进行调整、交换、合并、重新分配，以此来改善农村地区土地利用布局和结构的活动[3]。在俄罗斯，土地整治是指一种政权代表机关组织利用和保护土地，建立良好生态环境和改善自然景观的措施体系。在日本，土地整治又被称为土地整备、农田整备等，从最初的土地盐碱化治理、围海造田发展到区域整体性规划、生态保护性整治，以提高生产生活条件、农民收入以及农村生活水平[4]。

2. 土地综合整治模式研究

国外土地整治工作开展的历史比较久远，其对土地综合整治模式的探索也比较深入。基于土地整理项目的系统评估，Coelho 等提出了农业主导型土地整治模式和产业带动型土地整治模式[5]。基于农村空间重构和乡村景观改善，Crecente 等提出了城镇引领土地整治模式和村庄整合土地整治模式[6]。根据土地整治参与主体行为的不同，Binns 将土地整治类型划分为强制型、部分自愿型和自愿型三种模式[7]。根据组织和管理形式的不同，张军连等将国外土地整理模式分为政府主导模式、土地所有者主导模式和规划主导模式三种，这三种模式分别在德国、法国和澳大利亚西部城市珀斯发展得较为成熟[8]。

3. 土地综合整治效益研究

国外对土地整治效益评价的研究早于我国，且其评价内容朝着更加多元化和综合化迈进，评价方法上较为成熟的是层次分析法和模糊综合分析法。早在 20 世纪 80 年代，Bosma 就对荷兰本地的土地综合整治进行了经济效益研究[9]。Mihara 对日本有关土地整治的经济效益做出了如下结论：土地整治能够促进农村经济发展，有效提升土壤的种植性能，对农业机械化发展也会产生一定影响[10]。Laird 的研究表明对土地整治社会效益的评价应当主要放在居民和政府对其认可度上，并衡量该项目实施后对当地的基础设施、福利保障水平等产生的影响[11]。Bronstert 等指出土地整治产生的水文影响在不同尺度上显著性不同，因此在不同尺度上开展生态效应评价具有重要意义[12]。在综合效益评价方面，Crecente 等介绍了西班牙加利西亚的土地整理，并对其在经济、社会和环境方面产生的影响进行了综合评价[6]。

在针对土地整治效益的评价方法上，层次分析法和模糊综合分析法是比较常见的两种方法。此外，20 世纪 80 年代以 H.T.Odum 为首创立的能值分析法，也是一种可用于土地整治项目效益评价的方法[13]。

4. 土地综合整治技术研究

国外的土地整治工作开展相对较早，对于土地整治的技术也相对更为完善。计算机处理技术的广泛应用大大促进了土地整治工作的开展，使得土地权属分配也更加合理[14]。尤其是在“土地整治 + 互联网”模式下，土地整治方面的应用效果较为显著，其主要是将土地整治相关背景数据录入计算机，利用相关计算模型，模拟计算得出整治后土地土壤结构、养分含量、市场估价等指标，进而为促进土地流转、农民增产增收等提供科学的数据支撑[15]。除此之外，国外的土地整治在理论和模式上比较健全，在行政、经济、技术等方面的管理大多数具有明确的法律保障制度和权属范畴，在公民参与、融资手段、技术支持和环境保护等方面都考虑得相对全面具体[14]。尤其是一些发达国家的土地整治技术比较成熟，如德国在土地整治技术方面一直处于世界领先地位，早在 20 世纪 80 年代，德国的巴伐利亚州就已普遍应用计算机数据处理技术，建立基于地理信息系统（geographic information system，GIS）的土地整治信息系统，将各种数据、图件和权属状况等资料储存于该系统中，并进行相应处理和计算。从国外的土地整治看，成功的土地整治工程一般要具备以下两点：第一，必须保障整治前后的所有地块总价值相等，因而必须要对地块的价值进行评估，GIS 技术在价值评估中有着很大的优越性；第二，将模糊专家系统（fuzzy expert system）模型应用于土地整治后的土地重新安排中，使土地权属分配能让更多农户满意[16, 17]。

1.2.2 国内研究综述

1. 土地综合整治的内涵与目标

土地整治最初被称为“土地整理”，是一种土地利用方式。在中国，最早的土地整治活动可以追溯到西周时期。西周的“井田制”、秦汉的“屯田制”均可被认为是土地整治的雏形。20世纪50年代以来，我国陆续进行的土地开发、土地复垦、土壤改良与土地整理等活动，均不同程度地含有土地整治的意思[18]。直到20世纪90年代，《中华人民共和国土地管理法》中引入土地整理，这一称谓才逐渐被普及。之后许多学者对土地整理的概念进行了界定，认同度较高的概念是在一定区域内，按照土地利用总体规划或城市规划，采取行政、经济、法律和工程技术手段，对土地利用状况进行调整改造、综合整治，提高土地利用率和产出率，改善生产、生活条件和生态环境的过程[19, 20]。

在不同时代背景下，我国土地综合整治的目标经历了最初的单纯追求增加粮食产量，甚至不惜牺牲生态环境来换取经济的高速发展[21]到更强调人与自然的协调，整治范围也不限于土地，相较以“土地整理”概念为标志的土地整治更为宽泛[18]。信桂新等从人与地协调的角度提出，土地整治是以保障土地资源可持续利用为目的，按照整合资源、整体推进的原则，以耕地面积增加、建设用地减少、农村生产生活条件和生态环境明显改善为目标的土地治理活动[22]。刘彦随等也提出新时期土地整治应该与生态文明建设相结合，同时兼顾农业现代化发展和城乡一体化进程，关注各方利益调整，集中推进[23]。

党的十九大报告中提出了乡村振兴战略，而土地整治在乡村振兴过程中肩负着为人口集聚、产业发展提供资源支撑的基础性作用。龙花楼等认为土地综合整治能激活乡村人口、土地、产业等发展关键要素，实现乡村地区数量、治理、空间三方面结构调整，进而实现乡村振兴以及城乡协调发展[24]。严金明等对我国土地综合整治提出了展望，力争在2030年，土地节约集约利用程度大大提高，城乡收入差距大大缩小，农村生产、生活条件大大改善；全面改善城乡土地生态环境，促进城乡统筹发展，并不断提高土地利用率和生产率，来满足社会经济发展对土地资源的要求，保证土地资源的合理利用，全面达到现代意义的土地综合整治要求，即进入景观生态型土地综合整治新阶段[25]。

2. 土地综合整治模式研究

目前，国内研究者加大了对我国土地整治模式的研究力度，并在实际应用中得到了肯定。主要模式有以下几类。

（1）以解决人地矛盾为目的的土地综合整治模式。目前，人地矛盾越发突出，在人地关系调控方面，信桂新等提出了生活行为模式、生产行为模式和生态行为模式，并说明了这三种模式之间的关系。其中，生活行为模式以农村建设用地整治为主，主要涉及旧宅复垦、新居建设、配套基础设施完善及社区居住环境治理等；生产行为模式以农用地整治为主，主要涉及田块平整、农业基础设施配套以及农田防护林建设等；生态行为模式以生态环境建设为主，主要涉及乡村景观的多样性保护与修复、绿色基础设施建设、生产生活废弃物处理等[22]。对于土地整治与城乡统筹发展之间的作用机制，信桂新等以重庆市为例，提出了“人地分离”的农地集中连片整治和“地随人走”的农村建设用地整治模式，以便对土地及其附属资源要素进行有效整合[26]。在城乡统筹背景下，李献民等在安徽省宿州市“人地挂钩”潜力测算的基础上，研究了土地综合整治的“人地挂钩”模式，该模式在严格执行土地利用总体规划和土地整治规划的基础上，实行城镇建设用地增加规模与吸纳农村进入城镇定居人口规模挂钩，它是破解当前用地矛盾的有益尝试[27]。

（2）以解决闲置村庄问题为目的的土地综合整治模式。对于空心村问题，刘彦随和刘玉围绕构建新型城镇化关系以及推动乡村空间重构、资源整合和节约集约用地的指导思想，结合国家战略和农民意愿，提出了空心村综合整治的模式，为新农村建设和城乡统筹发展搭建了新平台[28]；龙花楼结合农用地整治、空心村整治和工矿用地整治，提出了乡村重构的模式，以此来优化重构集约高效的乡村生产空间[29]。对于闲置居民点问题，高燕和叶艳妹提出了缩并自然村、建设中心村的整理模式，该模式一般采取就近原则，将自然村合并为中心村或行政村，并对小自然村进行复垦还耕，将分散变为集中，这既增加了耕地面积又方便了管理，还有利于公共基础设施配置[30]；杨庆媛等提出政府统一规划、号召大众集中建房的农村综合开发整治模式，即住宅区域闲置土地再利用、山区退耕还林和抛荒地利用等生态建设工程的结合[31]。

（3）以解决生态问题为目的的土地综合整治模式。在景观生态学方面，罗为群等通过分析生态脆弱退化区土地资源的特点，运用景观生态学理论，提出了景观生态型土地整理模式，景观生态型土地整理拟将传统土地整理措施与景观生态学原理相结合，探讨适宜具体研究区的土地整理模式[32]；谷晓坤等依据实例，探索了不同类型景观基底及生态功能需求，以此设计了景观调整优化模式，并指出景观生态型土地整治与传统的农地整治，在模式设计的思路与工程设置方面都存在明显差异[33]。在城乡统筹背景下，鲁成树和孙旭海根据我国自然社会经济现状，以及土地整治的不同类型和区域特点，将土地整治划分为市地整治模式、城市近郊农村建设用地综合整治模式、城市远郊农村建设用地综合整治模式、农用地综合整治模式和生态整治模式5种模式，其中生态整治模式通过生物生态环境修复、乡村景观保护和提升、不同尺度生态网络建设来提升水土安全、防治土地污染、保护生物多样性、保护自然资源，构建城乡一体化绿色基础设施，提高土地生态服务功能和景观价值[34]。

（4）以因地制宜为目的的土地综合整治模式。在杭州土地综合整治迭代升级过程中，全市各地根据各自资源禀赋和不同发展阶段，理性对待条件的差异，因地制宜开展整治，谢建华提出以优化国土空间为核心的全域整治模式、以小城镇建设为核心的整镇整治模式和以美丽乡村建设为核心的整村整治模式，这三种模式分别在城郊接合部、远郊小城镇和纯农业乡村地区实施[35]。基于土地整治与农业发展的关系，冯磊提出了适用于陕北地区的治沙改土模式和治土保水模式，适用于关中地区的整理复垦模式和挖潜配套模式，适用于陕南地区的治水保土型整治模式、生态保护型整治模式和整村搬迁型整治模式，以满足自然条件、社会经济条件及发展特色农业对土地整治的要求[36]。在组织形式、投资组合和操作方法方面，刘晶妹和张玉萍总结了农村土地整理的中国经验，提出了专项整治模式和全面整合模式，前者适用于经济基础薄弱地区，后者适用于经济发达地区[37]。

3. 土地综合整治潜力研究

土地整治潜力是在一定土地整治标准下，通过整治可以挖潜出的土地利用的能力，主要表现在可利用的土地面积、土地的生产能力、生态环境条件等方面。目前，国内有关土地整治潜力的研究多集中在农村地区，主要为耕地利用潜力和农村建设用地整理潜力，而关于未利用地开发、土地复垦等整治潜力的研究较少。

我国耕地整治潜力的研究与实践正在从最初单一的新增耕地面积向提升耕地质量、改善生态环境方向发展[38]，多集中在数量潜力和质量潜力的测算及提升上。在数量潜力研究方面，研究人员多以野外实地调研数据为基础资料，通过路坎、沟渠等零星地类面积计算新增耕地潜力，例如，张充以贵州省 114 个 5000～10000 亩坝区为例，通过计算新增耕地的数量及比例、现状沟路坎系数以及标准沟路坎系数，从而确定各坝区数量潜力[39]；孙丽娟和范丽娟则基于 ArcGIS 软件平台，借助土地利用总体规划等现状土地利用数据成果，对宁夏典型贫困区同心县农用地整治进行潜力测算及潜力分级[40]。关于耕地质量潜力测算及提升的研究多以多个地域的农用地分等成果及其现有的指标评价体系[41, 42]或者产能理论成果[43]为依托，利用自然等指数、利用等指数[44, 45]进行耕地质量潜力测算及提升路径研究。近年来，有学者注意到以往研究忽略了耕地整治工程措施可改良的耕地质量限制因素与分等因素的非衔接性，测算结果将高估耕地整治措施对潜力提升的能力[46]。因此，根据耕地质量主导限制因子类型[47]并确定可改造程度来测算耕地质量潜力及分区是目前研究的重点方向。

对于农村建设用地整治潜力方面的研究，国内部分学者主要就不同地区农村居民点的整治内涵、整治类型分区、整治潜力等方面开展了丰富的研究[48-50]。除此之外，近年来部分学者开始逐渐关注农村居民点整治时序的问题[51, 52]。其中潜力测算方法多为人均建设用地标准法、户均建设用地标准法、闲置土地抽样调查法、城镇体系规划法及模式法等中的一种，导致测算结果误差较大，同时多数研究重规模潜力测算[53, 54]，轻问题研判和实现路径设计，研究范围多集中在县、市尺度，缺少全国层面的相关研究。因此，宋荣和胡业翠通过构建全国农村建设用地整治潜力评价模型，明确了不同分区及时序安排，并针对性提出整治潜力实现的行动路径与政策举措[55]。脱正杰等采用三种不同的测算方法计算了库车市农村居民点整治现实潜力，并对其整治潜力进行分级[56]。

4. 土地综合整治效益研究

我国的土地整治效益评价研究工作起步较晚，但仍在效益评价内容和方法上进行了多角度的分析。土地整治效益评价的内容上有单向效益评价和综合效益评价两大类，方法上有层次分析法、模糊综合评价法以及能值分析方法、多指标综合评价法等。

1）土地综合整治效益评价内容研究

土地综合整治效益评价内容包括单向效益（如经济效益、社会效益和生态效益）以及综合效益两大类。在单向效益的研究上，李敏等以山东省阳信县为例，采取静态经济效益分析、动态经济效益分析和敏感性分析对土地整理的经济效益进行评价，结果表明经济效益显著[57]。张正峰和赵伟采用实证研究方法，基于问卷调查数据和统计年鉴数据，估算了北京市大兴区土地整理的直接经济效益和间接经济效益[58]。卢卫阳等以鄱阳县四十里街镇土地整治项目为例，采用定量分析方法对土地整治项目进行经济效益评价[59]。吴冠岑等的研究表明，熵权可拓物元模型克服了传统以定性分析为主对土地整理社会效益评价的不足，并评价了土地整理中的社会效益状况、影响因素及其程度大小[60]。邓经川等对重庆市云阳县土地整理实施后的社会效益进行了综合分析[61]。早在21世纪初孙炜等学者就提出了土地整理和生态保护的重要关系[62-64]。经过近20年的发展，已经采用多种方法和指标体系对生态效益进行评价，如欧阳真程等针对鄱阳县环湖河网平原特征构建了10个生态效益评价指标，进而对研究区域土地整治后的生态效益进行有效评价[65]。郑加玉等采用替代法及市场定价法对沪皖现代烟草农业高科技示范园的土地整理进行了生态效益评价，以期研究土地整理对耕地生态价值的作用[66]。

土地整治综合效益评价主要是对经济、社会和生态等多方位的综合效益评价，得到了越来越多的关注。程文仕等基于 RAGA-PPC①模型，采用投影寻踪方法从社会、经济、生态三方面对庆阳市15个土地整治项目进行综合效益评价[67]。曾

① RAGA-PPC 模型是基于实数编码的加速遗传算法（real coded accele rating genetic algorithm，RAGA）的投影寻踪分类模型（projection pursuit classification model，PPC）。

璇和胡笑涛以靖边县土地整理项目为研究背景，从社会、经济、生态三方面进行效益评价，并最终考察土地整治综合效益[68]；吴博等学者也从这三方面对土地项目整治的效益进行了评价[69, 70]。此外，在杨俊等对湖北省长阳土家族自治县土地整治项目的研究中，除了以上三个方面，还增加了对景观效益的评价[71]。刘志铭和王瑗玲也从经济效益、社会效益、生态效益和景观效益 4 个方面研究了诸城市黑龙沟等村土地整治项目，并提出在土地整治过程中应注重保护与改善，重视耕地的社会服务功能、生态功能与景观功能[72]。

2）土地综合整治效益评价方法研究

在效益评价方法上，现有研究多采用层次分析法和模糊综合评价法对土地整治项目进行评价。刘中正采用层次分析法建立评价指标体系，对平昌县岳家镇云梯村等 3 个村的土地整治进行综合效益评价，结果表明实施土地整治可显著提高土地综合效益，但同时也要加大对生态方面的研究和规划[73]。刘琦和尚杰基于层次分析法，以土地系统、农业环境和生态功能为准则层下的新增耕地率等 9 个指标评价了延长县 2018 年治沟造地项目的生态效益[74]。胡娟等指出层次分析法具有一定的主观性，提出采用模糊综合评价法结合实地调研的数据，对项目整治前后进行综合效益评价[75]。虽然层次分析法具有一定的主观性，但是在确定权重处理复杂问题上有明显优势，所以有不少研究将两种方法结合。刘姝驿等指出层次分析法虽有随意性，但可将复杂化的问题简化，提出采用层次分析法和模糊综合评价法对土地整治进行有效评价[76]。

此外，罗畅等采用经济效益比较分析法、静态经济分析法和动态经济分析法对土地复垦的经济效益进行评价[77]。原伟鹏等还运用了熵权可拓物元模型、多指标综合评价法对土地整治效益进行评价[78]。王晶和白清俊则指出可将伴随 3S 技术发展而产生的新评价方法纳入生态效益评价中，如景观生态学方法、生态流等[79]。

5. 土地综合整治技术研究

我国的土地整治工作起步较晚，对土地整治技术的研究起步也较晚，研究内容较少。在信息技术、测绘技术、计算机技术、遥感技术等新技术发展水平不断提高的时代背景下，土地整治技术同步革新的必要性日益凸显。在此背景下，我国亟待从土地整治技术的基础理论、研究前沿、规范标准以及全面性、系统性等方面入手建立起一种土地综合治理技术模式，将各种新型技术纳入综合整治技术体系中，以有效推动土地整治工作整体水平的提升。该种模式构建以“土地整治 + 互联网”为支撑体系，主要利用通信技术，分别从空间和时间尺度上搭建起利于土地整治工程开展的科技平台，进而使土地工程工作实现可视化、数字化、模拟化。鲍海君和徐保根利用“互联网 + 遥感”技术，获取了嘉兴市七里镇土地整治的基本要素，将待处理的信息进行整合与模拟计算，为土地工程顺利开展打下了坚实基础[80]；金晓斌等基于数字高程模型（digital elevation model，DEM）分析，为水利工程及相关配套设施的选址、测量计算及方案制定提供科学支持[81]。通过这些技术的应用，既能有效提升土地综合整治的工作效率和工作水平。又能有效避免传统工作中存在的问题，如原有技术水平下造成的整治不到位，甚至出现整治偏差的问题[82]。

我国土地整治技术的核心内容是生态化整治与景观设计技术[83]。其一，我国土地整治亟须解决灌排沟渠生态化设计技术和路沟渠生态化技术[84]；其二，我国针对土地整治工程项目建设监测管理系统进行了研究与设计，从建设一体化监管信息平台出发，构建了“中央—省级—县（区）级”三级动态监测管理系统，为实现运用信息化手段对土地整治项目建设情况进行动态监测和预警、提高项目管理效率提供了技术支撑[85]；其三，借助GIS软件的统计功能，应用DEM模型原理，来研究山地丘陵区坡式梯田土地整治工程量测算方法和流程，并为测算土地整治量提供了方法借鉴[86]。

1.2.3 研究评述

经以上研究综述分析，当前土地整治研究多侧重单项土地整治潜力的研究，或者关注焦点在某一项土地整治潜力的局部分析，而对于从不同角度定义土地整治潜力的内涵，学者们缺乏统一认识。除关注的侧重点不同外，采用的测算方法也不统一，并且尚未形成一整套完备、统一的标准评价体系，因此评价结果不具备可比性。而以编制土地整治规划为出发点，对县级土地整治潜力进行系统、全面地测算，并对县域内土地整治综合整治潜力进行分级的研究更是缺乏。同时，在全国生态文明示范区建设的大背景下，土地整治潜力研究亟须增加对土地生态修复潜力的研究。

此外，国内外对于土地整治的效益评价在内容上大体相似，从最初的经济效益评价到现在更加注重经济、社会和生态效益的综合评价。土地整治效益评价目的是对特定区域土地的经济、社会或生态效益进行量化评价，并提出相应的对策建议。但是对于土地整治效益的评价方法，目前没有一套完善的评价体系，因此对于土地整治项目的效果以及效益发挥程度还没有统一的衡量标准。

总体而言，虽然国内相关研究起步较晚，但通过学习、吸收、创新和实践，相关研究正逐渐深入并更加符合实际情况，逐渐形成从“同质同化”向“因地制宜”转变的具有区域特色的土地综合整治模式；以信息科技、生态工程、环境评估、规划实施为核心的土地整治技术研究也在不断深入和应用，土地整治信息化管理逐渐形成。但是，土地综合整治是一个涉及面较为宽泛的系统工程，除了其内涵、模式、效益、技术、潜力以外，还涉及更重要的一个层面，那就是机制。机制是保证土地综合整治顺利实施的基础，而当前对土地综合整治机制的研究是薄弱环节，有待加强。

1.3 研究思路、内容与方法

1.3.1 研究思路

基于新时代我国提出的乡村振兴战略、农村土地制度改革和乡村有机更新等背景，为实现乡村振兴战略目标，本书从理论和实践两个方面深入研究如何通过全域土地综合整治集成创新助推乡村振兴战略的实施。理论部分：首先对土地综合整治相关概念、理论基础和国内外研究现状进行综合分析，对中国农业农村和土地综合整治发展历程进行提炼和总结，收集整理部分国外和国内土地综合整治助推乡村振兴的典型案例和经验借鉴。实践部分：第一，系统梳理成都市土地综合整治的实践探索过程，在此基础上进行经验总结和问题剖析；第二，通过问卷调查和重点访谈的方式，开展基于农民和投资者视角的土地综合整治政策实施评价，为进一步完善农民、投资者权益保障机制及监管机制奠定基础；第三，对成都市建设用地指标交易政策进行专题分析，探索推动土地综合整治的市场化改革路径，广泛调动社会资本参与土地综合整治；第四，通过 2018～2019 年实地调研，选取邛崃冉义镇、青白江福洪镇、双流黄龙溪镇、郫都青杠树村、蒲江明月村、蒲江炉坪村、崇州竹艺村、崇州五星村、天府新区新兴街道、简阳贾家镇 10 个典型区进行研究，以进一步总结经验和发现问题；第五，从五个方面提出以土地综合整治助推乡村振兴的机制创新与路径，并提出对策建议；第六，基于以上理论和实践研究，以丘区欠发达的西充县金源乡为对象，进行土地综合整治助推乡村振兴的应用示范研究。

1.3.2 研究内容与技术路线

本书基于实施乡村振兴战略的新要求，在全面调研、系统评估的基础上，将土地综合整治和乡村振兴有机结合，坚持问题导向、目标导向，结合国内外的实践探索，吸收先进经验，立足国内现实需求，提出土地综合整治集成创新的政策建议，形成可复制、能推广、在全国具有引领与示范意义的成都模式和四川经验，主要内容包括以下几个部分。

（1）绪论。主要对本书研究的背景和意义、国内外研究现状和研究的思路、技术路线及方法进行概述，主要目的是从乡村振兴战略、农村土地制度改革和乡村有机更新等背景出发，重新审视土地综合整治在重塑城乡关系、优化“三生”空间、促进产业重构、提升社会治理、增进农民福祉等方面的作用。

（2）相关概念与理论基础。选取与土地综合整治相关的概念，从内涵和外延对其进行阐述，从系统性、可持续性、区域性等方面详细解释有关的理论作用过程。

（3）中国农业农村发展与土地综合整治演进历程。自新中国成立以来，我国农业农村的发展总是和土地整理相辅相成，系统回顾和梳理不同历史时期中国农村和土地综合整治发展与政策演变的历程，总结自起步阶段以来的发展经验与规律，促进土地综合整治更加有效地服务于乡村振兴。

（4）国内外土地综合整治助推乡村振兴经验借鉴。通过对德国、日本、荷兰等发达国家利用土地综合整治促进乡村发展的情况进行分析，拓宽研究视野。选择浙江、广东、河南、贵州等典型地区，对其通过土地制度改革与土地综合整治助推乡村振兴的情况进行学习考察，提炼可借鉴的经验。

（5）成都市农村土地综合整治的实践探索。通过系统的回顾与梳理，总结实践经验、查找问题、探寻规律。成都市土地综合整治大致经历了农用地整理（金土地工程）、开展城乡建设用地增减挂钩试点、突破增减挂钩局限（跨县域与小挂钩）、将农用地整理与建设用地整理相结合、探索建设用地指标交易与持证准用及吸引社会资本参与、联通土地综合整治与集体经营性建设用地入市改革等阶段。

（6）成都市土地综合整治政策实施影响评价。土地综合整治是一项复杂庞大的工程，涉及利益主体众多，评价农民、投资者等主要利益相关者对成都市土地综合整治政策实施的影响是进一步推进政策实施的重要参考依据。

（7）成都市农村土地综合整治与指标交易政策。自2010年以来，成都市开始探索建设用地指标交易与持证准用制度，至今已有10多年时间，其间，争议之声不断。与此同时，重庆、广东、河南、浙江义乌等地则借鉴成都做法进行实践探索，因此很有必要对实施效果进行一次系统评估，通过总结经验、查找问题，提出改革完善的政策建议。

（8）成都市土地综合整治助推乡村振兴的典型案例。从投资主体看，成都实践中已形成政府主导型、企业主导型、农民集体主导型三种模式；从政策类别看，成都实践中已形成城乡建设用地增减挂钩、农民集中建房整理、原址开发利用三种模式；从集中程度看，成都实践中已形成“小组微生”与“村镇联动”两种模式。本书从不同模式中选取蒲江县明月村、炉坪村，郫都区青杠树村、白云村，邛崃市冉义镇，青白江区福洪镇，崇州市竹艺村等典型区开展实地调查，进行深入系统的比较分析。

（9）土地综合整治助推乡村振兴的机制创新与路径。通过系统地阐释集成创新的内涵与要求，梳理土地综合整治集成创新的必要性及基本思路。从支持城市建设发展转向服务乡村振兴战略等五大板块，以乡村振兴为目标导向推进土地综合整治工作；从强化规划管控等六大方面以国土空间规划为科学引领推进土地综合整治；从优化建设用地指标交易政策等八个方面以政策制度创新为重要动力推进土地综合整治工作。

（10）丘区欠发达乡村土地综合整治助推乡村振兴的应用示范。总结过去土地综合整治实践中的问题，在以后的实施中要明确土地综合整治的目标导向、丰富土地综合整治的实施模式、依据村庄类型差别化实施土地综合整治、健全土地综合整治的运行机制与政策体系、优化土地综合整治的实施路径。

在以上研究思路和内容基础上，拟定本书的整体研究框架和技术路线如图 1-1 所示。

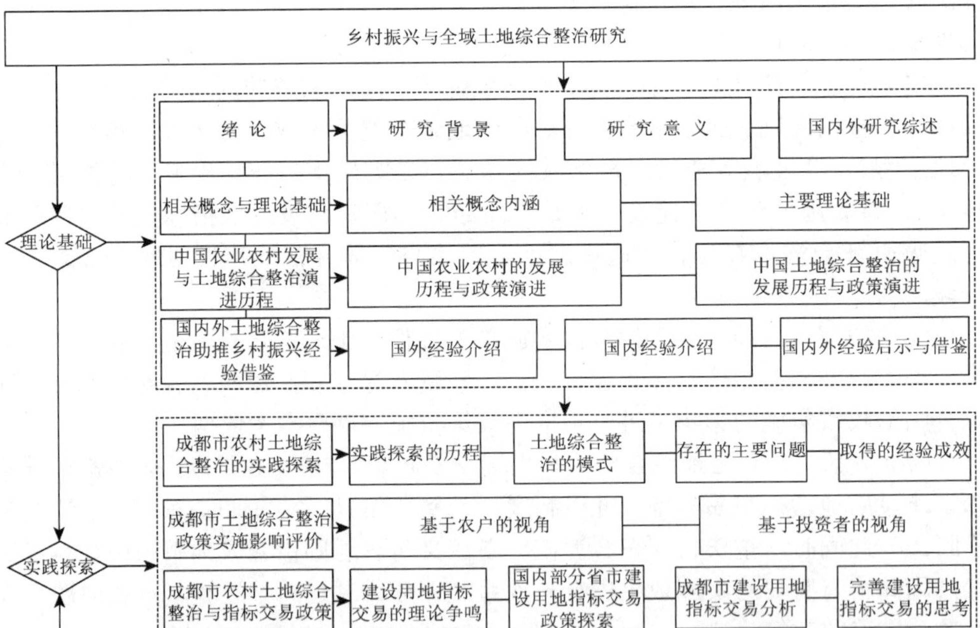

图 1-1　研究框架和技术路线图

1.3.3 主要研究方法

本书在研究过程中主要采取了以下研究方法。

（1）系统分析方法。系统分析方法来源于系统科学，主要是指把要解决的问题作为一个系统，对系统要素进行综合分析，找出解决问题的可行方案的咨询方法。系统分析是咨询研究最基本的方法，它能在不确定的情况下，确定问题的本质和起因，明确咨询目标，找出各种可行方案，并通过一定标准对这些方案进行比较，帮助决策者在复杂的问题和环境中作出科学抉择[87]。土地综合整治是一个系统工程，因而对其的研究方法必须着眼于系统分析的角度，既要研究其组成系统的各个要素，即单个主体之间的相互作用关系，又要研究这些相互作用的关系结构如何通过各个层次的整合最后达到一个总体的结果。系统论强调：①整体的观点，所以研究土地综合整治要注重以土地总体利用效率最优为导向，而不是以某一地类的最优为目的；②平衡的观点，所以研究土地综合整治要强调区域之间的平衡发展，而不是某个地区单一发展；③动态的观点，所以研究土地综合整治要着眼于土地整治的动态过程，而不能局限于单一时刻的土地利用效率最优；④土地综合整治和周围环境的和谐适应，所以研究土地综合整治不能局限于土地，而应放在城乡融合发展的大环境中加以分析。

（2）实证分析与规范分析相结合。实证分析主要研究经济现象“是什么”，即考察人类社会中的经济活动是怎样运作的，而不回答这样的运作效果是好还是坏。实证分析又分为理论分析和经验分析两部分。理论分析是通过考察实际经济运作状况，从中归纳出可能的经济运行规律，然后从一定的先验假设出发，以严密的逻辑推理演绎证明这些经济规律，并推演可能有的规律。经验分析则往往是用理论分析得到的经济规律考察经济运作中的实际例子，进一步验证理论分析得到的经济规律，并指导实际的经济管理。规范分析主要研究经济活动“应该是怎样的”，也就是说，在有关理论的研究分析中，其有关判断或结论的得出是以一定的经济价值标准为前提的。在土地综合整治研究中，往往要将通过调查统计得出的各种经济变量的实际数值与理论阈值进行比较，用理论规律加以解释，以加深对实际土地利用规律的认识。如本书以西充县金源乡为例，从自然与社会经济概况、国土空间新格局、产业高质量发展、土地综合整治等方面实证研究了丘区欠发达乡村土地整治与乡村振兴的协调推进路径。

（3）定性分析与定量分析相结合。定性分析是主要凭分析者的直觉、经验，依据分析对象过去和现在的延续状况及最新的信息资料，对分析对象的性质、特点、发展变化规律作出判断的一种方法。它主要是建立在解释学、现象学和建构主义理论等人文主义方法论基础上的一种价值判断。定量分析是依据统计数据，建立数学模型，并用数学模型计算出分析对象的各项指标数值的一种方法。它是建立在实证主义方法论基础上的一种事实判断。定性分析是定量分析的基本前提，没有定性的定量是一种盲目的、毫无价值的定量，定量分析使定性分析更加科学、准确，它可以促使定性分析得出广泛而深入的结论。定量与定性分析方法相结合是研究土地问题的重要方法之一。土地综合整治涉及较多的因素、复杂的联系、多个变量等，面对如此复杂的系统，要想从总体上获得最优化结果，只有尽力将系统各方面的关系数学化，用抽象的数学关系表述真实的系统关系，从而探讨其规律性。如本书基于利益相关者视角，主要运用模糊综合评价法等构建指标体系，进行计算或试验，对成都市土地综合整治政策实施效果进行综合评价。但是土地整治中的许多经济因素或指标还不能定量或精确定量化，而定性分析往往能更有效地简化分析和得到有益的启发。因此，本书在土地综合整治研究中采用了定性分析与定量分析相结合的方法，如案例研究法。

（4）统计分析与比较分析相结合。统计分析是指运用统计方法及与分析对象有关的知识，定量与定性结合进行的研究活动。它是一种用于研究如何测定、收集、整理、归纳和分析反映客观现象总体数量的分析方法。比较分析法也称对比分析法，是把客观事物加以比较，以认识事物的本质和规律并做出正确的评价。土地综合整治研究的对象是土地与土地之间的关系结构以及区域之间相互作用的发展规律。从统计学角度看，为消除单个样本的特殊特征，必须选取较多地区、较多时间点上的样本，利用统计分析方法，总结出具有代表性的一般土地利用发展规律，从而使结论建立在科学的基础之上。同时，在具体研究某一区域、某一时段的土地综合整治问题时又必须考虑各区域自身的特点，故又要运用比较分析法分析一个区域土地与土地之间的关系并将之与该区域的资源、人口、经济状况、文化传统等一系列特有的决定因素的特点相联系，通过比较分析各个区域之间的这种联系从而得出相关的结论和经验，这对研究土地综合整治非常有益。如本书运用统计分析与比较分析相结合的方法，选取了德国、日本及我国浙江、广东等国内外土地综合整治案例区进行深入剖析，以期得到国内外以土地综合整治助推乡村振兴的经验。

（5）典型案例分析法。案例分析法是实地研究法的一种，是指研究者选择一个或几个场景为对象，系统地收集数据和资料，进行深入研究，用以探讨某一现象在实际生活环境下的状况的一种方法。研究更多偏向定性，相对于其他研究方法，案例分析法能够对案例进行厚实地描述和系统地理解，对动态的相互作用过程与所处的情境脉络加以掌握，可以获得一个较全面与整体的观点。它最为突出的优势在于，研究者可以从案例中获得极为丰富的研究数据。案例分析法特别适用于无法精确定量分析的复杂研究对象，它能揭示普遍规律在不同实际环境中所表现出的不同形式，能培养研究人员对实际事物中所蕴含的规律的敏感性，提高其实际运用规律的能力。在比较研究中一般要用到大量的案例，如本书中选取了邛崃冉义镇、青白江福洪镇、双流黄龙溪镇、郫都青杠树村、蒲江明月村、蒲江炉坪村、崇州竹艺村、崇州五星村、天府新区新兴街道、简阳贾家镇等10个典型案例，对其以土地综合整治助推乡村振兴的做法进行深入剖析，以期发现问题和总结先进经验。

第 2 章　相关概念与理论基础

2.1　相关概念内涵

2.1.1　土地整理

土地整理是指为满足人类生产、生活和生态的功能需要，采用工程、生物等措施，对未利用、不合理利用、损毁和退化土地进行整理的活动。它有广义和狭义之分，广义的土地整理包括农村土地整理和城市土地整理两方面内容，狭义的土地整理仅指农村土地整理。一般，农村土地整理是指通过对田、水、路、林的综合整治，增加有效耕地面积，提高耕地质量，改善农业和农村生产条件和生态环境的活动和过程。城市土地整理是指根据城市规划确定的目标和用途，采取各种手段，调整城市土地利用和社会经济关系，提高土地配置和利用效率，改善城市生态环境，优化城市景观设计，最终实现城市经济、社会、生态可持续发展的活动和过程[88, 89]。根据整理对象的不同，土地整理还可以分为农村建设用地整理、农田整理、城镇建设用地整理和大型项目用地整理等类型。

2.1.2　土地整治

“土地整治”在 2012 年 3 月经国务院批准正式颁布实施的《全国土地整治规划（2011—2015 年）》中首次提出并进行了统一定义，是指在一定区域内，按照土地利用总体规划、城市规划、土地整治专项规划确定的目标和用途，综合运用规划设计、工程技术与建设等手段，通过对乡村山水林田湖草的综合治理，应对乡村发展要素流失衰退、土地资源亏损与低效利用、“三生”空间无序紊乱等问题，对配置不当、利用不合理，以及分散、闲置、未被充分利用的农村居民点用地实施深度开发，提高土地集约利用率和产出率，改善生产、生活条件和生态环境的过程，其实质是合理组织土地利用，调试乡村人地关系，满足乡村内生发展需求，最终实现人与自然可持续发展的活动[90, 91]。中国土地整治大致经过了补充耕地、基本农田保护与建设、土地综合整治以及山水林田湖草综合治理 4 个发展阶段。土地整治功能也逐渐由单纯的增地增产向多功能转型，整治类型由传统的农用地整治、空废宅基地整治和工矿用地整治三大典型类型向多类型治理转型。

2.1.3 全域土地综合整治

全域土地综合整治是指以乡镇为基本实施单元，按照土地利用总体规划确定的目标和用途，在坚持生态优先、保护优先、节约优先“三优先”原则下，以土地整理、复垦、开发和城乡建设用地增减挂钩为平台，利用资源整合和要素凝聚手段，整体开展农用地整理、建设用地整理和乡村生态保护修复等，推动以田、水、路、林、村为主的综合整治和功能提升的一项综合治理活动，同时也是推进城乡一体化进程的一项系统性工程[92]。全域土地综合整治的实质是调整土地关系，合理组织利用农村土地[93]。与以往开展的土地整理、土地综合整治相比，全域土地综合整治更加强调协调、有序和动态的系统观，可有效解决因土地利用碎片化带来的环境污染问题，是创新农村环境治理模式的有效策略。

2.1.4 乡村振兴

乡村振兴，意在让农村充满活力，繁荣兴旺，是中国六亿农民福祉所系[94]。在党的十九大报告中，习近平总书记首次提出了乡村振兴战略，其重点在于解决我国农村仍存在的发展不均衡、不充分的问题。2018年中央一号文件指出实现“产业兴旺、生态宜居、乡风文明、治理有效、生活富裕”是乡村振兴的总要求。乡村振兴的重点在于产业兴旺，产业兴旺就是要使农村一二三产业紧密联系，共同发展，实现农业现代化目标[95]。生态宜居是乡村振兴的关键。生态宜居就是要培养人与自然的友好关系，促进绿色化农业发展，提升乡村生态水平，打造美丽乡村。乡风文明是乡村振兴的保障。乡风文明就是要用先进文化滋养农民精神生活，提升农民素质，打造优良乡风。乡村基层治理是我国现代化治理的重要组成部分，乡村要实现振兴离不开有效治理。法治、德治相结合的乡村基层治理是乡村活力有序的重要保障。生活富裕是乡村振兴的根本、要缩小城乡收入差距，提高农民的物质生活水平，共享发展成果，促进农民共同富裕。

2.1.5 乡村更新

乡村更新是政府针对人口和就业向城市集中而导致乡村“空心化”以及村庄衰落等现象，从土地整理和土地改革工作范围内提出的一项关于农村地区可持续发展的任务[96]。乡村更新是实现农村现有环境蜕变的重要过程，其核心表现形式是对包括原有耕地、宅基地、道路、水系在内的土地利用布局的局部调整和优化，以及对乡村非物质遗产和村镇历史风貌的有效传承与发展。国内外乡村更新的理论支撑主要有两个，一个是吴良镛院士提出的“有机更新”理论，另一个是哈特-威尔泽 • 哈默（Hardt-Waltherr Hamer）提出的“谨慎更新”理论。目前乡村更新的动力主要来源于美丽乡村政策鼓励和旅游发展带动。旅游开发有利于促进旧建筑功能转变和村落空间的再利用，促进传统特色与现代化建筑的结合；地方政府一般承担非商业模式下的村庄基础设施建设和公共设施建设，村民对自家房屋和庭院进行改造。土地整治是促进乡村更新的主要手段，同时，生态文明和可持续发展理念背景下的乡村更新更加强调生态建设，注重人与环境的协调发展，因此也对土地整治提出了新的要求。现阶段，乡村更新实践主要集中于农地整治和宅基地整治方面，赋予土地整治以生产性、社会性、人文性等内涵，有利于实现利益均衡，将城市资源输入与乡村社会发展收益普惠于民，共同推进现代田园乡村的重构，提升乡村居民生活的幸福感。

2.2 主要理论基础

2.2.1 系统理论

系统一词来源于古希腊语，是由部分构成整体的意思。通常把系统定义为由若干要素以一定结构形式联结构成的具有某种功能的有机整体。在这个定义中包括了系统、要素、结构和功能 4 个概念，表明了要素与要素、要素与系统、系统与环境三方面的关系[97]。1932 年奥地利生物学家 L.V.贝塔朗菲首次提出系统理论的思想，认为整体性、关联性、等级结构性、动态平衡性、时序性等是系统的基本特征。该理论的核心思想是系统的整体观念，强调任何系统都是一个有机的整体而不是各部分的机械组合或简单相加，主要是对构成整体的子系统及要素之间及系统与外部环境之间的关系进行分析[98, 99]。同时，贝塔朗菲也认为，系统中的每一个元素都在它特定的位置发挥着独特的作用，这些元素相互联系构成一个不可分割的整体。乡村就是一个包含社会、经济、生态等诸多元素的复杂系统，土地综合整治也是一个包含诸多要素的复杂工程，在整治过程中研究者需要应用系统理论，对区域每个要素或要素之间的关系进行系统分析，协调各方利益，找到适合该区域的整治模式，促进该地区的繁荣发展。

2.2.2 土地产权理论

土地产权理论是一个科学的理论体系，包括权能内涵理论、权能结合与分离理论、交易商品化和配置市场化理论等方面的内容[100]。它具有普遍性、独占性和可转移性特征。土地产权主要是指有关土地财产的一切权利的总和，一般以“权利束”加以描述，包括土地所有权及与其相联系的和相对独立的各种权利，如土地所有权、土地使用权、土地租赁权、土地继承权等。土地属于不动产，具有不可移动性，清晰的权属界定是土地权利人行使土地权利和获得土地利益的前提，同时也有利于交易费用的节约，以及给交易双方一种收益的预期，以提高资源配置的效率。在土地综合整治工作中涉及的权属调整主体比较多元，包括土地所有权、土地使用权、土地他项权的调整等[101]。土地权属调整事关农民切身利益、多元主体的均衡利益以及土地综合整治的实施效率，在土地综合整治中居于核心地位。因此，土地综合整治工作应严格遵循土地产权理论，制定科学合理的权属管理政策，才能实现产权互换的公平、公开、公正。

2.2.3　区位理论

区位理论是指人类社会活动的空间选择以及与其他事物空间联系的理论，它是由德国经济学家杜能提出的。在《孤立国》一书中，杜能系统论述了农业生产方式配置在城市周边的区位选择问题。之后，区位理论的发展经历了古典区位理论、近代区位理论和现代区位理论三个阶段，主要内容包括工业区位论、中心地理论、市场区位论和城市空间结构理论等。区位理论的核心思想是研究人类社会经济活动的区位选择、空间组织和布局等，随着不断地完善和创新，研究范围扩大到了各种事物的空间位置问题上，使人类能够在更现实的条件下解决区域社会经济活动问题。乡村作为人类活动的单元，在对其进行土地综合整治的过程中，土地本身的地理布局、能否最大限度地开发土地利用效益[102]，是土地综合整治过程的关键。因此，将区位理论作为理论基础，从经济、社会和生态环境等方面综合研究处于不同区位的乡村土地整治模式，能有效促进乡村土地合理规划，助推乡村振兴战略实施。

2.2.4　可持续发展理论

可持续发展（sustainable development）于1987年在世界环境与发展委员会（World Commission on Environment and Development，WCED）的报告《我们共同的未来》中第一次正式提出，指既能满足当代人的需求，又不对后代人满足需求的能力构成威胁的发展[103]。可持续发展理论的实质反映了一种新的“人地关系”[104]，其核心在于人口、资源、环境、经济、社会等的协调永续发展，强调了自然资源和环境对人类经济社会活动的承载能力，包含公平性、持续性、共同性三大原则[105]，是一个多学科综合的理论。为实现土地资源合理有效配置和永续发展，在可持续发展理论的基础上，我国秉持“山水林田湖草生命共同体”理念[106]，积极实施包括田、水、路、林、村在内的土地综合整治，力争把土地综合整治打造成为促进发展、改善民生、惠及长远、造福子孙的德政工程[107]，实现社会、经济和环境和谐发展。因此，要将可持续发展理念贯穿于整个土地综合整治过程，科学开展土地综合整治，实现土地资源的可持续利用与发展[108]。

2.2.5 景观生态学理论

德国地理学家特罗尔（C. Troll）以生态学和地理学为主体，结合多种学科理论，于 1939 年提出了“景观生态学”这一概念。景观生态学是一门宏观生态学科，以景观为研究对象，以人与自然协调为指导思想，重点研究景观的结构、功能、空间变化、科学规划和有效管理。景观生态学通过景观结构功能、物种流、能量流动、生物多样性、养分再分配、景观稳定性和景观变化 7 个方面来体现其一般原理[109]。景观生态学的核心理论包含空间异质性、景观格局和弹性景观三个理论。在景观层次上，乡村异质性是由人类活动的干扰以及自然生态环境的差异性所造成的，乡村异质性主要体现在地形的空间结构变化和景观要素的时间变化上，景观生态学系统对乡村异质性的讨论侧重于空间异质性；而景观格局则体现了乡村异质性的具体现象，景观格局同时也是各种生态过程在不同尺度上、受到不同干扰作用的结果；弹性景观体现了人造和自然景观的弹性以及在突然变化或逐渐变化中恢复的能力，并试图保持原有的价值和协调[110]。

第3章　中国农业农村发展与土地综合整治演进历程

3.1　中国农业农村的发展历程与政策演进

“农，天下之大业也”。自古以来，农业都是国家的基础产业，农村更是国家繁荣富强的基石，农业、农村、农民问题关系党和国家事业发展全局。回顾历史，我国农业农村发生了巨大的变化，铸就了举世瞩目的辉煌成就。根据国家统计局数据显示，截至2019年末，全国总人口约为14亿人，其中农村总人口数5.52亿人，约占全国人口数的39.4%；粮食产量在70年里先后迈过11个千亿斤台阶，现已连续4年稳定在1.3万亿斤以上，高产稳产的优质农田达到6.4亿亩，全国农作物耕种收综合机械化率已经超过80%，农业科技进步贡献率达到58.3%；农民人均纯收入比1949年实际增长40倍，达到1.6万元，城乡收入差距持续缩小；超过99%的建制村通了硬化路，新型农村合作医疗、农村社会养老保险、农村义务教育实现全面覆盖。经过70多年的艰辛探索和不断改革发展，中国农村已经从根本上改变了农业极端落后、农村普遍贫困的状况[111]。在农村发展的不同阶段，党和国家实施了不同的政策，以不断促进农村变革发展。回顾新中国成立以来中国农业和农村发展的历史，梳理不同时期的重要农业和农村政策，从历史的角度更深入地了解农业农村发展历程，进而清楚地认识“从何处来”，深入思考“向何处行”[112]。

3.1.1　以农业合作社为主题的探索突破阶段（1949～1977年）

中国几千年以来一直都是农业国，在19世纪40年代至新中国成立之前，又经历了100多年的战乱，工业基础极其薄弱，国民经济几近崩溃，国家积贫积弱，人民一贫如洗。新中国成立初期，全国上下在政治、经济等方面都面临着严峻的形势。在苏联社会主义发展模式的影响下，中国开始了从新民主主义向社会主义过渡的探索建设时期。

这一时期中国农村尚有3亿多无地或少地的农民，生活十分困苦，严重阻碍了中国社会的发展。因此，中共中央决定进行土地改革运动。1950年6月，中央政府根据全国的新情况，通过并颁布了《中华人民共和国土地改革法》，规定“废除地主阶级封建剥削的土地所有制，实行农民的土地所有制”。同年起，没收地主的土地，分给无地或少地的农民耕种，同时也分给地主应得的土地，让全体农民自己耕种，自食其力，借以解放农村生产力，发展农业生产，为新中国的工业化开辟道路。此后，华东、华南、西北、西南各地区结合本地的实际情况，开始分期分批推行土地改革。自此，中国农民第一次拥有了自己的土地，实现了“耕者有其田”的目标，并在此基础上建立了自己的小农场，这让广大农民爆发出了前所未有的热情，1952 年与新中国成立之初相比，粮食总产量由 11381 万吨增加至 16392 万吨，年平均递增 13.14%[113]。

土地改革完成之后，分散落后的小农经济束缚着农村经济的发展，难以满足国家经济建设的需求，因此将几亿农民的个体所有制变为集体所有制的农业社会主义改造被提上日程。1953 年，中共中央发布的《关于发展农业生产合作社的决议》指出，要促进农民联合起来，逐步开始对农业进行社会主义改选，从农业互助组、初级农业生产合作社到高级农业生产合作社，由低级向高级发展。1955 年，政府加快了农业合作化的步伐，全国掀起农业合作化高潮。到 1956 年底，加入农业生产合作社的农户达到 1.17 亿户，其中加入高级社的农民占全国农民总数的 87.8%[114]，至此，我国基本完成了对农业的社会主义改造。这一时期由于全国粮食供求矛盾尖锐，引发了多种生活资料的价格波动，同时为了更好地对农业进行社会主义改造，利用农业积累去实现工业化，1953 年 10 月中共中央讨论并通过了《中共中央关于实行粮食的计划收购与计划供应的决议》，最终确定在“农村地区征购、城市配售”的统购统销政策[115]。自此以后近 30 年所有粮食收购量和供应量、收购标准和供应标准、收购价格和供应价格等，都必须由中央统一规定或经中央批准。其间，在对农业的改造过程中出现了“要求过急、改变过快、工作过粗、形式过于简单划一”的问题，导致原定 15 年完成的农业社会主义改造在半年内就完成了。

合作化后期出现的过急过猛问题导致了一种“假象”——农村生产力显著提高，原来高级社的生产关系已经不适应生产力的发展，必须找到一种新的生产关系，以适应生产力的发展，这助长了农村生产关系急于过渡的思想发展。在这种错误思想的指导下，1958 年 8 月中共中央作出《关于在农村建立人民公社问题的决议》，认为人民公社目前是集体所有制，将进一步向共产主义过渡积极地做好准备。之后全国各地迅速掀起了人民公社化运动高潮。到同年 10 月底，全国 74 万多个农业生产合作社改组成 2.6 万多个人民公社，参加公社的农户有 1.2 亿户，占全国总农户的 99%以上[116]，全国农村基本上实现了人民公社化。在 1959 年、1960 年连续自然灾害的影响下，农业生产出现断崖式减产，国民经济陷入停滞不前的状态，城乡市场供应异常紧张。直到 1960 年冬，党中央才开始采取措施，纠正农村工作中的左倾错误，提出对国民经济实行“调整、巩固、充实、提高”的八字方针，并制定和实施了一系列具体措施。

3.1.2 乡村改革向农村经济社会重构转变阶段（1978～2001 年）

1978 年 12 月，中共十一届三中全会在北京召开，全会重新确定了“解放思想、实事求是”的思想路线，把党和国家的工作中心转移到经济建设上来，作出实行改革开放的新决策，实现了伟大的历史性转折，开创了中国社会主义事业发展的新时期。

对内改革首先从农村展开。1978 年冬天，安徽凤阳小岗村 18 户农民在一份承诺书上按下手印，把小岗村生产队的土地分到了户，首创了“大包干”的联产承包责任制。1979 年秋天，“大包干”的小岗村迎来了激动人心的时刻，粮食总产量 13.3 万斤，相当于 1955～1970 年的总和，人均收入 400 元，是上一年 22 元的 18 倍[117]。1980 年 5 月，邓小平公开肯定小岗村的“大包干”。1982 年初，中国共产党历史上第一个关于农村工作的一号文件正式出台，明确指出包产到户、包干到户都是社会主义集体经济的生产责任制，农村家庭联产承包责任制开始在全国推开。1991 年中共十三届八中全会通过了《中共中央关于进一步加强农业和农村工作的决定》，提出把以家庭联产承包为主的责任制、统分结合的双层经营体制，作为我国乡村集体经济组织的一项基本制度长期稳定下来，并不断充实完善。这段时期，全国粮食总产量突破 10000 亿斤，农业产量连续丰收，农民收入不断提高，社会购买力增强，市场逐渐繁荣。家庭联产承包责任制的开创与实践成了中国农业现代化的新起点。

家庭联产承包使粮食产量快速增长的同时，还促进了农产品购销制度改革。1985 年，国家不再对农村农产品下达指令性的收购计划，代之以合同收购。1985 年 12 月，中央提出了“逐步缩小合同订购数量，扩大市场议购”的新方针。至此，农村统购统派解体，农产品流通渠道也由过去的单一型转变为多元化，形成了多渠道的流通体系及公平竞争的市场格局，使农业生产与广大市场之间的联系更加密切。农户除了按合同规定完成承包生产任务外，还可以自购生产资料发展其他自营经济，独立进行商品生产。一批“能人”的专长得到发挥，以多种经营为主的专业户、重点户成为发展生产力的先进代表和勤劳致富的带头人、示范户。同时，在邓小平南方谈话和中共十四大精神鼓舞下，乡镇企业异军突起，推动农村自然经济逐步向社会化、专业化的商品经济转化，为农业和农村经济全面向市场经济过渡奠定了基础。1992 年全国乡镇企业总收入达 15931 亿元，比 1991 年增长 49.5%；实交国家税金达 500 亿元，增长 37%；全国乡镇企业总产值从 1991 年开始 4 年迈过 4 个台阶，1991 年突破万亿，1994 年突破 4 万亿大关，达 45378 亿元。乡镇企业已毫无争议地成为农村经济的支柱和国民经济的重要组成部分[118]。

3.1.3 统筹城乡发展和社会主义新农村建设阶段（2002～2016 年）

20 世纪 90 年代以来，我国在体制转换和经济结构变动过程中，总体上实现了邓小平当年设定的按人均 GDP 衡量的“小康”，农村发展已经进入一个崭新的时期，但城市和乡村的发展却出现并积累了一些矛盾，如城乡公共品供给失衡、资源要素流动和劳动力转移失衡等，这些矛盾导致城乡差距越来越大，经济社会发展严重失衡。2002 年，党的十六大首次提出统筹城乡经济社会发展，明确表示我国农村发展和改革已进入了新的阶段，积极推进城乡统筹发展，建设社会主义新农村是我国现代化进程中的重大历史任务，开启了破除城乡二元体制的历史进程。中共十六届五中全会提出“生产发展、生活宽裕、乡风文明、村容整洁、管理民主”二十字方针，丰富和完善了新农村建设的内涵和任务。这一阶段中央围绕“统筹城乡发展，缩小城乡发展差距”主题连续下发指导农业和农村工作的中央一号文件，出台了一系列强农惠农富农政策。

首先深化农村税费体制改革，惠农补贴力度逐步加大。中央政府于 2000 年启动了以“减轻、规范、稳定”为目标的农村税费改革试点工作，并于 2003 年在全国范围内推开。2004 年开始在全国降低农业税税率，并选择黑龙江、吉林两省进行全部免征农业税试点，同时取消了除烟叶以外的特殊农产品税收。直至 2006 年在全国范围内结束了 2600 多年农民种地纳税的历史，逐步建立了“以工补农、以城带乡”的稳定的反哺农业的投入机制。其次，积极推进以乡镇机构、农村义务教育和县乡财政管理体制三项改革为重点的农村综合改革。至 2007 年，全国全部免除农村义务教育阶段学生学杂费、贫困家庭学生课本费，并补贴住宿生生活费，使农村 1.5 亿中小学生受益。同时，建立农村最低生活保障制度、全面推进农村新型合作医疗制度。2009 年启动的新型农村社会养老保险试点，将使农民在“种地不交税，上学不付费，看病不太贵”的基础上，实现“养老不犯愁”的愿望[119]。再次，加大对农业财政投入的力度。2004 年的中央一号文件规定，逐步拿出粮食风险基金中部分资金对粮食主产区种粮农民实行直接补贴，并对部分地区的农民进行小麦、水稻等良种补贴和购置大型农机具的补贴[120]。2006 年首次实施农业生产资料综合补贴。之后，补贴品种、补贴数额逐年增加，2011 年中央财政支农资金突破万亿元，并在之后一直维持在万亿元水平[121]，初步形成了全面建设小康社会新时期向“三农”倾斜的强农惠农政策体系。在此基础上，中央不断地根据农村发展现状，继续完善落实强农惠农政策体系，发展现代农业。

除此之外，农村土地制度也是农村改革的关键和核心，它始终是农村改革中的一条主线。在该阶段，我国城市化进程不断加快，大量农村劳动力转移到城市工作和生活，农业现代化也取得了较大的进步，而小家庭耕作方式则阻碍着农业现代化迈上新台阶。于是 2008 年，中共第十七届中央委员会第三次会议通过了《中共中央关于推进农村改革发展若干重大问题的决定》，指出加强土地承包经营权流转管理和服务，建立健全土地承包经营权流转市场，按照依法自愿有偿原则，允许农民以转包、出租、互换、转让、股份合作等形式流转土地承包经营权，发展多种形式的适度规模经营。有条件的地方可以发展专业大户、家庭农场、农民专业合作社等规模经营主体。据农业部统计，至 2013 年 6 月底，全国农户承包土地流转面积达到 3.1 亿亩，已占全国家庭承包耕地面积的 23.9%[122]。随着承包经营权流转的农户越来越多，土地承包权主体同经营权主体发生分离，农业生产关系产生变化，因而对完善农村基本经营制度提出了新的要求，要不断探索农村土地集体所有制的有效实现形式。2014 年 9 月举行的中央全面深化改革领导小组第五次会议强调，要在坚持农村土地集体所有的前提下，促使承包权和经营权分离，形成所有权、承包权、经营权三权分置，经营权流转的格局。在实践中，由于我国资源禀赋、社会经济发展水平、人地关系等方面的差异，形成了多元化的经营主体，如四川崇州探索以土地经营权入股合作社，农户、合作社、职业经理人和专业服务组织共同经营的“农业共营制”[123]。

3.1.4　乡村振兴战略实施阶段（2017 年至今）

改革开放至今已有 40 余年历史，我国的农业、农村、农民（“三农”）工作都上了一个大台阶，农业农村发展取得巨大成效，但也存在不少问题。最突出的就是乡村发展和文化衰败问题。随着中国进入快速城市化时期，“三农”各要素加速分离，农民脱离农业和农村，导致了乡村社会的解组，表现出农村空心化、农民老龄化、农业副业化，农村教育、科技、文化、卫生等公共事业发展滞后和农村生态环境退化等衰败特征。党的十九大报告指出，我国社会主要矛盾已经转化为人民日益增长的美好生活需要和不平衡不充分的发展之间的矛盾，这对我国的农业、农村、农民发展提出了新的要求。一方面，人民日益增长的美好生活需要对粮食安全、生态安全、健康养生、休闲旅游等方面提出了要求；另一方面，我国发展不平衡不充分问题在乡村最为突出，乡村治理能力和治理体系亟待加强。

2017 年 10 月，党的十九大报告首次提出实施乡村振兴战略。报告指出，农业农村农民问题是关系国计民生的根本性问题，必须始终把解决好“三农”问题作为全党工作重中之重，并基于新时代的新特点，对“三农”思想进行了补充、完善和提升，进一步提出了“产业兴旺、生态宜居、乡风文明、治理有效、生活富裕”的总要求，坚持农业农村优先发展，防止出现农业衰落、农村凋敝，加快推进农业农村现代化。2018 年 9 月，《乡村振兴战略规划（2018—2022 年）》印发实施，乡村振兴的顶层设计已经逐步完成，各地相关举措陆续出台，乡村振兴正当时：农业生产更绿色高效，新产业新业态蓬勃兴起，土地制度改革稳步推进，乡村环境更宜居。为了更有效落实乡村振兴战略，真正保障广大农民的利益，国家也相继出台了一系列强化乡村振兴的制度性供给措施，比如：巩固和完善农村基本经营制度，深化农村土地承包关系稳定并长久不变，第二轮土地承包到期后再延长 30 年；探索宅基地的所有权、资格权、使用权“三权”分置改革，盘活闲置宅基地，增加农民财产性收入等。2020 年中央一号文件再次为乡村振兴建立制度框架和政策体系，主要包括：坚决打赢脱贫攻坚战、对标全面建成小康社会加快补上农村基础设施和公共服务短板、保障重要农产品有效供给和促进农民持续增收、加强农村基层治理和强化农村补短板保障措施等。

乡村振兴战略实施以来，制度框架和政策体系已基本成型，各地也探索出了有价值的经验，涌现出优势企业引领型、科技创新驱动型、电商助力与数字赋能型、产村融合发展型、集群片区联动型、绿色生态增值型、改革活力释放型等多种乡村振兴模式。在此基础上，现代农业建设取得重大进展，乡村振兴实现良好开局，粮食年产量持续保持在 1.3 万亿斤以上，农民人均收入较 2010 年翻一番多，截至 2020 年，中国农村居民人均可支配收入增长至 17131 元，新时代脱贫攻坚目标任务如期完成，现行标准下农村贫困人口全部脱贫，贫困县全部摘帽，农村改革向纵深推进，农业农村发展取得新的历史性成就。至此，“十三五”规划圆满完成，“十四五”规划落地实施。

“十四五”时期是开启全面建设社会主义现代化国家新征程、向第二个百年奋斗目标进军的第一个五年。民族要复兴，乡村必振兴。党中央认为，新发展阶段“三农”工作依然极端重要，须臾不可放松，务必抓紧抓实。要坚持把解决好“三农”问题作为全党工作重中之重，把全面推进乡村振兴作为实现中华民族伟大复兴的一项重大任务，举全党全社会之力加快农业农村现代化，让广大农民过上更加美好的生活。为此，2021 年中央一号文件明确要求，实现巩固拓展脱贫攻坚成果同乡村振兴有效衔接、加快推进农业现代化、大力实施乡村建设行动、加强党对“三农”工作的全面领导。2021 年农业农村现代化规划启动实施，脱贫攻坚政策体系和工作机制同乡村振兴有效衔接、平稳过渡。到 2025 年农业农村现代化取得重要进展，粮食和重要农产品供应保障更加有力，现代乡村产业体系基本形成，乡村建设行动取得明显成效。

3.2　中国土地综合整治的发展历程与政策演进

土地综合整治是指在一定的区域内，依照土地利用总体规划所确定的目标和用途，主要以土地整理、复垦、开发和城乡建设用地增减挂钩为平台，推动田、水、路、林、村综合整治的过程。以改善农村生产、生活条件和生态环境，争取实现农业规模经营、人口集中居住、产业聚集发展，推进城乡一体化进程。这项系统工程事关国家长远发展、牵涉全体人民利益，只有从整体谋划、开放视野、创新思路、统筹推进等方面进行土地整治，才能实现“农民得实惠、城乡共发展”的目标。

现代意义的土地整治在中国经历了近 40 年的发展，其范畴、目标、内涵和方式等都不断地发生着变化。在整治范畴上，已由分散的土地开发整理向集中连片的田、水、路、林、村综合整治转变；在整治目标上，已由单纯的补充耕地转变为建设性保护耕地、推进新农村建设和城乡统筹发展相结合；在整治内涵上，已由增加耕地数量为主转变为“数量管控、质量管理、生态管护”三位一体综合管理[124]；在整治方式上，从以项目为载体向以项目、工程为载体，结合城乡建设用地增减挂钩政策、工矿废弃地复垦调整利用等政策的运用转变[125]。经过不断的实践和完善，土地整治已经成为建设社会主义新农村、统筹城乡发展的重要抓手和平台[126]。

3.2.1　以国土规划为主导的国土整治探索阶段（1981～1985 年）

20 世纪 80 年代以前，由于缺乏科学的国土整治规划，国土整治规划工作尚未发挥明显作用。在总结了多年各类国土开发整治工作的经验和教训，借鉴其他国家，特别是日本、法国和德国有效实践经验的基础上，1981 年，国务院决定在国家计划委员会下设立国土规划局，指导全国的国土开发整治工作。同时，为有效推进“四化”建设和社会经济的持续发展，在陈传康、周立三、吴传钧等老一辈专家学者的倡导下，20 世纪 80 年代初，“国土整治”这一概念被明确提出，并开始作为社会经济发展中一项长期、重大的战略规划任务实施[127]。

自 1981 年 4 月中共中央书记处第九十七次会议决定在我国开展国土整治工作以来，中共中央、国务院和国家计委陆续颁布和印发了关于国土开发整治的决定事项、文件通知、整治条例、规划纲要等一系列方针政策，主要有：1981 年中央书记处第九十七次会议决定事项、国发〔1981〕145 号和国发〔1985〕44 号文件、国民经济和社会发展第七个五年计划、国土开发整治条例、全国国土规划纲要等。以上政策主要论述了我国开展国土整治的必要性、重要性，为我国探索土地整治指明了方向并提供了重要依据。

在此阶段，我国以学习和借鉴国外的土地整治经验为主，通过引进、消化、吸收的方式开展土地资源的管理和开发，在实践中探索土地整治实施途径。这一阶段的国土整治被学界定义为“对国土资源的开发利用与治理保护”[128-132]，其研究重点主要是建立协调的区域规划结构，强调规划性、战略性和地域性[133]，重视对京津唐、黄三角等具有鲜明区域特征的区域进行国土开发与整治[134, 135]。1981 年，国家建委开始组织有关部门和地区进行科学考察，摸清国土资源现状，收集、整理、研究和利用已有的考察成果；统筹和协调各部门、各地区有关国土整治的活动；研究提出国土整治的方向、目标，有重点、有步骤地组织编制国土开发、治理的规划和方案。

3.2.2　以协调发展为主导的国土整治起步阶段（1986～1996 年）

尽管经过上一时期对国土整治的不懈探索、规划以及老一辈专家学者们的强烈倡导和呼吁，但因组织领导各不统一、执行机构有待健全、政策设计不够完善等，国土整治工作当时并未在全国范围内顺利展开。与此同时，公众对客观的经济规律和自然规律缺乏有效而科学的认知，对经济、社会和总体规划战略部署的研究还处于薄弱阶段[136]，导致国土开发利用不当的状况较为普遍。

随着资源的消耗和局部地区生态环境的恶化，人多地少的矛盾日益凸显，经济可持续稳定发展的前景逐渐引起专家学者的重视。1986 年，国家计划委员会在全国范围内选择了 12 个县、乡作为全国国土开发整治的试点地区。1987 年，全国首次土地开发经验交流会在辽宁本溪召开，会议旨在号召加强土地开发、保持全国耕地面积相对稳定。在此之后，随着国家土地管理局的成立、《中华人民共和国土地管理法》的正式实施和第一轮土地利用总体规划的编制等几项大的决策逐步实施，学界也逐渐开始重新思考人地关系及其正确的处理方式，逐步从单纯扩大开发规模的资源利用理念转向促进整个区域经济、社会、环境可持续协调发展[128]。因此，国土综合整治在内涵上也随之作出一些调整，即在原来的国土资源开发、利用、治理和保护工作的基础上，又进一步融合了环境和经济的协调发展。基于此，我国的国土整治规划工作融合协调发展理念也取得了一系列成果，即在国土整治规划工作中，国家制定了一批全国及跨省区或重点地区的国土整治规划，如《全国土地利用总体规划纲要》《全国水土保持规划纲要》《三峡地区经济发展规划》《长江三角洲及长江沿江地区经济规划》《西北地区经济规划要点》等。与此同时，一些省、市也编制或修编了地方国土整治规划和土地利用总体规划。到 1995 年底，全国各省、市（地）、县三级土地利用总体规划编制工作分别完成了 60%、69%和 63%。

这一时期，国土综合整治研究工作虽取得了一定的成果，但由于各部门职能分散、利益博弈等多方面因素，国土综合整治过程被分散为多个局部的单一过程，而非科学全面的统一目标，且工作中也相对缺乏对国土政策、法规的研究。因此，对于国土规划理论方法的系统研究还相对滞后，不同类型区域国土综合开发研究也正处于起步阶段。

3.2.3　以耕地保护为主导的土地整治发展阶段（1997～2009 年）

20 世纪末期，经济建设占用了大量耕地，耕地数量锐减。若不有效遏制耕地减少趋势，保持相当数量的耕地，我国粮食安全将受到严重威胁。同时，我国土地利用粗放、大量土地闲置、土地利用效率低下的现象也日益严峻。因此，我国实施土地利用方式改革，推行土地整治，增加农用地面积尤其是耕地面积，以实现耕地总量动态平衡，从而保证经济建设持续发展已成为必要之举。

面对人均耕地减少的严峻形势，1997 年 2 月，国务院发出通知，要将土地整治作为进一步加强土地管理的重要手段。同年 4 月，中共中央、国务院发布的《关于进一步加强土地管理切实保护耕地的通知》提出，要“积极推进土地整治，搞好土地建设”。经中央机构编制委员会办公室和国家土地管理局批准，1998 年 1 月正式组建了国家土地管理局土地整理中心（即现自然资源部国土整治中心）。该中心主要负责全国的土地开发整理工作。与此同时，各地方政府的土地管理部门也开始设立相应的专门负责土地整理工作的机构。

自此以后，我国土地整治的特征逐步发生了从自发、无序、无稳定投入到有组织、有规范、有比较稳定投入的转变。在此基础上，为进一步开展和落实土地整治工作，国家明确规定土地有偿使用费专项用于耕地开发，并于 2001 年安排国家投资土地开发整理项目。截至 2004 年，用于土地开发整理累计总投资 135 亿元，整理土地 94 万公顷，新增耕地 27 万公顷，通过各个项目的有效实施，我国在土地整治方面取得了巨大的增地效益和经济效益。2006 年，根据《国务院关于深化改革严格土地管理的决定》文件精神，国土资源部部署开展城乡建设用地增减挂钩试点，开始探索农地整治与农村建设用地整治相结合的实施方式。2008 年以来，珠三角地区开始探索将“三旧”（旧城镇、旧厂房、旧村庄）改造作为城市建设用地整治的主要内容，土地整治范围开始由农村土地向城市工矿用地扩展。

3.2.4　以节约集约为主导的土地整治综合发展阶段（2010 年至今）

经过前一时期以耕地保护为主的土地整治发展阶段，我国在土地整治方面取得了一定成效，使得我国的新农村建设再上新台阶。“十二五”时期，我国人多地少、优质耕地少、后备资源少、用地粗放浪费等现象普遍存在，加上工业化、城镇化和农业现代化同步加快推进，同时该时期也是我国全面建设小康社会的关键时期，使得土地供求矛盾更加突出，耕地保护和节约用地任务更加艰巨。在党的十八大报告中，强调要“优化国土空间开发格局”“健全国土空间开发、资源节约、生态环境保护的体制机制”。在不断总结土地整治经验的基础上，2011 年国土资源部提出将土地整治与城乡建设用地增减挂钩相结合，搭建城乡统筹发展平台。自此，土地整治开始由单纯的农用地整治逐渐转向农用地整治和农村建设用地整治相结合的综合整治，并成为建设社会主义新农村、统筹城乡发展的重要起点。

2012 年 3 月，国务院正式批复《全国土地整治规划（2011—2015 年）》，批复中明确提出：“涉及土地整治活动相关的规划，应与土地整治规划做好衔接，确保规划有效实施。”该规划分析了当前我国土地整治面临的形势，明确了今后一个时期土地整治总体战略。该规划的批准实施，正式拉开了新一轮土地整治的大幕[137]。“十二五”期间，通过开展城乡建设用地增减挂钩、工矿废弃地复垦利用、城镇低效用地再开发等，全国共整理农村闲置、散乱、粗放建设用地 233.7 万亩，复垦历史遗留工矿废弃地 936.6 万亩，改造开发城镇低效用地 150 万亩，优化了城乡用地结构和布局，促进了节约集约用地，整理复垦后土地利用率提高 9.83%，为新型城镇化和县域经济发展拓展了空间。为深入贯彻习近平总书记系列重要讲话精神和治国理政新理念新思想新战略，按照党中央、国务院决策部署，坚持最严格的耕地保护制度和最严格的节约用地制度，以提升粮食产能为目标，大力推进农用地整理和高标准农田建设，以促进城乡统筹发展为导向，大力推进城乡散乱、闲置、低效建设用地整治，2016 年 12 月，国务院正式批复实施《全国土地整治规划（2016—2020 年）》。“十三五”期间，通过该规划的有效实施，已建成 4 亿亩高标准农田；通过土地整治共补充耕地 2000 万亩、农用地整理改造中低等耕地 2 亿亩左右，耕地数量质量保护水平全面提升；整理农村建设用地 600 万亩，改造开发城镇低效用地 600 万亩，促进单位国内生产总值的建设用地使用面积降低 20%，节约集约用地水平进一步提高；全面推进土地复垦，复垦率达到 45%以上，开展土地生态整治，使土地资源得到合理利用，生态环境明显改善。

近年来，各地结合区域经济社会发展状况和自然资源禀赋特点，探索推动土地整治与多种要素的综合跨界融合，以“多目标定位、多模式实施、多元化投入”为特点的土地综合整治逐步形成。在浙江、上海、江苏等经济相对发达地区，土地综合整治侧重服务城乡融合发展，保障农村新产业新业态发展用地，统筹产业发展空间；在江西、湖北、河南等中部地区，土地综合整治侧重助推乡村振兴战略实施，着重解决现代农业发展、空心村整治问题，促进中部崛起；在西部贫困地区，土地综合整治侧重服务国家脱贫攻坚战略，能够较好解决耕地保护、易地扶贫搬迁、农村基础设施建设、产业扶贫用地等问题。各地已经积累了一定经验，探索了不同模式，取得了明显的生态、经济、社会等综合效益。

为了更好地助推乡村振兴战略实施，进一步做好要素保障和政策制度供给，发挥土地资源的最大效能，党中央提出在全国开展农村全域土地综合整治试点工作。作为推进城乡一体化进程的一项系统性工程，2018年7月，自然资源部批复同意《浙江省实施全域土地综合整治助推乡村振兴战略行动计划工作方案》（以下简称《方案》）。批复指出，《方案》是全面贯彻落实习近平生态文明思想的具体体现，符合中央部署要求，具有较好实践基础，将积极支持浙江省整体推进土地综合整治，促进生态文明建设。据浙江省自然资源厅统计，截至2018年底，全省全域土地综合整治与生态修复工程已开工建设873个。其中，高标准农田建设项目107个，面积13.8万亩；耕地质量提升项目265个，面积2.27万亩；旱地改水田项目104个，面积1.41万亩；垦造耕地项目228个，面积3.97万亩；农村建设用地复垦项目148个，面积9800亩；生态环境整治修复项目21个，面积1600亩[138, 139]。

在浙江省全域土地综合整治的试点基础上，2019年12月，自然资源部发布了《关于开展全域土地综合整治试点工作的通知》，要求以乡镇为基本实施单元，整体推进农用地整理、建设用地整理和乡村生态保护修复，优化生产、生活、生态空间格局。到2020年，全国试点不少于300个，各省（市、区）试点原则上不超过20个。自此，全域土地综合整治试点工作在全国范围内推行。为进一步落实上述试点工作，切实做好试点安排，确保全域土地综合整治试点工作顺利开展，2020年9月，自然资源部办公厅印发的《关于进一步做好全域土地综合整治试点有关准备工作的通知》指出，为突出试点工作的典型示范效应，各地要对目前上报的试点进行进一步梳理；全域土地综合整治涉及群众切身利益，社会各方高度关注。各地要做好公示，接受监督；全域土地综合整治涉及多部门职责，需要各部门参与配合，统筹协调，密切配合。

乡村兴则国家兴，乡村衰则国家衰。随着我国经济由高速增长向高质量发展转变，工业化、城市化、信息化等不断深入推进，乡村的发展成为我国社会经济发展的关键一环。在城市化进程加快和乡村衰退的现实背景下，开展全域土地综合整治是深刻把握现代化建设规律和城乡关系变化特征，顺应亿万农民对美好生活的向往，落实国家粮食安全战略、生态文明建设和促进城乡一体化统筹发展的有力支撑。

第 4 章　国内外土地综合整治助推乡村振兴经验借鉴

4.1　国外经验介绍

4.1.1　德国

基于土地整理的乡村整治已经成为德国农村发展一个重要的组成部分，其作用和价值已经得到越来越多的认可。近 30 年，德国已经将土地整理在农用地结构优化上的功能拓展到更多的公共服务功能，包括：①提升农业产业结构（降低耕地细碎化程度和扩大农场规模）；②推进自然和环境保护工程实施（按照欧盟 Natura2000 和水框架指令）；③保障国家和地方性的基础设施工程建设（高速公路、铁路、农村道路和耕作区域的通达等）；④缩小城乡之间的差距；⑤提供更好的居住环境；⑥增加就业、教育、医疗服务；⑦保护文化。德国的乡村整治起步早、经验丰富，尤其是以空间规划为基础（含景观规划），开展了土地整理的公私合作，以提升治理效率，推动经济社会生态协调发展，这些都与当前土地综合整治的目标内涵极为相似。德国在空间规划、效率变革和生态占补方面的经验，能助推土地综合整治有效开展[140]。

1. 德国土地综合整治的实施内容

1）规划引领：空间规划体系

德国的空间规划是乡村整治的基本依据，能够有效引导各地因地制宜、科学开展乡村整治。该规划体系自身以及与中国的相关规划比，有以下突出特点。

（1）顶层谋划，基层为主。德国是联邦制国家，涉及规划分工的政府结构主要分为联邦政府、州政府、市政府。空间规划的制定是联邦政府和州政府的主要职责。联邦政府的空间规划目的是合理规划和控制德国内部土地利用，以适应自然、经济、社会的协调和可持续发展。联邦政府的空间规划是一种指导性的土地空间布局规划，不涉及具体的土地利用。州政府的空间规划目的是在联邦政府的空间规划框架下，制定州级的、总揽性的空间规划和发展规划。州政府的规划也不涉及具体的土地利用。市政府根据市镇（包括乡村）的具体情况将联邦、州的"空间布局规划""州发展规划""区域发展规划"等制定的发展目标具体化和可操作化，因此市级规划虽然必须符合联邦和州规划所设定的指导性方案，但最具影响力，是实际的约束。市级规划需要根据地方的自然和社会条件对土地利用和开发进行详细的规划设计。

（2）法律保障，权威性强。德国的《联邦空间规划法案》和《联邦建设法典》是其法律体系中构成规划和建设内容的基本法律，这两个法律是德国整个规划体系的法律基础。其实，德国每个层次的空间规划均有相应的法律支持，从宏观到微观、自上而下地构建了一个完整的规划法律体系，为空间规划的制定和落实提供了可靠保障。德国空间规划体系的权威性很强，空间规划一经批准，不论是地方政府还是中央政府都不能随意修编，充分体现了规划背后公权力的强制性和约束力。

（3）公众参与，决策科学。德国的空间规划从编制伊始就强调公众参与，并在有关法律中作出明确规定，包括规划编制和实施必须尊重公众的知悉权和参与权、公众可以参与空间规划程序等。贯穿规划全生命周期的公众参与有利于集民智、聚民力，提高规划的科学性、合理性，更好地维护和实现群众利益。

2）治理效率：土地整理的合作模式

德国的乡村整治历史悠久，且有其传统的模式：主要是由各州政府自主推进整个工程的进展，为了防止农村的萧条，州政府有责任采取措施，使农村地区保持作为居住区和就业区所应具有的吸引力。近年来，随着农村发展中对村庄更新的需求逐渐增加，尤其在城市周边村庄的更新要考虑农村居民点和城市之间的连接关系，德国在传统的农用地整理和市地整理之间的合作也逐渐受到关注。这种模式被称为合作整治模式，具有以下主要特征。

（1）于法有据，势在必行。德国的《土地整理法》和《联邦建设法典》等法律是其开展乡村整治的法律基础。一旦依法划定土地整理项目区后，在整理范围内的土地所有者都必须参与这个项目。没有任何人有权利拒绝参与，因为任何一个人的拒绝都将延缓整个项目的进程，进而损害公众利益。

（2）程序明晰，合理规范。当一个详细的整理规划和建设规划被制定以后，市级政府就可以决定是否开展土地整理的相关程序。整个项目的执行者可以是一个指定的委员会，也可以是合适的地籍或土地整理的管理机构。土地整理项目的首要工作就是划定整理的范围，然后是考虑如何具体分配工作、开展土地工作和建设工作。这个环节主要包括通过现有的土地地籍和图斑等来登记参与者的地块、权属和地上建筑物。到这个步骤时，基本法律上的程序就完成了。相关公共设施的建设并没有纳入这个整理和建筑的综合规划，而是由市政府承担相应的建设责任并根据实际开支支付成本。其他土地将由原土地所有者根据新的土地规划分配并进行后续的建设。

（3）公私合作，互利共赢。在土地整理的合作模式下，政府主要发挥引导和组织的作用，即政府搭台；作为土地产权人的农户是土地整理的主要参与者和具体实施者，即农民主体。而促成政府与农户、农户与农户之间合作的关键则是土地整理的成本共担、利益共享。所有整理区域的土地面积要进行计算并且从中扣除道路、绿地和其他公共设施的用地。在剩下的土地中，每一个土地所有者将根据其原土地面积或者土地价值而分到一定比例整理后的土地。如果还有剩余的土地，则将被市政府获得，可用于弥补市政府付出的成本。原则上，原土地所有者不能要求获得高于原土地价值的补偿。在经过数次讨论和修改后，土地区划的边界将被划定，新的土地区块将被界定，相关的补偿或者债务也将被清算。总体而言，德国的乡村整治体现了一种有效的合作机制，市政府作为执行者和成本分担者，而原土地所有者可以表达自己的意见，并有权利将任何被认为损害自己或他人利益的事情上诉至法院，但这对土地整理项目本身没有直接的影响。这个过程也为后续的建设规划奠定了良好的基础，同时也按照贡献分配给每个土地所有者相应土地。

3）生态价值：基于指标交易的生态占补

德国在乡村整治过程中高度重视生态环境保护，以促进农村地区的可持续发展。2002 年德国的国家自然保护法案颁布，法案要求对自然环境的任何影响都要进行补偿，不仅要求对土壤进行补偿，还包括对生物多样性和物种的损害进行补偿。补偿标准由相应的规划管制者制订。一般来说，所有涉及土地利用变化的项目都需要进行环境补偿，实现生态占补平衡。当然，乡村整治涉及的基础设施建设、道路施工和住房建新拆旧也不例外。现阶段，生态账户体系是德国乡村整治过程中实现生态占补的主要做法，具有以下特点。

（1）生态指标，市场交易。生态账户体系的核心是生态指标交易。根据德国国家自然保护法案，任何类型的开发商都需要对自己行为造成的生态损害进行补偿，而补偿标准就是要“支付”一定数量的生态指标。开发商可以从生态指标机构购买，而这些机构的生态指标要么是自己经过生态保护等工程积累的指标，要么是收购其他人的指标。开发商进行土地利用改变要获得相应数量的指标后，才能进行开发活动。

（2）覆盖面广，手段多样。实际上，德国的生态占补所指的开发行为是一种广义上的开发，主要针对开发商造成了土地利用的改变，无论是从农用地改变为建设用地，还是从林地改变成农用地，只要利用方式改变都会对生态产生影响，从而都需要购买或存储相应的生态指标。而典型的补偿活动包括保护动物栖息地和提高生态保护区生物多样性等行动，也包括将农业生产活动从密集型向非密集型的管理方式转变、对森林进行优化管理等。这些活动都可以获得生态指标。

（3）实施灵活，监管有力。德国有 21 个政府授权的生态指标机构，它们在补偿措施和交易区域上有明显的不同，比如黑森州是第一个实施生态账户体系的州。补偿是基于区域补偿法令，由补偿机构（即 ökoagentur für Hessen）来协调和监管。

这个机构协调各种可以用于补偿的生态措施，将这种补偿活动从土地规划的实施中独立出来。开发商在购买了生态指标后，将获得一个证书，这个证书证明相应的待开发项目的生态补偿已经完成。而实际的生态补偿是由生态补偿机构协调后由其他地方的补偿行动所实现。这种方式的好处是，开发商不需要立刻进行生态补偿，且其他地方的生态补偿也不存在时间上的限制。所有的项目实施还有相应的科学监管。总体来说，生态账户体系代表着一种生态补偿行动经济价值的显现。这种体系有着明显的好处，比如补偿措施的质量能够得到很好的控制，各种补偿可以无量纲化，而且这种体系的透明度较高、公平性较好，对于开发商来说也简单易行。因此，基于指标交易的生态占补是德国弥补和减缓乡村整治引致的负面环境影响、维护农村地区生态系统总体平衡的有效工具。

2. 德国土地综合整治的经验

德国乡村整治中的空间规划体系、公私合作整理模式以及生态占补机制直面现阶段全域土地综合整治的新形势、新要求，具有重要的借鉴意义。全域土地综合整治要求坚持规划引领和开展农村用地空间治理，以应对村庄布局整体规划缺乏、空间布局散乱等问题。对此，德国的空间规划体系则提供了基本的改革思路，即以空间规划为载体，积极开展乡村土地利用规划编制工作，做好全域整治的全域规划和全域设计，增强规划的权威性，推动“多规融合”在乡村落地实施；同时，鼓励村集体和村民参与，群策群力，研究确定村庄类别、功能定位、发展方向，顺应自然、尊重历史、突出乡土、体现文化。全域土地综合整治要求政府搭台、农民主体，防止“政府大规模负债”倾向，切实维护农民和农村权益。德国土地整理的合作模式恰好回应这一改革诉求。推动地方政府与农户的分工合作，共同开展全域整治，不仅有助于解决“地从哪里来、钱从哪里筹”的问题，更能突出以人民为中心的发展思想，让农民共享土地综合整治成果，公平合理分配使用全域土地综合整治工程新增土地指标收益，使农村资源“取之于农，用之于农”。全域土地综合整治要求坚持系统思想、尊重自然，开展生态环境整治。而德国基于指标交易的生态占补机制正是具体的范例。可以尝试建立全域整治的生态占补机制，系统衡量整治工程造成的土地生态价值变化。一方面，要求整治主体采取措施减少和弥补生态价值损失；另一方面，如果整治工程改善了农村的生态环境，整治主体也可按照生态价值的增值量获得相应的奖励或者用于补偿其他整治工程可能带来的生态损失。进而，确保特定区域内的生态环境质量不仅不会因开展整治工程而降低，甚至还会有所提升。

德国的乡村整治以空间规划为引领，格局大、定位高，科学合理发挥公权力作用，为开展乡村整治提供基本遵循；以合作整治为载体，力促公私合作，强化资源整合，避免政府大规模负债，兼顾乡村整治的效率与公平；以生态占补为抓手，优化调整林地、水域等生态用地布局，保护水源涵养地、维护生物多样性，切实维护和改善农村的生态环境质量，促进“社会-生态”系统的可持续运转，真正让农民“望得见山，看得见水，记得住乡愁”。这些宝贵经验值得我们在推进土地综合整治工作过程中因地、因时、因势加以吸收借鉴，从而有效助推乡村振兴战略实施。

4.1.2 日本

日本土地整治分为农业农村整治和城市整治两大部分。农业农村整治分为农业基础设施整治，包括灌溉排水、旱地平整、机械化农地、新农地开发、土地综合整治；农村整治，包括完善农村各种公共设施、农业用水废水处理、农村地域环境整治、中山间（两山之间）综合整理、农村道路整理；农地保护管理，包括农地防灾、塌方、防水、环境保护、海岸保护、灾后复垦整治、土地改良设施维护管理等。城市土地整治是在土地区划法的指导下开展的，主要包括城市的恢复与重建，主要是对战后和灾后的城市土地进行整理、规划和建设；城郊、城乡接合部的土地整治。通过土地整治整合零散地块，合理开发土地，完善公共设施，提高土地的经济价值，遏制城市无序蔓延。所以，以土地区划法指导的城市土地整治也被誉为日本的“城市规划之母”。

1. 日本土地综合整治的实施内容

（1）以完善的法律法规体系保障土地整治有序运作。日本非常注重土地整治法治建设，颁布的有关法律包括《农地法》《农业振兴地域法》《农业经营基础强化促进法》《水利资源开发促进法》《森林开发公团法》《土地改良法》等。这些法律构成纵横交织的制度体系，有力地推进了日本土地整治工作的开展，在保护优质耕地资源的同时也提高了农业规模化经营和现代化水平。根据需要，适时对这些法律进行修改，如为了扩大土地改良种类和完善实施程序，《土地改良法》先后被修改 11 次，这是日本农地制度中修改次数最多的一部法律，可见日本对土地整治及其制度建设的重视。

（2）注重土地权属和地块调整，促进农地规模经营。同当前中国的情况类似，日本的农地使用面临以下几个突出问题：一是农用地的细碎化和分散化；二是由于比较效益低下，耕地总面积不断减少，撂荒耕地面积逐渐增加；三是受人口老龄化、骨干农业劳动者少和农业接班人缺乏的影响，农地的使用效率日趋下降。因此，日本特别注重农用地的流转和规模化经营，通过开展土地整治，利用土地权属调整和地块置换手段解决了农用地的细碎化和分散化问题，培养了专业农户，实现了农地的规模化和专业化经营，提高了农业生产的效率和农户的收入。

（3）土地整治工作程序完备，公众参与度高。土地整治过程是土地相关利益主体权利关系重组的过程，特别是直接相关的农户间最容易产生利益冲突，这些冲突可能导致土地整治工作最终无法进行。所以，日本制定了周密的土地整治工作程序，并严格执行，保证公众的参与。在进行土地整治前，由土地整治区域中各村的村民代表和指导人员组成的委员会对规划方案、土地权属和地块调整方案等进行讨论和表决，经委员会 2/3 以上成员同意后，土地整治工程才开始实施。个人拟参加土地改良，要提出申请，在获得同一地区 2/3 以上参加人同意后方可获得参加土地改良的资格。所以从某种程度上说，日本的土地整治不仅是政府行为，也是民众的一种自觉行为，具有广泛的群众基础，降低了项目准备和实施的阻力。

（4）重视科技，工程设计和建设标准高。工程设计和建设标准是土地整治效果实现的根本保证。日本在开展土地整治工作时，非常注重工程质量和科技手段的运用，工程设计和建设标准高。日本土地整治工程的设计寿命和健康运行期长，一般工程设计寿命为 40 年，工程健康运行期为 60 年，实际上正常运行期要高于 60 年。日本农田灌溉工程基本实现了管道化，田间排水工程也有相当比例是管道化的，并采用机器人进行管道工程的检查，采取有针对性的工程维护，降低了工程维护成本。

（5）重视土地整治规划及其法律效力。科学规划是搞好土地整治的重要环节。“凡事预则立，不预则废”，日本不但有土地整治长期规划，而且有详细的年度计划，所有土地整治项目都依据不同阶段的整治规划进行。土地整治规划分三级进行：一是国家规划，主要是确定一个时期土地整治的方针、总体目标和主要任务；二是都、道、府、县级规划，主要是确定区域、规模、投资、权属登记管理；三是町、村级规划，主要是提出项目、实施项目和运营管护。日本土地整治制度规定 5 年组织一轮调查评估，涉及每个町、村，调查评估结果要汇总上报，从而为编制下一个 5 年土地整治计划提供技术支撑。日本法律规定，实施过土地整治项目的农业地域，7 年内不受理该地域的农地转用申请。

（6）重视生态环境的保护和建设，以土地整治促进生态农业的发展。土地整治是对土地资源及其利用方式再组织和再优化的过程，是一项复杂的系统工程，其整理过程改变了地表生态系统，必然对生态环境造成影响。日本开展的生态型土地整治，不仅注重增加有效耕地面积，而且注重通过土地整治防治水土流失、土地荒漠化、土地盐碱化、土地污染、土地贫瘠化、土地损毁等问题。在区域土地整治规划编制过程中，既重视路、沟、渠工程布局，又重视田、村布局；注重整治区水土重构技术、防护工程与景观生态再造技术、土地整治高效施工技术和生物-理化联合改良工程技术，重视农田防护、水土保持与景观空间单元组合等景观生态效应的发挥，通过土地整治有力地促进了日本生态高效农业的发展。

（7）重视土地整治综合效应，推进农村的城镇化。日本的村庄整治是区域综合整治。从土地利用角度分析，日本村庄整治的主要目标是化解城市郊区化、农村城镇化和农业现代化的用地矛盾。在日本经济高速发展时期，用地矛盾十分突出，工业化和城市化发展用地大举向农村地区进军。在这种形势下，村庄合并，并将规划建设条件好的地段用于新村镇建设，提供一部分土地作为城市郊区化住宅用地成为土地整治的另一目标。与土地整治相结合，加上 1955 年日本颁布的《町村合并促进法》，促使日本村庄数量从 1950 年的 10411 个，减少到 1975 年的 3257 个。即在 25 年的时间里，日本的村庄减少了近 70%。那些保留下来的、新规划建设的村庄拥有良好的基础设施、公益设施和生活条件，通过土地整治有力地推动了日本的城镇化进程。

2. 日本土地综合整治的经验

（1）建立健全土地整治法律法规体系。制定门类健全、综合配套、结构科学、体系完整的法律法规体系，是土地整治的关键。当前我国土地整治并没有专门的法律，虽然由国土资源部颁布的《土地开发整理项目规划设计规范》（TD/T 1012—2000）《土地开发整理项目验收规程》（TD/T 1013—2000）等对规范我国土地整治内容与程序起到了一定作用，但仍然不够全面，对土地整治中的相关技术问题、整治中纠纷的解决方式、资金使用和管理规范问题等，涉及较少或者比较模糊，无法可依，问题较为突出。因此，迫切需要制定符合我国国情而又形成体系的土地整治法律法规。

（2）重视土地整治权属调整，促进农地规模化经营。目前，我国大多数农户承包经营地块较小，机械化程度低，生产力低下，比较效益日趋降低，如不改变，农业将会更加弱化，“三农”问题将更加突出。而我国开展的土地整治工作偏重工程和新增耕地，鲜有进行地块权属调整和扩大耕作地块的。因此，应借助土地整治项目的实施，在政府协调指导下，在“互利互惠，自愿公平”的原则下，对现有承包地块的承包经营权进行调整，改善耕作单元分散格局，扩大耕作单元，促进规模化经营，提高机械化水平，提高耕作效率，降低农业生产成本，增加农业综合收益。这不仅能够使农户增收，增强其市场竞争力，也能够促进农业科技的推广，带动农机具产业的发展，更重要的是，对解决人地矛盾具有较为重要的现实意义。

（3）改进土地整治工程方式和程序，让公众参与管理及监督。土地整治是一项德政工程、民心工程，是为农民办好事，因此要让农民多参与，这不仅是一种理念，更是一种推动土地整治向前发展更科学、高效的方式。但是，目前我国大部分地区的土地整治项目都由政府组织自上而下开展，农户是土地整治的受益主体，但在整治过程中却少有参与，这既影响了土地整治项目的效果，也为日后农户之间产生矛盾埋下了隐患。因此，应改变土地整治的工程程序和方式，辅之自下而上的土地整治模式，从立项开始就充分尊重农户意愿，引导农户积极参与，弥补单纯技术研究的不足，使项目可行性研究更加完善，项目规划方案更加科学、合理、可行。同时，加大宣传力度，逐步实现由“政府要我整治”向“我要政府整治”的转变。

（4）严格规划方案工程设计，注重工程建设质量。虽然一直强调土地整治要做到“高起点、高标准、高质量、高效益”，但由于种种原因，我国土地整治工程建设标准还不高，再加上“重建轻管”，土地整治工程质量问题严重，导致出现不少“短期工程”“豆腐渣工程”，某些工程验收结束后短短几年就基本不能使用。所以，一定要科学合理地设计土地整治项目方案，并对其进行严格的评估论证，高标准建设，严把工程质量关，使土地整治工程能长期发挥效益。

（5）高度重视土地整治规划，并树立其法律地位。应学习借鉴日本高度重视土地整治规划的做法，认真做好我国的土地整治规划，做到从规划抓起，有计划、有步骤、有重点地开展整治，防止各自为政、无序开发整治的现象。在土地整治过程中要认真做好与土地利用总体规划、镇村规划、基本农田保护规划等相关规划相结合的工作。制定规划后，严格按照规划执行，改变以往“规划规划，纸上画画、墙上挂挂”的问题，土地整治规划一旦批准后，就应使其具备法律效力，杜绝换一个领导就变动一次规划，另起炉灶另干一套，随意调整土地整治规划的现象。

（6）与生态文明建设相结合发展生态农业。我国很多地区，尤其是西部和农村，自然生态环境较为脆弱，若在土地开发整治利用过程中，不能意识到保护生态环境的重要性，有意无意地破坏自然生态，那么我国生态环境前景将堪忧。应借鉴日本的做法，在开展土地整治时，既注重增加耕地数量，又注重提高耕地质量，重视中低产田改造中的生态环境保护，加强农田水利工程建设中的生态环境建设，大力营造防风林、生态林，保护自然环境潜力和防止土壤退化。通过土地整治，发展生态农业，实现土地整治真正意义上的经济、社会、生态效益最大化，实现土地可持续利用，尽可能保证社会经济发展与生态环境关系的协调一致。

（7）促进土地整治与城乡统筹发展及新农村建设有机结合。当前我国“三农”问题突出，土地整治已成为统筹城乡发展及社会主义新农村建设的一个重要平台。已经开展的城乡建设用地增减挂钩工作，将农村节余的建设用地指标调剂到城镇使用，一方面缓解了城市发展用地瓶颈制约，另一方面也提高了土地的集约利用水平，同时又把获得的土地级差收益部分返回农村用于新农村建设，使城乡土地资源、资产、资本有序流动，形成良性循环；结合农村土地整治，在强调田、水、路、林、村综合整治的同时，使农民居住向中心村、镇集中，耕地向种粮大户集中，产业向园区集中，既促进了农业的规模经营，又促进了农村土地的节约集约利用，优化了土地资源配置。然而，在实际操作过程中，也存在着个别地区出现非法的“农民被强拆、被上楼，地方政府借此撤村圈地发土地财”等问题，因此必须健全规章制度，纠正个别地方政府行为偏差，因地制宜开展土地整治工作。

4.1.3 荷兰

荷兰是著名的“低洼之国”，全国一半以上土地低于海平面，仅有 1/3 土地高出海平面一米。由于土地资源较为贫乏，荷兰是世界上较早开展土地整治的国家之一，长期的实践使得荷兰形成了一套土地整理的完整体系。

1. 荷兰的土地整治历程

荷兰从 20 世纪初就开始了土地整治活动，该活动贯穿了 20 世纪荷兰农业发展史，也贯穿了荷兰乡村发展史[3]。荷兰传统乡村景观由于不同的土壤、水文条件以及历史时期特定的开垦方式，呈现出多样性。泥炭圩田、滨海圩田和湖床圩田是最具有荷兰特征的乡村景观，约占荷兰国土面积的一半。20 世纪，尤其是“二战”后，农业机械化、集约化、专业化的提高，对荷兰传统的农村景观产生了巨大冲击。首先，机械化操作使农民一天之内可以耕作的土地面积比以往大得多，但水渠、树篱成了机械化运作的障碍。同时，土地所有权相互交错，这种细碎复杂的土地划分和权属对机械化的推广也造成了很大影响。其次，在长期圩田开垦中，为了共同进行圩田水利设施的维护、灌溉用水的均衡、排水和防洪等，圩田居民组织形成了“水董会”。随着开垦面积扩大，“水董会”越来越多，据统计，1850 年荷兰就有大大小小 3500 个“水董会”。过于复杂的利益分配和排水体系，对农业现代化也造成了很大影响。再次，17 世纪到 20 世纪 50 年代，运河驳船是荷兰许多村镇重要甚至是唯一的交通方式。“二战”后，随着农业生产方式的改变，为了提高乡村的可达性，荷兰乡村的公路网络大大加密，大量公路进入圩田。

（1）早期整理：土地整合。为了适应大规模的农业机械生产，20 世纪初，荷兰政府在乡村地区开始了较大规模的土地整理。1924 年，荷兰颁布了第一版《土地整理法》（*Land Consolidation Act*），主要目的是改善农业的土地利用，促进农业的发展，通过土地置换等，使不同土地所有者的土地相对集中，规整划一。1938 年，荷兰颁布第二版《土地整理法》，相较于 1924 年法案，目标一致，只是手续相对简化，并给予财政补助，提高了土地整理项目的可操作性。这两版土地整理法案都将农业利益置于首位，内容包括改善水管理、优化土地划分和进行道路基础设施建设。尽管这一时期土地整理在提高农业生产效率上显出了优势，但由于其实施目标的单一性，美丽的乡村景色在土地整理后一定程度上有所破坏。

（2）中期整理：农业优先。1947年，荷兰颁布了《瓦赫伦岛土地整理法》（*Walcheren Land Consolidation Act*），进入荷兰土地改革历史上的一个重要时期，开始从简单的土地重新分配转向更为复杂的土地发展计划。1954年，荷兰颁布第三版《土地整理法》，目的是促进农业、园艺、林业以及养殖业的生产力，解决“二战”后的粮食短缺问题，同时，也允许预留出最多5%的土地服务于农业生产之外的其他目的，如自然保护、休闲娱乐、村庄改造等。第三版《土地整理法》明确规定了景观规划必须作为土地整理规划的一个组成部分，乡村景观规划自此在荷兰获得合法地位，催生了荷兰风景园林的职业化，国家森林署（National Forest Service）是重要的规划编制单位，聚集了一批投身乡村建设、富有才华的风景园林师，有的设计师日后成为荷兰风景园林的行业翘楚。这一时期乡村景观规划的主要目标仍然是为农业生产而分离土地的使用类型，但开始涉及户外休闲、景观管理以及自然保育等其他方面的利益。

（3）现代整理：综合景观。1970年之后，社会开始对乡村进步所付出的代价感到不安。历史性和生态敏感性景观正在持续消失，人们进行了更为深入的思考，开始寻求土地整理项目新的发展方向。1981年荷兰农业与渔业部颁布了《乡村发展的布局安排》（*Structure for Rural Area Development*）法案。该法案与《户外娱乐法》（*Outdoor Recreation*）、《自然和景观保护法》（*Nature and Landscape Preservation*）组成了1980～1990年荷兰有关乡村发展的主要法律。1985年，荷兰政府颁布了土地使用法案，要求“拓展乡村发展目标、协调与其他物质规划的关系、购买土地用于非农目标、优化决策过程、完善地区管理体系”。相比以往农业优先的规划，娱乐、自然和历史景观保护被置于与农业生产同等重要的地位。近年来，荷兰乡村建设的目标随着社会发展变得更加广泛，乡村整治任务变得越来越全面和综合。政府作为乡村重建背后的推力角色已经大大弱化，2007年版的土地使用法案也更加注重解决私人与政府合作开发土地过程中涉及的成本和收益问题。因此，乡村土地整理也更加注重农民、政府、社会团体等各方利益的均衡。

2. 荷兰土地综合整治的经验

（1）完善的法律制度。荷兰已经颁布实施了4版土地整理法案，当前使用的土地整理法案于1985年通过。该法案将土地整理分为4种项目类型，规定了相应的法律程序，包括农业土地整治项目的法律程序和融资安排等程序。

（2）广泛的群众基础。各地都有代表群众利益的区域整理委员会，与土地整理利益分配密切相关的个人和团体是决定土地整理项目启动、规划和实施最重要的力量，土地整理项目必须获得当地大多数人的支持这一原则也被坚持。在土地项目提出后，需要项目区内25%以上土地面积的居民同意才会被中央土地整理委员会受理；居民有权参与、审查土地整治项目规划；土地项目实施前需要项目区内50%以上的居民投票通过。

（3）充足的政府投入。根据《荷兰土地整治条例》，土地整治成本由政府、公共机构和土地所有者承担。荷兰政府每年投入土地整治项目的资金总额约为1.4亿美元，占全部土地整治项目投资的70%。

（4）成熟的融资机制。荷兰融资机制是以经济手段为主的市场调节型融资机制。在城市，土地整治的资金来源有荷兰城市银行的贷款、中央政府的贷款、商业机构的贷款和政府财政收入；在农村，荷兰有农民合作金融制度，通过其组织机构“农民合作银行”进行融资。

（5）规范高效的管理机制。政府通过严格的土地登记使市场成为配置土地的基础机制，实现了土地的高效配置，在此基础上实施干预措施。市场与政府之间作用范畴明确，功能相互补充。以市场交易主导土地资源的市场配置，产权明晰下的土地交易，从供给到需求以及中介等环节已经进入稳定而成熟的市场交易阶段，市级政府可以按土地规划依法购买土地，但须遵循市场规则。重视农地保护并通过空间规划体系加以实施，空间规划一直到市级层面，之后通过实行建筑许可证对土地用途实施管制，约束违反规划对农地的占用行为。

4.2 国内经验介绍

4.2.1 浙江省

浙江省按照习近平总书记对“千村示范、万村整治”工程的重要指示精神和省委、省政府提出的“站得高一点、看得远一些、谋得深一层来谋划推进乡村振兴”的总体要求，坚持问题导向、效果导向、群众满意导向，按照全域规划、全域设计、全域整治的要求，整合力量，集中资金，对农村生产、生活、生态空间进行全域优化布局，对“田水路林村”等进行全要素综合整治，对农田进行连片提质建设，对存量建设用地进行集中盘活，对美丽乡村和产业融合发展用地进行集约精准配置，对农村人居环境进行治理修复，打造美丽田园风光，逐步构建农田集中连片、建设用地集中集聚、空间形态高效集约的国土空间新格局，助力乡村振兴，促进城乡融合发展。

1. 浙江省土地综合整治的实施过程和相关政策

浙江既是“两山”理论发源地、习近平总书记新时代“三农”思想的重要萌发地，也是中国美丽乡村建设的重要发源地。2001 年，浙江省开始探索以农村建设用地复垦为主要内容的城乡建设用地增减挂钩试点工作，拉开了农村土地综合整治工作的序幕。2003 年，习近平同志在浙江工作期间，亲自部署实施“千村示范、万村整治”工程，全省村容村貌和农村生态环境、农民生活质量和生活方式、农村生产条件和生产方式发生了深刻变化。2009 年，国土资源部与浙江省人民政府通过部省合作方式，进一步深入推进全省农村土地综合整治工作。2013 年，浙江省利用农村土地综合整治和城乡建设用地增减挂钩平台推进美丽乡村建设。随着工业化、城镇化和农业现代化的加快推进，支持农村农业发展层面的土地政策供给不足，土地综合整治集成性、系统性有待提升。因此，在原来土地综合整治的基础上提出开展全域土地综合整治。浙江省在土地整治的实施过程中，不断制定和推出新的规划和文件来深化全域土地综合整治，促进农村全要素融合发展。

2018 年 7 月，《浙江省实施全域土地综合整治助推乡村振兴战略行动计划工作方案》（以下简称《方案》）获自然资源部批复同意。《方案》指出，浙江经济活跃，但人多地少，耕地后备资源短缺，经济社会发展与用地之间的矛盾比较突出，农村用地散乱和粗放状况尚未根本扭转。为创新农村土地管理制度，提升农村全域土地综合整治集成性、系统性，《方案》明确在目前农村土地综合整治的基础上，通过实施全域土地综合整治与生态修复工程，对农村生态、农业、建设空间进行全域优化布局，对田水林路村进行全要素综合整治，对高标准农田进行连片提质建设，对存量建设用地进行集中盘活，对美丽乡村和产业融合发展用地进行集约精准配置，对农村人居环境进行修复治理，逐步构建农田集中连片、建设用地集中集聚、空间形态高效节约的土地利用新格局。根据《方案》，浙江将重点在农村土地制度改革试点、美丽乡村、新型农村社区、高标准农田建设等区域开展全域土地综合整治工作，完成村级土地利用规划编制、农用地综合整治、闲置浪费低效利用建设用地整治、生态环境整治修复、建立农村土地民主管理机制等任务。

2018 年 8 月，浙江省政府办公厅出台《关于实施全域土地综合整治与生态修复工程的意见》，明确了实施全域土地综合整治与生态修复工程的主要政策措施。2018 年 10 月，浙江省发布《全域土地综合整治与生态修复工程三年行动计划（2018—2020 年）》，明确了编制村土地利用规划、开展农用地综合整治、推进低效利用建设用地整治、开展生态环境整治修复、建立农村土地民主管理机制等重点任务职责分工和工作安排，提出全省实施全域土地综合整治与生态修复工程 500 个的工作目标。其中最主要的工作目标是按照山水林田湖草系统治理和绿色发展的理念，优化国土空间布局，整合资源，进行全域规划、全域设计、全域整治，形成“整体保护、系统修复、区域统筹、综合治理”的耕地保护生态修复工作格局。行动计划根据“多规融合”要求，合理划定农村生产、生活、生态用地空间，推动土地整治向规划管控和空间治理转变，建立和完善乡村振兴农村土地管理政策体系和土地民主管理机制，促进城乡土地资源要素有序流动、土地节约集约利用，逐步建成农田集中连片、建设用地集中集聚、空间形态高效集约的清洁田园、美丽国土新格局。

浙江省的全域土地综合整治计划到2020年，全省实施全域土地综合整治与生态修复工程500个，覆盖300个乡镇、2000个行政村，其中建成100个示范工程。浙江省土地综合整治主要包含三类项目：一是农用地整治项目，主要有高标准农田建设、垦造耕地、旱地改水田、耕地质量提升、粮食生产功能区提标改造等；二是建设用地整治项目，主要有建设用地复垦、城乡低效用地再开发、农村基础设施提档升级（四好农村路建设、百项千亿防洪排涝工程、美丽河湖建设、农民饮用水达标提标工程）和“千村精品、万村景区”工程（乡村振兴精品村、A级景区村、美丽宜居示范村、少数民族特色村寨）等；三是生态环境整治修复项目，主要有河道水系综合治理、废弃矿山综合治理、美丽清洁田园建设、土壤污染综合防治、农村人居环境提升和“一村万树”（示范村、推进村）等。2019年7月29日，浙江省自然资源厅印发《关于做好乡村全域土地综合整治与生态修复工程涉及永久基本农田布局优化工作的通知》，明确要求优化乡村全域土地综合整治与生态修复工程项目区永久基本农田布局，并加强事前、事中和事后监管。2019年11月，浙江省发布《浙江省乡村全域土地综合整治与生态修复工程验收与综合评定办法（征求意见稿）》和《浙江省乡村全域土地综合整治与生态修复年度绩效评价办法（征求意见稿）》。

2. 浙江省土地综合整治的优势

一是站位高。浙江省从贯彻党的十九大精神出发，紧跟国家机构改革、职能调整步伐，落实中央经济工作会议明确提出的高质量发展要求，围绕从高速发展向高质量发展转变的导向，通过农村全域整治、优化结构、腾挪空间，促进农业现代化、城乡融合发展和乡村振兴战略实施。二是定位准。以“走出一步乡村振兴先手棋”为目标，积极探索多种类型整治模式，找准“土地综合整治＋”的实施路径，通过“增减挂省地、资产化筹钱、新产业留人”，统筹解决乡村振兴“人、地、钱”问题，从而解决农村地区发展不平衡不充分问题。三是理念新。从过去单一的垦造耕地、完成耕地保护目标任务，获取补充耕地指标，向“山水林田湖草”生命共同体共同治理转变，向“路河村产矿”综合整治转变，向推进农村土地数量、质量、生态、文化、景观等多位一体保护和利用转变，实现了“耕地得保护、生态得改善、用地得集约、发展得空间、百姓得实惠”的综合效益。四是措施实。在浙江省委、省政府的支持下，有关土地综合整治的政策措施已获自然资源部批复同意，西湖区双浦镇全域土地整治试点正在积极争取纳入国家试点，土地综合整治的政策红利将进一步得到释放。

3. 浙江省土地综合整治的经验

（1）科学谋划，精准施策。在实施全域土地综合整治与生态修复工程中，浙江省要求“创新土地制度供给和要素保障，优化农村生产、生活、生态用地空间布局，形成农田连片与村庄集聚的土地保护新格局、生态宜居与集约高效的农村土地利用空间结构，促进乡村振兴，助推全省两个高水平建设”。浙江省乡村全域土地综合整治与生态修复的实质是乡村有机更新，重中之重是全要素综合整治农村山水林田湖草，全域优化农村生态、生产、生活空间布局，落脚点是实现空间形态、产业发展、生态环境、人居环境、基础设施、乡风文明、乡村治理的系统性重塑和综合集成创新。同时，乡村全域土地综合整治与生态修复，以“多规合一”为引领，优化国土空间布局；以资源整合为导向，全面推进农村山水林田湖草全要素综合整治；以制度供给为支撑，深化完善农村土地管理制度；以农民受益为根本目的，共建共享农村土地综合整治成果。

（2）建立多部门合作机制。浙江省政府建立了由主要领导牵头，省农办、省发改委、省财政厅、省人社厅、省国土厅、省环保厅、省建设厅、省交通运输厅、省水利厅、省农业厅、省林业厅等部门组成的联席会议，组织、协调和指导全域土地综合整治工作；成立由政府主要领导挂帅，各有关部门负责人参加的协调机构，切实加强组织协调，及时研究解决遇到的困难和问题。

（3）编制方案，统筹实施。以村庄规划为底盘，编制全域土地综合整治工作方案。工作方案包括高标准农田建设、旱地改水田、耕地质量提升、农村建设用地复垦、宜耕后备资源开发、产业发展、村庄整治、农村道路建设、生态整治等内容，方案经省政府批准后，报省国土资源厅备案，然后逐项实施。浙江省在推进土地综合整治的过程中不断根据本阶段的需求配套相应的政策方案指导，其中主要有《浙江省实施全域土地综合整治助推乡村振兴战略行动计划工作方案》《关于实施全域土地综合整治与生态修复工程的意见》《全域土地综合整治与生态修复工程三年行动计划（2018—2020 年）》《浙江省自然资源厅关于做好乡村全域土地综合整治与生态修复工程涉及永久基本农田布局优化工作的通知》《浙江省乡村全域土地综合整治与生态修复工程验收与综合评定办法》《浙江省乡村全域土地综合整治与生态修复年度绩效评价办法》。

（4）加强绩效考评。全域土地综合整治项目完工后，按程序组织验收，并纳入指标储备库。工程整体完工后，由市级国土部门组织综合考核，进行绩效评价，评价结果报省国土资源厅备案。省国土资源厅会同联席会议成员单位每年组织对各市上年度全域土地综合整治工作成效进行综合评定，存在问题的责令整改，综合评定情况纳入耕地保护责任目标考核内容，并与下年度全域土地整治工程和奖励资金安排挂钩。

（5）配套激励政策。首先，实行永久基本农田整备区制度。将全域土地综合整治工程区永久基本农田周边的现状农用地、细碎耕地和零星建设用地纳入基本农田整备区，通过土地整治和耕地质量提升等工程性建设，逐步形成与永久基本农田连通连片、设施统一、质量相当的优质耕地。达到永久基本农田标准的，纳入永久基本农田储备库管理，并对项目区内永久基本农田布局进行优化调整。其次，加大土地规划政策支持力度。规定村土地利用规划由县级人民政府审批，并纳入乡镇土地利用总体规划实施，作为全域土地综合整治的规划平台。通过建设用地复垦新增耕地和农用地面积，可提留不超过 20%作为本村规划新增建设用地预留指标。对确实无法纳入村庄建设用地扩展边界的农村基础设施和农业新产业、新业态用地，允许使用规划新增建设用地预留指标。再次，实行新增建设用地计划指标奖励制度。在计划安排中，不再往各地分配计划指标，实行建设用地复垦奖励挂钩政策，即整治出 3 亩新增耕地，奖励 1 亩计划指标。最后，优化城乡建设用地增减挂钩政策。在确保县域内耕地数量和质量平衡的前提下，城乡建设用地增减挂钩指标可在土地利用总体规划确定的扩展边界范围内等面积带规划空间建新。在满足村庄建设和农村发展需求后，产生的城乡建设用地增减挂钩节余指标可在全省范围内调剂使用。

4.2.2 广东省

广东省的土地综合整治是以拆旧复垦为代表，即通过拆旧复垦全省农村旧住宅、废弃宅基地、空心村等闲置建设用地，将复垦腾退出来的建设用地指标（以下简称复垦指标）优先保障所在村建设需要后，节余部分以公开交易方式在省内流转用于城镇建设。2018 年 1 月，为贯彻落实党的十九大关于实施乡村振兴战略的决策部署，探索城乡发展融合新路径，打好脱贫攻坚战，促进美丽乡村建设，广东省人民政府出台了《广东省全面推进拆旧复垦促进美丽乡村建设工作方案（试行）》，决定在全省全面推进农村建设用地拆旧复垦工作。方案实施以来，广东紧密围绕实施乡村振兴战略和脱贫攻坚的总目标，构建起了较为完善的拆旧复垦政策体系，推动了拆旧复垦项目建设，建立健全了复垦指标网上交易平台和拆旧复垦监测系统。至 2018 年底，全省立项拆旧复垦项目共 1.47 万亩，已验收备案项目 1524.34 亩；全省交易复垦指标 1108.4 亩，成交总金额 5.65 亿元；拆旧复垦对乡村振兴和脱贫攻坚的助推作用较为明显。

1. 广东省拆旧复垦的实施内容

《广东省全面推进拆旧复垦促进美丽乡村建设工作方案（试行）》提出，力争在 10 年内全面完成全省农村旧住宅、废弃宅基地、空心村等闲置建设用地的拆旧复垦，促进扶贫开发和易地扶贫搬迁，有效解决农村建设用地闲置等问题。主要工作内容及流程如下。

（1）拆旧。①农村集体经济组织或村民委员会根据村庄规划和农户等土地使用权人提出的拆旧意愿，经村民会议 2/3 以上成员或者 2/3 以上村民代表的同意，统一向乡镇人民政府、街道办事处提出拆旧申请，并附拆旧明细表，明确拆旧后土地用于复垦的范围。农户提出宅基地拆旧复垦意愿的，应当提供有其他合法稳定住所的证明材料。农村宅基地应按“一户一宅”要求严格管理。②乡镇人民政府、街道办事处收到申请后应当进行实地核实，并将拆旧土地权利人、拆旧面积以及拆旧后土地用于复垦的范围情况进行公示，公示无异议的，出具同意拆旧的意见。③拆旧由乡镇人民政府、街道办事处负责组织，由农村集体经济组织或村民委员会具体实施。④拆旧工作完成后，由乡镇人民政府、街道办事处复核，对纳入复垦范围的土地进行登记造册，对农户、农村集体经济组织等土地使用权人核发《退出建设用地证明书》。复垦后形成的农用地仍由原土地使用权人按农用地用途使用。

（2）复垦。①复垦按项目管理，乡镇人民政府、街道办事处作为复垦项目业主向县级国土部门申报和组织实施复垦项目，县级国土部门负责复垦项目立项审批。拟复垦为耕地的，按照开发补充耕地项目规定执行。②复垦项目由县级国土部门会同同级财政、住房和城乡建设、农业、林业部门组织验收并核发验收确认函，地级以上市国土部门要加强监管和抽查。③复垦项目（含复垦为耕地的项目）验收后，由县级国土部门逐级向省报备。

（3）交易。①完成复垦项目报备后形成的复垦指标通过广州耕地储备指标交易中心设立的交易平台进行公开交易，各地级以上市、县（市）人民政府是拆旧复垦指标的购买和出售主体。交易价格不得低于省人民政府批准设立的复垦指标交易最低保护价。②保障 2277 个省定贫困村，以及韶关市乳源瑶族自治县等 34 个县（市、区）拆旧复垦形成的复垦指标优先交易。各地级以上市对本市范围内拆旧复垦形成的复垦指标在相同报价的情况下有优先购买权。③各地级以上市有复垦指标需求但交易平台可购买复垦指标不足的，省国土资源部门可按照市申报需求情况下达复垦周转指标。复垦周转指标在使用时具有复垦指标同等功能，各地级以上市、县（市）应及时通过在交易平台购买复垦指标归还省下达的复垦周转指标。④各地可根据取得的复垦指标和复垦周转指标情况，依法安排城镇建设用地，根据国家有关增减挂钩政策，报批时不缴纳新增建设用地土地有偿使用费。当年未使用完毕的复垦指标自动结转到下一年度使用。

（4）分配。①复垦指标收益扣除成本后，净收益按 5%、5%、15%和 75%的比例分配给县级财政、镇级财政、土地所有权人和土地使用权人。县、镇及土地所有权人获得的复垦指标收益应当全部用于美丽乡村建设。②县（市）人民政府在参与复垦指标公开交易活动时，应当根据《退出建设用地证明书》和出售复垦指标情况，编制和提交根据省收益分配规则编制的收益分配明细。复垦指标成交后，交易平台根据收益分配明细将指标成交价款划转县、镇级财政、土地所有权人和农户等土地使用权人账户，严禁克扣、截留、挪用。③对于农户拆旧退出的土地被农村集体经济组织、村民委员会安排用于村公共设施、公益事业用途而未被纳入复垦范围的，由农村集体经济组织和村民委员会根据《中华人民共和国土地管理法》第六十五条的规定并参照纳入复垦范围土地给予补偿。

2. 广东省拆旧复垦的经验

（1）建立完善的拆旧复垦政策体系。近年来，广东省研究制定了《广东省全面推进拆旧复垦促进美丽乡村建设工作方案（试行）》《广东省农村建设用地拆旧复垦管理办法（试行）》《广东省农村建设用地拆旧复垦工作指引》《广东省国土资源厅关于加快推进拆旧复垦工作的通知》《广东省国土资源厅关于做好复垦周转指标申报工作的通知》《广东省国土资源厅关于设立复垦指标交易最低保护价的通知》《广东省国土资源厅关于做好复垦指标交易和复垦周转指标归还有关工作的通知》等一系列政策文件，从拆旧复垦的各方面、全过程来指导项目实施。同时，建立了拆旧复垦项目实施管理制度、复垦指标交易最低保护价制度、复垦指标收益统一分配制度、珠三角经营性用地出让与拆旧复垦挂钩制度、复垦指标周转和归还制度、粤东西北用地指标与拆旧复垦挂钩制度，拆旧复垦的政策体系基本建成，在拆旧复垦的具体操作层面做出了详细规定。广东省从宏观和具体操作两个层面对拆旧复垦做出的规定，促进了拆旧复垦项目的规范化。

（2）加强拆旧复垦项目技术指导。广东省自然资源厅多次带队开展专题督导调研，牵头工作组会同土地开发整治中心、土地调查规划院不定期赴各地开展技术指导。以省厅驻大罗村扶贫工作组对口帮扶工作为突破口，率先完成丰顺县汤西镇大罗村岳潭拆旧复垦项目，形成复垦指标 43.08 亩。同时，以点带面推进梅州全市及韶关、茂名等市拆旧复垦工作，逐步打开全省拆旧复垦工作局面。2018 年 8 月，开展拆旧复垦重点突破行动，确立全省 2018 年完成一万亩拆旧复垦的工作目标，并将拆旧复垦完成情况与用地计划指标相挂钩，进一步推动拆旧复垦工作实施。截至 2018 年底，全省已立项拆旧复垦项目 772 个，面积达 1.47 万亩，其中验收备案项目 83 个，共 1524 亩。

（3）完善拆旧复垦信息化管理体系。广东省建立了复垦指标网上交易平台和广东省农村建设用地拆旧复垦监测系统两个信息化系统，为拆旧复垦项目管理和指标交易提供了信息化管理方式，提升了拆旧复垦工作的信息化和规范化水平。

（4）组织复垦指标规范交易。2018 年全年下达珠三角地区复垦周转指标 3.36 万亩，由珠三角地区通过购买复垦指标予以归还，按照 50 万元/亩的复垦指标交易最低保护价计算，待粤东西北地区完成相应面积拆旧复垦并交易后，可为乡村振兴和脱贫攻坚提供不少于168亿元资金支持。已下达的复垦周转指标中，已挂钩出让商业、娱乐、商品住宅等经营性用地2.03万亩，剩余1.33万亩。此外，下达的复垦周转指标还可以用于新增建设用地报批，现已报批使用0.97万亩，剩余2.39万亩。2018年，省交易平台共组织2个批次复垦指标交易，共交易复垦指标面积1108.40亩，成交单价分别为50万元/亩和51万元/亩，交易总价款达5.65亿元。通过购买复垦指标，广州市、肇庆市、佛山市已归还复垦周转指标1108.40亩，随着拆旧复垦工作的加快推进，复垦周转指标归还进度将继续提高。

（5）强化拆旧复垦政策宣传培训。2018年3月，广东省自然资源厅召开新闻发布会，向社会宣讲了《广东省全面推进拆旧复垦促进美丽乡村建设工作方案（试行）》；11月13日，召开部分市县拆旧复垦工作推进会，组织观看了梅州市丰顺县大罗村拆旧复垦工作视频资料，听取了韶关市、茂名市、梅州市丰顺县等先进地区经验介绍，培训了《广东省农村建设用地拆旧复垦管理办法（试行）》。同时通过报纸、电视等多种传统媒体和微博、微信等新媒体进行广泛宣传。各基层自然资源部门也纷纷开展了多种形式的宣传培训，使拆旧复垦政策进一步深入基层农村。

4.2.3 河南省

为了有效保障易地扶贫搬迁所需的资金，2016年，河南省将易地扶贫搬迁和城乡建设用地增减挂钩政策结合起来，制定适用于省内贫困县域交易城乡建设用地增减挂钩指标的宅基地“复垦券”交易制度，以期通过城乡建设用地指标交易为脱贫攻坚募集所需资金。宅基地“复垦券”通过把农民易地扶贫搬迁、宅基地整理复垦、指标省级平台交易、城市使用指标、收益返还当地政府和农民分享等环节串联起来，以制度创新为河南省的脱贫攻坚工作增添动力[141]。

1. 河南宅基地“复垦券”制度的实施内容

宅基地“复垦券”不是土地的票据化，也非土地权益的票据化，而是农村建设用地指标的票据化，其实质是城乡建设用地增减挂钩指标。具体而言，宅基地“复垦券”是指贫困县和纳入黄河滩区居民迁建规划地区腾退的宅基地及其他农村集体建设用地扣除自身安置用地后节余的农村建设用地指标。其中，易地扶贫搬迁贫困户和同步搬迁户农村宅基地及相应的其他农村集体建设用地拆旧复垦产生的“复垦券”，称为宅基地A类“复垦券”；其他农村宅基地及农村建设用地拆旧复垦产生的“复垦券”，称为宅基地B类“复垦券”。

“复垦券”在使用上，实施住宅与工业园区两条线。A类“复垦券”主要由郑州市内五区和郑东新区、郑州经济开发区、郑州高新区范围内（以下简称郑州市内八区）参与竞拍新增商品住宅用地和因规划用途调整为商品住宅用地的房地产企业（民生项目安置用地除外）竞拍土地时使用；B 类“复垦券”是由全省范围内县（市、区）政府以及政府批准的园区使用。2018 年 7 月，经过调整后的 A 类“复垦券”和 B 类“复垦券”使用范围均有所扩大，郑州市内八区、荥阳、新郑和中牟 600 万元/亩以上的商品住宅用地需使用 A 类券，除使用 A 类“复垦券”地区和省内 7 个报国家审批用地的城市中心城区以外，其他所有市、县（市、区）新增商品住宅用地需使用 B 类“复垦券”以增减挂钩方式报批。河南省宅基地“复垦券”交易自 2016 年 12 月 20 日进行第一批 A 类“复垦券”拍卖以来，截至 2019 年 1 月，全省累计交易宅基地复垦 10.05 万亩，成交总金额 203.61 亿元。交易收益成为河南省开展易地扶贫搬迁和黄河滩区迁建工作资金的重要来源，缓解了脱贫攻坚工作的资金压力。A 类宅基地“复垦券”交易惠及河南省 23 个易地扶贫搬迁县、3 万多户搬迁家庭、10 多万搬迁群众以及 8 个黄河滩区迁建县（区），B 类“复垦券”交易惠及贫困县和黄河滩区迁建县共 29 个。

在“复垦券”收益分配方面，倾向于物质保障，弱化了现金流分配。A 类宅基地“复垦券”交易价款溢出成本部分用来对易地搬迁农民进行经济补助，成本部分用于农村居住环境改善、基础设施与配套设施建设等。B 类“复垦券”的交易价款超出成本部分归指标生产地区县乡人民政府统筹使用，主要用于脱贫攻坚和农村地区。宅基地“复垦券”的交易价款主要用于农村建设和农民经济补助，从对农民权益影响的绝对趋势看，有助于提高农民权益保障水平，但具体的资金使用效果以及对农民权益产生的实际改善情况有待进一步研究。

2. 河南易地扶贫搬迁与宅基地“复垦券”制度的经验

河南省土地综合整治的经验在于将宅基地“复垦券”交易制度创新与易地扶贫搬迁相结合，充分释放了增减挂钩政策的潜能，迅速搭建起了贫困地区土地资源与省内发达地区资本互换的“桥梁”，在脱贫攻坚大局中发挥了重要支撑作用[142]。宅基地“复垦券”建立四年多来，随着交易市场形势的变化，制度也在不断调整完善，一方面较好地解决了土地增值和农民受益的问题，有效破解了脱贫攻坚、易地扶贫搬迁和黄河滩区居民迁建筹资难题；另一方面搭建了城市反哺农村的平台，解决了全省经济发达地区耕地占补平衡指标紧张难题，把贫困地区农村“沉睡”的土地资源转换为资本，构建起了以城带乡、以工补农、城乡统筹的区域补偿机制。宅基地“复垦券”交易制度，实质上是以城带乡、以工补农、城乡统筹的区域补偿制度，是经济发达地区与贫困地区扶贫协作和对口支援的重要手段。

（1）高度激活市场积极性。通过宅基地“复垦券”制度设计，充分激发了市场积极性，即通过实行“持券准入”，要求在郑州市区内参与商品住宅用地竞拍的房地产企业，须先获取宅基地 A 类“复垦券”，解决了市场需求不旺的问题；通过省级平台交易，为贫困地区和经济发达地区搭建一个公开透明的交易平台，减少了人为因素干扰，降低了运行成本；经济发达地区也能公平、快捷地购买到急需的指标，减少了因协商交易价格高低所带来的风险；通过综合考虑脱贫攻坚需要、指标产生成本、企业成本、交易可持续性等因素，设定了 A 券 30 万元/亩、B 券 20 万元/亩的最高限价，在适当提高“复垦券”指标交易价格的同时，又对交易市场的运行起到了稳定作用。

（2）与土地交易市场做好充分衔接。在设计宅基地 A 类“复垦券”交易制度时，河南选择郑州市八区作为 A 类“复垦券”使用范围，主要是因为其商品住宅用地出让价格基本都在 800 万元/亩以上，30 万元/亩的“复垦券”价格占土地出让价格的比例较低，同时由于“限地价、竞房价”等政策，房地产企业在竞拍土地时会统筹考虑成本，合理参与竞拍土地，不会对土地交易市场秩序造成影响。同时，为充分保证土地交易市场的公平性，对每个房地产企业持有 A 类“复垦券”的总量进行限制，最高不得超过 200 亩，防止市场垄断；加大“复垦券”供应，提高覆盖面，最大限度满足房地产企业需求，截至 2018 年 5 月，A 类“复垦券”覆盖范围达 346 家房地产企业，可以保证郑州市八区商品住宅土地出让市场竞争的充分性；按照出让宗地面积的不同，土地竞买人可以持有所需 A 类“复垦券”面积的一定比例参与竞拍（即出让宗地需使用 A 券面积小于 200 亩的，持有所需 A 券面积的 50%可参与竞拍；出让宗地需使用 A 券面积等于或超过 200 亩的，持有 A 券 100 亩可参与竞拍），竞拍成功后再补齐所需“复垦券”。

（3）积极争取扶贫收益最大化。通过竞拍商品住宅用地的房地产企业参与购买 A 券、设 A 券 16 万元/亩最低保护价、引入市场竞争机制、免除服务费用等措施，最大限度提高 A 类“复垦券”交易收益，根据交易情况看，多年前 A 券全部以 30 万元/亩熔断价成交，极大地激发了贫困县交易指标的积极性。对贫困县产生的节余指标暂时不能实现交易的，由省国土资源开发投资管理中心按照市场预期价格的一定比例，提前收储贫困地区产生的节余指标，预付指标交易收益，为贫困县及时筹集建设资金，前期共预收储节余指标 6560 亩，预付资金 7.32 亿元，解决了贫困县的燃眉之急。

（4）着眼增强发展后劲。宅基地是易地扶贫搬迁群众手中有限的可交易资源，能够为解决群众搬出后的生产、生活难题提供启动资金。河南首先考虑保障贫困地区的自身发展权，拆旧复垦产生的节余指标，要求各地优先保障当地脱贫攻坚和社会经济发展的用地需求，在给地方留足自身发展空间的前提下，鼓励通过省域内交易获得资金收益。同时，针对易地扶贫搬迁产生 A 券获取的收益，制订有利于地方和群众的分配方案，将其中 15 万元/亩的部分由县人民政府统筹使用，用于土地复垦成本和搬迁后续发展等；溢出 15 万元/亩的部分，由县政府统一与省扶贫公司签订委托协议，进行投资理财，每年将投资收益通过“一卡通”系统返还搬迁群众，委托期满后本金一次性返还。对搬迁地区的耕地、林地、园地和具有保护开发价值的旧宅，统一进行收储、流转和综合开发经营，其收益主要用于返还搬迁群众，实现搬迁群众“搬得出，稳得住，逐步能致富”。

（5）因地制宜实施拆旧复垦。考虑到易地扶贫搬迁对象，大都居住在“一方水土养活不了一方人”的地区，因生态保护和退出宅基地自身条件限制，群众搬迁后旧房及宅基地无法全部用于复垦，或复垦后新增耕地质量达不到建新占用耕地的质量，允许各地因地制宜，实事求是，进行分类处置。具备条件的，优先复垦为耕地；不具备条件的，宜林则林、宜园则园、宜开发则开发、宜生态则生态。对复垦后耕地质量等级达不到要求的，允许指标交易县在 1 年内对县域内现有耕地进行提质改造，用提高的耕地质量等级进行弥补，确保耕地质量不降低。

4.2.4 贵州省

贵州省地处云贵高原向湘西丘陵过渡的斜坡地带，属于高原山地丘陵区，山地占全省面积的 71.34%，是全国唯一没有平原的省份，土地资源紧缺，土地后备资源严重不足。《中国农村扶贫开发纲要（2011—2020 年）》指出，贵州省涉及乌蒙山、武陵山、滇黔桂三大连片特困地区，贫困面大、贫困人口多、贫困程度深，脱贫攻坚任务艰巨。全省 88 个县（市、区）中，71 个位于三大连片特困地区，50 个为国家级贫困县。截至 2017 年底，贵州省尚有农村贫困人口 280.32 万人，有 14 个深度贫困县、20 个极贫乡镇和 2760 个深度贫困村。深度贫困县贫困人口达 115.6 万人，占全省贫困人口的 1/3，占全国深度贫困县贫困人口的 1/5。土地整治是实现耕地数量质量“双提升”，落实藏粮于地、藏粮于技战略，统筹区域城乡发展和消除城乡二元结构，促进农民增产增收最为有效的手段。土地整治也是精准扶贫的重要平台。近年来，贵州省在土地整治项目管理、扶贫模式、体制机制等方面不断探索，创新了土地整治扶贫模式和机制，在促进贫困地区脱贫方面发挥了强大的作用，打造出了可复制、可推广、可宣传的土地整治助力脱贫攻坚的贵州样板。

1. 贵州省“村民自建”土地整治模式的主要做法

为打赢脱贫攻坚战，贵州省土地整治工作紧紧围绕精准脱贫主旋律，深入推进 50 个贫困县、14 个深度贫困县以及 20 个极贫乡（镇）的土地综合整治工作，明确了土地整治政策、资金、管理、技术等向贫困地区倾斜的工作原则。同时，在原有探索的基础上，形成了“村民自建”土地整治新模式，完善了土地整治助力扶贫的体制机制[143]。

（1）明确目标。为贯彻落实国家和贵州省的大扶贫战略，推动农村经济发展，贵州省提出，“十三五”期间通过实施土地整治为全省50万就地脱贫人口每人整治1亩优质农田。2016～2020年，每年完成为10万就地脱贫人口每人整治1亩优质农田的目标。

（2）扶贫优先。在《贵州省土地整治规划（2016—2020年）》中，该省优先将连片特困地区和扶贫开发重点县列为土地整治的重点区域，在建档立卡贫困人口耕地相对集中区域，因地制宜选择项目实施靶区，优先开展土地整治工作，同时在资金安排、项目布局、工程布局及用工等方面向其倾斜。

（3）政策支撑。为更好地推进扶贫工作，贵州省出台了一系列政策支撑贫困地区实施土地整治。2016年出台了《贵州省土地整治服务就地脱贫工作的指导意见》（黔国土资发〔2016〕25号），要求每年年初制定为10万就地脱贫人口每人整治1亩优质农田的实施方案，年中组织开展土地整治典型项目调查，年末对实施进度进行督查，确保将相关要求落到实处。2017年，印发了《贵州省国土资源厅关于印发贵州省20个极贫乡镇整乡（镇）推进土地整治三年行动计划工作方案的通知》（黔国土资发〔2017〕6号），指导全省20个极贫乡镇完成了《“村民自建”土地整治项目服务就地脱贫实施方案》，针对各贫困乡镇基本情况，方案分别确定了项目组织实施、项目施工管理、项目资金使用、项目验收及监督检查等内容。

（4）模式创新。2013年，贵州省在原有土地整治项目实施模式基础上，探索实施了“村民自建”土地整治模式。“村民自建”土地整治的实施主体是乡（镇）人民政府，并负责对项目进行监督管理；乡（镇）人民政府组织村民选举村民代表、党员、村组干部组成项目建设工作小组，小组负责开展宣传、动员、施工组织等工作，并全程解读好相关政策和项目建设计划、目标，争取群众参与和支持；村集体经济组织或村民委员会作为项目的施工主体，负责工程施工。劳动用工优先安排贫困人口和本村村民。以“村民自建”方式实施土地整治，可引导农民全程参与项目选址、设计和建设，充分发挥农民的主体作用，从而把农民的意愿落到实处，真正做到自己的耕地自己整治。

（5）技术支持。为进一步提高“村民自建”土地整治项目的效益，2017年贵州省制定了《贵州省“村民自建”土地整治工程设计标准化图集》，对项目的建设内容、标准、工程量计算和资金预算方法等进行了明确规定；推广典型经验，在全省转发《赫章县“村民自建”土地整治项目管理办法》，进一步细化了“村民自建”土地整治项目的申报审批、实施监督、资金管理、项目验收及相关奖惩措施等内容，在技术上做好支持。同时，为进一步做好技术指导，将土地整治政策、项目落到实处，确保项目顺利实施，贵州省将重心下沉，组织相关工作人员深入基层开展调研和技术服务指导。

2. 贵州省“村民自建”土地整治模式的经验

（1）精准识别项目靶区是实现土地整治扶贫效益最大化的关键。要脱贫，先要做到精准识别，根据扶贫对象找准项目实施靶区，同时结合各个部门的相关规划，精准施策，精准发力，因地制宜实施土地整治项目。贵州省在土地整治助力脱贫攻坚过程中，紧盯扶贫对象，优先选择14个深度贫困县、20个极贫乡（镇）开展土地整治，优先将土地整治政策、资金、管理、技术等向贫困地区倾斜，使土地整治助推脱贫，并取得了较好的成效。

（2）相关政策配套是实现土地整治助力脱贫攻坚的重要保障。在精准确定项目靶区后，贵州省印发了一系列政策，如《贵州省土地整治服务就地脱贫工作的指导意见》（黔国土资发〔2016〕25号）、《贵州省国土资源厅关于印发贵州省20个极贫乡镇整乡（镇）推进土地整治三年行动计划工作方案的通知》（黔国土资发〔2017〕6号）等，各市（州）根据指导意见及通知要求，制定了相应的工作方案，确保土地整治助力脱贫攻坚落到实处。

（3）模式和机制创新是土地整治助力脱贫攻坚的重要体现。传统土地整治项目建设周期长、公众参与程度低、项目建设程序繁杂。贵州省在充分调研的基础上，结合当地地形地貌复杂、耕地分布零散的特点，探索开创了“村民自建”土地整治模式。并根据“村民自建”项目特点，摸索出了一套完整的项目实施和管理机制，有效缩短了项目建设周期，提高了公众尤其是贫困村民的参与程度，为丘陵贫困山区全面推进土地整治，助力脱贫提供了经验借鉴。

（4）全生命周期监管是土地整治助力脱贫攻坚的重要基础。贵州省对土地整治项目实行全生命周期的监管，即从立项、规划、实施、验收等各环节，进行全程跟踪和服务。在项目实施前，要求编制具体工作方案，深入实地调查进行项目选址，组织相关专家对实施方案进行研究论证；在项目实施中，要求深入基层开展技术指导，开展项目调查，积极查找问题，总结经验；在项目实施后，要求制作专题视频，对采集的典型案例进行汇编，强化服务职能。

（5）联动产业发展是土地整治助力脱贫攻坚的有效途径。土地整治助推农业产业化发展，是实现农业增产和农民增收，进而实现贫困乡镇脱贫、乡村振兴的重要途径。贵州在实施土地整治助力脱贫攻坚项目中，注重土地整治与农业产业发展相结合，积极协调各部门，助推农业产业在土地整治项目区落地。同时，根据不同地区不同农业产业的发展需求，综合考虑项目区资源优势，因地制宜实施土地整治，为产业发展搭建好农田水利、田间道路等基础设施平台，优化耕地资源条件，促进了农业的产业化发展，为农业增产和农民增收创造了条件。

（6）增减挂钩政策支持易地扶贫是土地整治助力脱贫攻坚的重要力量。2016年，贵州在全国率先出台增减挂钩政策积极支持易地扶贫搬迁的实施意见，建成全国首个增减挂钩节余指标网上流转平台，并于 2016 年 5 月 12 日敲响了增减挂钩节余指标流转第一槌。5 年来，贵州 66 个三大集中连片特困地区和国家扶贫开发重点县新增建设用地 8 万亩；实施每年为 10 万就地脱贫人口每人整治 1 亩优质农田工程、20 个极贫乡镇整乡推进土地整治三年行动计划，累计投入资金 30 亿元，整治优质农田 26 万亩，促进了土地流转和农业产业发展，惠及 22 万就地脱贫人口。通过“村民自建”方式，由村集体经济组织或村委会组织施工，用工优先安排贫困人口，获务工收入 2.24 亿元。作为全国首批开展城乡建设用地增减挂钩试点工作的省份，贵州率先提出并开展了增减挂钩政策用于生态移民易地扶贫搬迁的探索。实践证明，增减挂钩的实施，不仅可为搬迁安置提供用地保障，同时还能为搬迁群众建新居，更能为农村基础设施建设和发展扶贫产业提供有力的资金支持，促进易地扶贫搬迁村民搬得出、稳得住、能致富。试点实践中，贵州省以相关政策措施为基本准则，探索出了城乡建设用地增减挂钩节余指标网上流转交易的“贵州模式”，也就是三种各具特色的流转交易方式：增减挂钩节余指标跨市易地省域交易，主要体现省域土地级差收益；增减挂钩节余指标跨县易地市域交易，主要体现市域土地级差收益；增减挂钩指标县域就地招拍挂出让交易，体现土地增值收益。

4.3　国内外经验启示与借鉴

通过收集、整理和分析国内外土地综合整治的主要做法与先进经验，立足我国实际，从助推乡村振兴的视角出发，可资借鉴的经验主要有以下几点。

（1）土地综合整治要充分体现综合性和全域性。对乡村的山水林田湖草等全要素进行综合整治，对乡村的生产、生活、生态空间布局进行全域优化，促进乡村的空间形态、产业发展、生态环境、人居环境、基础设施、乡风文明和乡村治理系统性重塑和综合集成创新。

（2）土地综合整治要与生态修复保护相结合。要把生态文明建设的要求融入土地综合整治各元素和全链条中，注重保护乡村的生态环境和人文景观，促进对乡村文化和自然景观的保护和延续，兼顾生产、生态、文化和景观的需要。

（3）土地综合整治要与永久基本农田布局优化相结合。针对永久基本农田划定不够科学合理以及难以适应乡村振兴发展需要的问题，结合开展全域土地综合整治，吸收借鉴浙江经验，通过激励与约束手段，进一步优化和适度调整永久基本农田布局。

（4）土地综合整治要加大管理体制机制创新。借鉴广东和河南的经验，争取省级政府支持，破除“拆旧”与“建新”捆绑设置的计划管理方式，立项时只确定拆旧复垦区，交易后再确定指标落地区或建新区，提高项目实施效率；允许拆旧复垦形成的节余建设用地指标在省域范围内交易，建立完善指标交易管理办法和交易服务平台体系，探索形成城乡要素平等交换的价格机制以及收益分配机制，通过联动城市土地市场和农村土地整治市场，实现城乡融合发展。同时，借鉴贵州“村民自建”的经验，充分发挥农民在土地综合整治中的主体作用，增强农村集体经济的可持续发展能力。

（5）土地综合整治要与易地扶贫及生态保护相结合。借鉴贵州和河南的经验，抛开本位主义，完善土地综合整治支持易地扶贫及生态保护的体制机制和政策体系，通过土地综合整治助推易地扶贫及生态保护工作开展，实现省域内发达地区与落后地区及生态保护区之间的要素互换、横向补偿与协调发展。同时，借鉴德国生态占补指标市场化交易的经验，在我国耕地占补平衡指标与增减挂钩指标市场化交易的实践基础上，组织科研力量，前瞻性开展生态占补指标市场化交易政策设计研究工作，为进一步助推公园城市建设、落实国土空间规划和主体功能区规划、打通生态价值向经济价值转换通道提供政策支持。

（6）土地综合整治要充分发挥国土空间规划的引领作用。借鉴德国、日本和荷兰的经验，强化国土空间规划对土地综合整治的管控和科学引领作用，通过完善国土空间规划体系、机制和管控办法，使土地综合整治成为促进我国乡村振兴和可持续发展的有效手段。广开门路、广聚民智，广泛调动农民群众参与土地整治相关规划的制定与实施，获得农民群众的支持和拥护；完善土地整治的法律法规和政策体系，提升规划的法律与政策效力，促进土地综合整治与规划实施的法治水平；创新规划的实施机制，增强约束性指标的管控效力，列入负面清单的必须管死，其他指标要提高规划实施的弹性与灵活性，积极探索规划留白的管理办法。最终，通过规划的科学管控与引领，提高土地综合整治的经济效益、社会效益和生态效益，有力促进乡村振兴和可持续发展。

第5章 成都市农村土地综合整治的实践探索

5.1 实践探索的历程

5.1.1 农用地整理

国家“十一五”规划纲要提出，到2010年末，全国耕地面积必须确保不少于18亿亩。据国土资源部公布的《2006年度全国土地利用变更调查结果报告》，截至2006年10月全国耕地面积18.27亿亩，十分接近18亿亩“红线”。我国的耕地形势不容乐观。四川作为耕地面积大省，现有耕地面积居全国第二位，依据全省第二次土地调查的数据成果，全省耕地面积为10080万亩，但人均耕地面积仅为1.12亩，低于全国人均1.4亩和世界人均3.3亩的水平。四川省耕地保护形势仍十分严峻，存在人均耕地少、耕地质量总体不高、耕地后备资源不足等问题。

为积极响应国家号召，四川省委、省政府十分重视耕地保护。2004年四川省国土资源厅印发《四川省土地整理项目管理暂行规定》(川国土资发〔2004〕164号)，首次提出“土地整理”概念，要求土地整理项目净增耕地面积不低于原有耕地面积的10%。2006年四川省开始实施“金土地工程”。《四川省社会主义新农村建设规划纲要（草案）(2006—2020年)》规定，计划用10年时间，整理土地1000万亩，新增土地100万亩，建设高稳农田600万亩，确保国家下达给四川省的耕地保有量8785.2万亩（585.68万公顷）这条红线。

作为四川的省会城市，成都恰恰是一个城市经济发展较快，而农村又绝少还有未利用土地的地方。到哪里找到可用于占补平衡的土地，成为制约成都经济发展的一个关键。据统计，在实施1997～2010年土地利用总体规划期间，成都市共需完成12718.6公顷的耕地补充任务，但成都市地理环境较特殊，可开发的后备土地资源大多分布在山区和河滩中，坡陡、土质差、开发难度大，其中可开垦为耕地的后备资源不足3333公顷，离需要补充的耕地总量还有很大缺口，占补平衡压力相当大。

如何应对上述问题呢？就是依靠国家的土地整理政策（四川称为“金土地工程”)。根据《中华人民共和国土地管理法》，土地整理是指根据土地利用总体规划与土地整理专项规划，对田、水、路、林、村等实行综合整治，调整土地关系，改善土地利用结构和生产生活条件，增加可利用土地面积和有效耕地面积，提高土地利用率和产出率的活动。土地整理的内容包括：①调整农地结构，归并零散地块；②平整土地，改良土壤；③道路、林网、沟渠等综合建设；④归并农村居民点、乡镇工业用地等；⑤复垦废弃土地；⑥划定地界，确定权属；⑦改善环境，维护生态平衡。由于强调田、水、路、林、村统一整理，土地整理与建设新农村的大政方针十分契合。这样，城市与农村这块跷跷板就有了支点，两者开始紧密联系起来。

事实上，土地整理早在 1998 年就已在全国展开，但只涉及纯粹的农用地整理、“四荒地”的开发以及废弃工矿用地的复垦。当时的城市土地收益不高，政府从财政上支付给土地整理的资金很有限。以新增耕地面积计算，1999 年成都市亩均投资仅 3100 元，2004 年才上升为 7000 元/亩。有限的资金使得土地整理未发挥出潜在效力。随着城市土地价格不断上涨，政府加大了对土地整理的财政支持。成都市从 2005 年开始就以 1.8 万元/亩的标准投资于土地整理项目新增耕地，而且年年递增，2006 年为 2 万元/亩，2007 年为 2.5 万元/亩。充足的资金使得土地整理项目可以大规模展开。到 2007 年，成都市几乎所有的新增耕地都来源于土地整理。

以金堂县栖贤乡向前村的土地整理为例，2005～2006 年，成都市财政从城区土地拍卖价款中依国家相关法律规定共拨出 1722.94 万元，在金堂县向前村以土地整理项目的方式补充耕地。向前村共 24 个生产小组，1286 户，总人口 4237 人。土地整理前，向前村人均年收入 1500 多元。由于种地挣钱少，年轻人多在外打工，留守在家的多是老人和小孩。2005 年 3 月至 2006 年 3 月，向前村共整理土地 4978.74 亩，净新增耕地 1081.33 亩。向前村的土地整理不仅增加了耕地面积，而且通过三种途径提高了农民收入。一是农作物净种植面积增加。其中，蔬菜种植面积增加 745 亩，以每亩 4080 元算，可增收 303.96 万元；粮食播种面积增加 336.33 亩，按年亩产 768 公斤计算，经济纯收益 30 多万元。两项共计使向前村人均增收 788.6 元。二是耕作条件改善。如耕作排灌设施改善后，蔬菜可增种一季，仅这一项可使向前村人均收入增加 379.3 元。三是生产方式变革。土地整理后，金堂县犇牛实业有限公司等私营企业承包经营大部分新增耕地，引进以色列先进的滴灌技术，原本浇灌 3 亩地每天需 8 个人，用水 8000～12000m^3，引用新技术后浇灌 3 亩地每天只需 2 人，用水 500m^3，节省了大量人力和水资源。综合起来看，土地整理项目实施后，除了使农民人均货币收入增加 1500 元外，还引进了新技术，增加了农民的人力资本。

这么大规模的土地整理项目，由农民自己出钱做几乎不可能，而现在只要动用城市土地增值收益的很小一部分就可完成。据统计，成都市中心城区 2005 年的土地价格平均每亩约 300 万元，投资于土地整理项目每亩 1.6 万元，尚不到土地价格的 0.6%。可见，土地整理对城乡统筹的杠杆作用很大。

5.1.2　城乡建设用地增减挂钩试点

尽管通过农用地和未利用地的整理可以增加耕地，但过快的经济增长速度使农用地和未利用地整理新增耕地的后备资源基本耗尽。面对巨大的占补平衡压力，成都市只有探寻新的出路，这个出路就是农村宅基地整理。

数字能让我们体会到宅基地整理新增耕地的巨大潜力。据 2006 年土地调查统计，成都市共有农村集体建设用地 139 万余亩，其中宅基地约 125 万亩，占比近 90%。农村人均宅基地面积约 $138m^2$，且呈现从中心城区向外逐步扩大的规律。此外，农村居民住宅具有点多面广、林盘院坝面积大等特点。如果可以通过土地整理将人均宅基地面积降至 $60m^2$（省法定标准为 $30m^2$），则全市可腾出 70 万亩土地。即使考虑农民意愿等因素，按照一半计算，也可腾出 35 万亩土地。如何挖掘和用好这么巨大的一笔“宝藏”呢？

2004 年，《国务院关于深化改革严格土地管理的决定》（国发〔2004〕28 号）提供了政策依据。该文件指出，“鼓励农村建设用地整理，城镇建设用地增加要与农村建设用地减少相挂钩。”2005 年，国土资源部《关于印发<关于规范城镇建设用地增加与农村建设用地减少相挂钩试点工作的意见>的通知》（国土资发〔2005〕207 号），进一步明确可以“依据土地利用总体规划，将若干拟复垦为耕地的农村建设用地地块（即拆旧地块）和拟用于城镇建设的地块（即建新地块）共同组成建新拆旧项目区，通过建新拆旧和土地复垦，最终实现项目区内建设用地总量不增加，耕地面积不减少、质量不降低。”同年，成都市成为全国首批 8 个挂钩试点城市之一。

城乡建设用地增减挂钩项目的操作主要分为两块，首先由政府垫用财政资金完成项目拆旧区的宅基地复垦整理和农民新居建设，然后把节省出来的集体建设用地指标转移给项目的城镇建新区，城镇建新区拿到建设用地指标后就可以把规划的有条件建设区（通常为农用地）通过征收转用程序转变为国有建设用地，在完成相应的征地补偿后就可通过招拍挂的方式出让国有土地，获得收益后再支付拆旧区的建设成本，从而实现城市支持农村、城乡协调发展。

以成都市第一个挂钩项目——郫都区唐元镇与犀浦、友爱镇挂钩项目为例，项目的拆旧区位于郫都区唐元镇长林村，涉及总人口 411 户 1434 人，辖区面积 2294.4 亩，人均建设用地 $255m^2$。项目的建新区包括两部分：一部分是城镇建新区，位于郫都区的犀浦镇和友爱镇，需占用耕地 263 亩；另一部分是农民新居，需占用耕地 112.26 亩。要达到项目区内耕地面积不减少、建设用地规模不增加的要求，需复垦宅基地 375.26 亩，即需要申请挂钩周转指标 375.26 亩。通过项目实施，拆旧区减少 375.26 亩建设用地、增加 375.26 亩耕地，建新区减少 375.26 亩耕地、增加 375.26 亩建设用地。由于实现了农民的集中居住，人均建设用地减少到 79.4m^2。

项目验收后，犀浦和友爱镇将 263 亩土地征为国有，作为经营性用地以每亩 420 万元的价格拍卖，总价款 11 亿元。项目总费用大致包括三部分：一是土地出让金及相关税费约 5.6 亿元；二是拆旧区费用约 5500 万元，包括旧房拆除补贴、建新房补贴、集中居住配套设施建设和土地复垦等；三是城镇建新区费用约 8000 万元，包括土地补偿费、安置补助费、青苗及地上附着物赔偿、住房安置等。拍卖总价款减去项目总费用盈余约 4 亿元。

通过这个案例可以看出，挂钩项目之所以受到各地热捧：一是农民不用出钱或出少部分钱就可以改善居住条件，相比于征地，农民的参与度和满意度都很高，有利于社会和谐；二是增加了城镇建设用地规模，缓解了城镇发展用地紧张的问题；三是通过旧宅基地复垦还耕，守住了耕地红线；四是项目收支能够自我平衡，不需政府拿财政补贴；五是解决了新农村建设“钱从哪里来”的难题，促进了城乡统筹发展；六是挂钩指标具有耕地补充和农地非农用的双重性质，所以不需要农转用指标和占补平衡，因而也不需要缴纳耕地占用税和新增建设用地有偿使用费。

5.1.3 城乡建设用地增减挂钩升级版

增减挂钩是成都市推进城乡统筹发展的重要抓手，但这种方式还存在较大的局限性。通常，建新区离中心城区越近、拆旧区离中心城区越远，获取的级差收益就越大，反哺农村的力度也就越大。但早期的挂钩项目只允许在县域范围内实施，土地的级差收益无法得到最大限度地释放。在时空上还要求拆旧区与建新区“一一对应”，项目门槛较高，审批期限较长。这些规定极大地限制了挂钩政策在推进城镇化、新农村建设和城乡统筹发展中的作用，就像一个被捆绑的巨人，有力无处使。因此，“为巨人松绑”，深入推进城镇化、新农村建设和城乡统筹发展，就成为成都市改革探索和积极争取政策的着力点。

（1）促成三方合作协议，突破范围限制。2008 年 8 月，以灾后重建为契机，国土资源部、四川省人民政府和成都市人民政府签订了《共同推进国土资源管理工作促进成都统筹城乡综合配套改革试验区建设的合作协议》，提出了一揽子土地管理制度改革创新的内容，包括允许成都市在市域范围内设置项目区。如都江堰向峨乡的灾后农房重建，就是采取这种方式，指标挂钩到双流县，可筹集 6 亿～8 亿元建设资金。当地老百姓感慨地说，“一辈子怎么也没想到会发生这么大的地震，但更没有想到可以住上这样的花园洋房。”

（2）出台新的政策文件，突破规模限制。增减挂钩项目节余的建设用地指标主要调剂到城市使用，难以满足乡村建设与产业发展的需要。针对该问题，成都市于 2008 年研究制定了《成都市集体建设用地整理与集中使用管理暂行办法》（成国土资发〔2008〕356 号）。该办法规定：集体建设用地整理与集中使用依据审批权限不同分为由国土资源部、四川省国土资源厅批准的城镇建设用地增加与农村建设用地减少相挂钩项目（简称“挂钩项目”）和由成都市人民政府批准的城镇建设用地增加与农村建设用地减少相挂钩项目（简称“小挂钩项目”“拆院并院项目”或“农民集中建房整理项目”）。其中，挂钩项目由区（市）县国土资源局向市国土资源局提出申请，经审核同意后，报省国土资源厅转报国土资源部批准（汶川地震后国土资源部授权给省国土资源厅审批）；拆院并院项目由区（市）县国土资源局向市国土资源局提出申请，经审核同意后，报成都市人民政府批准实施。“小挂钩”与增减挂钩的运作机制相似，均要求保证耕地面积不变、建设用地指标不增。二者的不同之处在于：一是审批层级不同，增减挂钩由省级国土资源主管部门审批，“小挂钩”由市政府审批；二是项目区范围不同，增减挂钩项目区可跨县级行政区设置，“小挂钩”项目区仅能在本乡镇范围内设置；三是建新区用地性质不同，增减挂钩的建新区用地通常要征收为国有建设用地，“小挂钩”的建新区用地通常保留为集体建设用地。“小挂钩”突破增减挂钩政策局限，把建设用地指标留在本乡镇使用，且不必征收为国有建设用地，集体建设用地所有权仍归农民集体，满足村镇建设与产业发展的用地需求，为增强乡村内生发展动力提供了用地保障。从乡村振兴的角度看，“小挂钩”的政策创新具有重要的战略意义。

5.1.4　土地综合整治

虽然农用地整理项目和增减挂钩项目都是由国土资源部门负责，但由于机制不同，项目立项、实施和验收分别归属于不同的处室负责，没有实现同步规划和实施，不仅增加了项目实施的体制成本，而且制约了项目实施的整体效果。基于破解现实难题的需要，成都市在灾后重建中率先提出土地综合整治的概念，尝试将农用地整理和集体建设用地整理相结合。

作为 2008 年汶川特大地震重灾乡镇——向峨乡的援建单位，成都市国土资源局通过深入调研，创造性地将农用地整理与挂钩项目有机结合起来，采取“统一规划、同时立项、同步实施、分别验收”的操作方式，并集成运用相关政策，推动向峨乡实现了科学重建。向峨乡的土地综合整治，主要亮点是引入了“系统集成”的思想和方法，把各种政策叠加于一个乡镇。一是通过跨县设置挂钩项目区筹集资金。按照国土资源部《关于实行保障灾后恢复重建特殊支持政策的通知》（国土资发〔2008〕119 号），成都市将向峨乡作为拆旧区、经济发展条件好的双流县作为建新区，通过实施挂钩项目，节约出 3000 亩建设用地指标，按照 20 万元/亩的价格调剂给双流县使用，筹集资金 6 亿元，实现了受灾农户不出钱住进新居的目标。二是在农房规划与建设中，注重乡村多元化需求。农房建筑形态的多样性、农村生产生活的特色以及与当地自然生态环境和谐交融，同步推进农用地整理和规模化流转，促进猕猴桃、“三木”药材、食用笋、茶叶等 4 个万亩特色产业基地建设，产业发展有支撑，农民长远生计有保障（后来该做法被总结提炼为土地综合整治与农房建设的“四性”要求，即发展性、多样性、相融性和共享性）。三是采取“1 + N”模式。在地方党委和政府领导下，以土地综合整治为平台，发挥国土、建设、交通、水利、电力、广电、民政、农业等部门力量，整合各项资金约 7.33 亿元，用于向峨乡的灾后重建。

2009 年，在总结经验基础上，四川省国土资源厅印发了《关于印发四川省农村土地综合整治—“金土地工程”项目管理暂行办法的通知》（川国土资发〔2009〕46 号），对土地综合整治项目管理进行了明确政策规定。土地综合整治项目为国土资源部“万村土地整治”示范工程在川项目和全省统一组织实施的 1000 万亩专项土地整理项目（简称“整理项目”）和城乡建设用地增减挂钩项目区（简称“挂钩项目”）一并实施的综合整治项目。综合整治项目应在一个以上完整行政村，建设规模原则上不超过 15000 亩，集中连片不破村。土地综合整治既对农用地进行整理，促进农业规模经营，发挥现有耕地更大经济效益，又对建设用地进行整理，改善农村生产、生活条件和生态环境，促进人口集中居住、产业聚集发展，推进城乡一体化进程。

5.1.5 节余集体建设用地指标市场化交易

1. 改革背景与目的

经过多年的探索实践，成都市感受到了土地综合整治对城乡统筹发展和新农村建设的重要推动作用。特别是 5 • 12 汶川地震后，成都市将都江堰、彭州等地震重灾区具备复垦条件的农村居民点和零星分散宅基地，与区位条件好、发展较快的双流、郫都等城镇组成挂钩项目区，筹集资金 88 亿元，有力支撑了地震重灾区农房的快速、高水平重建。这释放出强烈的信号，即建设用地指标是有价值的。但是，由于缺乏价格形成机制，加上灾后重建时间紧迫，当时只能采取由政府按建成农民住房所需投资定价的办法，节余的建设用地指标统一按照 15 万～20 万元/亩的价格，在区（市）县政府之间调剂使用。这种政府定价的方式，不能很好地反映指标的稀缺程度和供求状况，也受到了部分社会人士和农民群众对定价合理性的质疑。2009 年，国土资源部在成都召开统筹城乡土地管理制度改革现场研讨会，与会领导和专家学者对成都的做法给予充分肯定，大大鼓舞了成都改革的士气。会后不久，成都市提出用 6 年左右时间完成全域整治的目标。如何在现有农村土地综合整治政策基础上，进一步改革突破成为当时的主要任务。在此背景下，指标交易破茧而出，主要希望达到以下 4 个方面的目的。

（1）调动农村集体和农户、社会投资者参与土地综合整治的积极性。所谓全域整治，是指用 6 年左右时间在全市广大农村整体规划推进田、水、路、林、村综合整治，复垦增加耕地 30 万亩，使 300 多万农村居民逐步实现城镇化，彻底改变农业农村面貌，根本转变农民生产生活方式。要按期实现这么宏大的目标，必须改变以往由政府主导并包揽项目全部资金投入的做法，必须组织和集聚起实施全域整治的人员和资金。开展指标交易，希望能够发挥市场的集聚效应，吸引全社会的力量和民间资本投入农村土地综合整治，确保按期完成全域整治的目标。

（2）显化确权后农民土地资产的价值和权益。成都市农村产权制度改革的根本目的是还权赋能，通过确权颁证以法律形式明确农民拥有的土地权利，通过有序流转以市场机制显化土地实物和土地指标的价值，通过村民自治以民主方式培养农民自主解决问题的能力。但按照现行土地综合整治由政府部门组织实施的做法，农民群众或者认为是政府给予的福利，或者认为是支持政府工作。如果采用逆向思维，土地综合整治由农民自主实施、节余的指标通过市场交易实现有偿使用，就能够充分显化农民土地资产的价值，使农民自己的事情自己做主，并获得更多的财产性收入，真正实现还权赋能的目标。

（3）建立合理的建设用地指标价格形成机制。增减挂钩政策重视项目管理，强调立项、实施和验收环节的审核，但对指标价格如何确定一直没有明确的规定。各地政府基本上是依据土地整治成本确定指标价格。这种政府定价的方式，不能很好地反映指标的稀缺程度和供求状况。开展指标交易，引入市场机制，发挥市场的价格发现功能，建立更合理的指标价格形成机制，进一步完善增减挂钩政策。

（4）构建合理的土地增值收益分配机制。在现行的土地制度下，将农民的土地征为国有，是城市获得新发展空间的主要渠道。可以说，新中国成立至今，城市的发展仍然在依靠农村资源的支持。被征地农民与政府的对抗，本质上是对土地征收、用途转变后增值收益的争夺。推进城乡统筹发展，应当适度提高城市对农村的反哺力度，适度提高土地增值收益返还农民的比例。开展指标交易，将国有土地出让收入的一定比例转移支付到农村，让参与城市开发的投资者参与城乡统筹，由市场交易机制保障农村和农民分享城市化的土地收益，从而在城市反哺农村、城乡统筹发展上形成长效机制。

2. 指标交易的初步探索

2010 年 7 月，成都市出台了《成都市人民政府办公厅转发市国土局等部门关于完善土地交易制度促进农村土地综合整治和农房建设工作实施意见（试行）的通知》（成办发〔2010〕59 号），构建了“农民自主、市场交易、持证准入、收益返还”的农村土地综合整治新机制，尝试把土地整理和增减挂钩项目由政府主导实施变为农村集体和农户自主实施，鼓励社会投资者参与实施，节余的建设用地指标在土地市场公开交易、有偿使用，收益全部返还农村。这个文件发布前，征求了经济、金融、法律等领域的专家以及相关实践部门的意见，北京大学、清华大学等专家都曾参与文件的研讨，在市委、市政府领导层面召开过 20 多次专题会议，文件修改达 60 余次，历经 1 年多时间。在文件起草过程中，各方争议很大，但最终完全市场化、比较激进的观点占据了主导，这也为以后指标交易制度的实施埋下了隐患。

在成办发〔2010〕59 号文件印发后，成都市国土资源局发布了《关于实行国有经营性建设用地使用权出让“持证准入”制度的公告》，要求凡参加成都市自 2010 年 8 月 1 日后发布公告的国有经营性建设用地使用权竞买的申请人，必须持相应面积的《建设用地指标证书》或建设用地指标保证金收款凭证方可报名参与竞买，以促进指标交易市场的开展。之后，成都市国土资源局又陆续印发了《建设用地指标登记和使用管理暂行办法》（成国土资发〔2010〕219 号）和《成都市指标交易市场管理暂行办法》（成国土资发〔2010〕223 号），对指标登记和使用的具体程序，以及指标交易双方、交易程序和交易内容等进行了规定。

2010 年 11 月，为全面调动农村集体和农户、社会资本参与农村土地综合整治的积极性，成都市国土资源局发布《关于进一步完善国有经营性建设用地使用权出让“持证准入”制度的公告》，明确规定 2011 年 1 月 1 日后，凡参加国有经营性建设用地使用权竞买的申请人，必须持相应面积的《建设用地指标证书》方可报名，取消通过缴纳建设用地指标保证金报名参与竞买的方式；竞买人可通过实施农村土地综合整治项目直接获取建设用地指标，也可在成都农村产权交易所购买相应面积的建设用地指标。

3. 指标交易的市场反响

2010 年 12 月，成都农村产权交易所组织开展了首次建设用地指标交易。共推出 2000 亩建设用地指标，全部成交，成交价款 14.50 亿元，最高成交单价 92 万元/亩，最低成交单价 46.5 万元/亩，平均成交价 72.49 万元/亩。参与企业数量众多，拍卖现场气氛热烈。

这次拍卖会，由于指标的高价成交大大超出了社会各界的预期，加之指标交易作为一个新生事物引起媒体的各种解读，一时间指标交易成为舆论的热点。事后，有关部门分析指标高价成交的原因如下。

（1）决策者的意愿。决策者在主观上希望看到一个较高的指标成交价，从而向市场释放强烈的价格信号，以活跃指标交易市场，推动农村土地综合整治。这充分表现在制度设计和交易规则上，即对参与竞买者的资格、持有指标的期限、指标转让的条件均未限制，因而吸引了大量竞买企业和自然人参与，导致竞争比较激烈。

（2）未合理引导预期。这次指标交易，由于没有公布未来产生建设用地指标的总量和近期指标供应的计划，企业担心如这次不能竞得指标就将丧失“拿地”的资格，形成了一定的恐慌心理；加之取消建设用地指标保证金政策的过渡期较短，对建设用地指标交易和持证准入制度的宣传还不够全面和深入，企业对政策的理解存在一定偏差，如有的企业以为这次交易的 2000 亩建设用地指标对应的就是 2011 年中心城区的土地供应量。这种信息不对称，导致部分看好成都房地产市场的企业，为了抢得“拿地”的先机，选择了志在必得的策略。

（3）供需失衡。这次参加竞买的企业和自然人达到了 179 家，报名应价的总需求为 23130 亩，而这次实际投放到市场交易的建设用地指标只有 2000 亩。供需的不平衡推高了指标价格。

（4）竞买方式。这次建设用地指标交易采用了拍卖的竞买方式。在竞买者较多的情况下，这种方式在一定程度上会对竞买者心理产生影响并推高竞买价格。

4. 国土资源部的“叫停风波”

正当成都推出指标交易之际，中央开始对房地产市场进行宏观调控，部分媒体借势炒作“指标交易推高房价”，有些人也认为“指标交易是地方政府变相搞土地财政”。在这种情况下，2010 年 12 月 24 日，国土资源部派出调查组对成都指标交易情况进行了调查了解。12 月 28 日，国土资源部紧急叫停了成都市的指标交易。

之后，在长达半年多的时间里，成都市相关部门及人员到国土资源部和省国土资源厅进行了沟通、协调与争取，最终得到了国土资源部支持。2011 年 4 月，成都市恢复了建设用地指标交易。2011 年 9 月，《国土资源部关于成都市建设用地指标交易试点方案的复函》（国土资函〔2011〕480 号）正式明确，“支持成都市按照《国务院关于成都市统筹城乡综合配套改革试验总体方案的批复》（国函〔2009〕55 号）的要求开展建设用地指标交易试点”，但“要认真贯彻《国务院关于严格规范城乡建设用地增减挂钩试点切实做好农村土地整治工作的通知》（国发〔2010〕47 号）精神，进一步完善《建设用地指标交易试点方案》，经省国土资源厅审核报省政府批准后组织实施，并报我部备查”。

收到国土资源部复函后，成都市国土资源局对《建设用地指标交易试点方案》再次进行了修改完善，并上报省国土资源厅审核。此后，便没有了进一步的举措。据了解，省国土资源厅对 480 号复函的理解不同：一种意见认为，480 号复函实际上不同意成都开展指标交易试点，因为成都的指标交易突破了国发〔2010〕47

号文件“严禁跨区县设置挂钩项目区”的规定，虽然国函〔2009〕55号文件同意成都在市域范围内设置挂钩项目区，但按照“新法优于旧法”的精神，应执行国发〔2010〕47号文件；另一种意见认为，480号复函正式同意了成都开展指标交易试点，但须经省政府批准，即由省政府来承担改革的责任，同时按照“特别法优于普通法”的精神，应执行国函〔2009〕55号文件。最后，前一种意见占据了主导，成都的指标交易试点方案未获得省政府的正式批准。同时，受政府换届等各种因素影响，争取指标交易改革试点的工作也就被搁置了。

5. 指标交易的优化方案

按照国土资源部的要求，成都市于2011年4月出台了《关于完善建设用地指标交易制度促进农村土地综合整治的实施意见》（成国土资发〔2011〕80号），提出要进一步发挥农民集体和农户的主体作用，从指标来源、用途、交易方式、价格、期限等多方面对指标交易制度进行完善，并提出健全指标交易信息披露机制、市场动态监管机制等在内的配套措施。

成国土资发〔2011〕80号文件与成办发〔2010〕59号文件相比，最大的变化有三点：一是从“持证准入”转变为“持证准用”。虽一字之差，但影响巨大。“持证准入”要求开发商持有建设用地指标后才有资格参加国有土地的竞买，这客观上加剧了指标供给的紧缺程度。如拍卖2000亩地、有10家企业参与竞买，就需要20000亩建设用地指标。而“持证准用”则取消了这一强制性规定，开发商只要在办理《国有建设用地使用权出让合同》时持有建设用地指标即可，即拍卖2000亩地，相应需要2000亩建设用地指标。二是从“可以转让”转变为“不得转让”。成办发〔2010〕59号文件允许指标再次转让，即指标不仅具有“自用”的功能，还具有“投资”的功能。这虽然有利于活跃市场，但在客观上因投资或投机活动加剧了指标的紧缺。成国土资发〔2011〕80号文件则限制指标再次转让，且规定2年内有效，在有效期未使用的，由政府按最低保护价回购。三是从“单一的拍卖方式”转变为“挂牌、拍卖等多种方式”。在指标紧缺的情况下，单纯的拍卖方式必然推高指标价格。而在供给主体多元化的情况下，采取挂牌方式，挂牌价格较低的则可能先被摘牌，有利于保持指标价格的平稳。总的来讲，指标交易制度更加完善，基本取向是确保指标交易市场和国有土地市场平稳运行。

5.1.6　土地综合整治与集体经营性建设用地入市有机结合

2015年，四川省为充分发挥成都农村产权交易所作用，发布了《四川省人民政府办公厅关于全省农村产权流转交易市场体系建设的指导意见》（川办发〔2015〕58号）。2016年成都市印发《成都市鼓励和引导农村产权入场流转交易办法》（成办函〔2016〕27 号），进一步鼓励和引导各类农村产权入场流转交易，规范流转交易行为，提高要素资源配置和利用效率。2017 年 5 月，国土资源部在总结 33 个农村土地改革试点成果的基础上，公布了《中华人民共和国土地管理法（修正案）》，删除了 2004 年版中禁止集体经营性建设用地入市的条文，明确了入市的条件、范围、主体和方式等相关规定，为破除城乡二元土地制度打开了法律之门。2019 年《中华人民共和国土地管理法》的修订，标志着集体经营性建设用地进入市场的法律障碍彻底被破除。但现在的问题是，符合法律规定可以入市的存量集体经营性建设用地过少，如成都郫都区经过摸底能够入市的存量集体经营性建设用地只有 5000 亩左右，而农村闲置的宅基地资源多但法律尚不允许入市交易。如何破解这一难题？自 2015 年以来，成都市一些区县（如郫都区多利农庄项目等）把土地综合整治与集体经营性建设用地入市有机结合起来，先通过实施土地综合整治项目，将节余的建设用地指标就地就近落地转换成集体经营性建设用地，再按照集体经营性建设用地入市改革的要求和程序在农村产权交易所出让，取得了不错的效果。

5.2　土地综合整治的模式

5.2.1　基于政策类别的整治模式类型

（1）农用地整理。农用地整理，也称“金土地工程”，是指在一定区域内（即现有农地范围内）依据土地利用总体规划与相关规划对田、水、路、林、村等进行综合整治，改善土地利用结构和生产生活条件、生态条件，新增有效耕地，提高耕地质量，提高土地利用率和产出率的活动。农用地整理使耕地和基本农田保护得到加强，土地节约集约利用水平得到提高，破解了集体经济薄弱、农村基础设施和公共服务配套设施建设滞后的难题，有效推进了传统农业向现代农业的转变。

（2）增减挂钩。城乡建设用地增减挂钩是指依据土地利用总体规划及相关规划，将若干拟整理复垦为耕地的农村建设用地地块（即拆旧区）与拟用于城镇建设的地块（即建新区）共同组成建新拆旧项目区（以下简称项目区），通过拆旧建新和土地整理复垦等措施，在保证项目区内耕地面积不减少、建设用地面积不增加的前提下，提高耕地质量、优化城乡用地布局、节约集约利用建设用地的行为。增减挂钩缓解了城市规模扩张和建设用指标需求增长与农村空心化加剧造成的土地废弃闲置和低效、无序利用问题之间的矛盾，实现了保障经济发展与保护耕地红线“双保”目标。

（3）小挂钩。集体建设用地整理与集中使用，是指依据土地利用总体规划和土地整理专项规划，通过实施土地整理，将原有零星分散的集体建设用地复垦为耕地后，原集体建设用地面积扣除新建农民集中居住区用地面积后，节约的集体建设用地按照城镇建设用地增加与农村建设用地减少相挂钩的方式集中用于城镇建设的行为。集体建设用地整理与集中使用依据审批权限不同分为由国土资源部、四川省国土资源厅批准的城镇建设用地增加与农村建设用地减少相挂钩项目（简称挂钩项目）；由成都市人民政府批准的城镇建设用地增加与农村建设用地减少相挂钩项目（简称拆院并院项目）。挂钩项目或拆院并院项目由拆旧区和建新区（包括农民集中居住区和城镇建新区）两个部分构成，也可只安排拆旧区和农民集中居住区，节约的集体建设用地由市、县国土部门统筹安排使用。

（4）生态整治。从自然生态角度看，土地整治是对土地资源及其利用方式的再组织、再调整和再优化的过程，即通过一系列生物和工程措施改变项目区生态系统的类型、结构和功能。如果土地整治缺乏对生态因素的考虑和重视，势必对区域内土壤、水、植被、大气和生物多样性产生一些直接或间接的负面影响。因此，相对于生态环境土地整治应立足于改善而不是改变。而从社会经济角度看，土地整治是经济社会发展到一定阶段的产物，是为满足人类生存和发展需要而对自然环境的恢复与调整，也是一个由自然、经济和技术因素构成的复杂系统工程。而作为人类社会文明发展进步征途上的工程手段，按理不应随意改变其自然生态，更不应该凭借现代机械之力，片面追求经济效益而破坏生态系统和谐。因此，应树立尊重自然、顺应自然、保护自然的现代生态文明理念，将生态文明建设的理念贯穿于土地整治工作的始终。成都通过实施川西林盘保护修复工程，以绿色田园为本底、以自然山水为映衬、以天府文化为内核，开展以整田、护林、理水、改院等为主要内容的林盘整理、保护、修复，统筹实施山水林田湖整治，系统规划打造一批形态优美、特色鲜明、魅力独特的川西林盘，形成林在田中、院在林中的新型林盘聚落体系。在以生态系统为基质的景观中充分发挥自然生态系统斑块、廊道的高稳定性、自我调节能力，使经济、生产、生态、美学得到完美融合。

5.2.2 基于投资主体的整治模式类型

（1）政府主导。政府主导是指由政府投资实施并主导土地综合整治的模式。自党中央提出建设社会主义新农村目标以来，各地普遍面临着“钱从哪里来”的难题。2006 年国土资源部在全国部署开展了第一批增减挂钩试点，为解决新农村建设的资金问题提供了政策保障。成都市抓住试点机遇，运用增减挂钩政策开展土地整治和推进乡村建设。其操作流程如下：①规划编制，确定拆旧区、城镇建新区与农民新居选址；②资金筹措，通常由拆旧区政府垫支或城镇建新区政府预支；③项目立项与报批；④项目实施，就补偿安置等事项征求农户意见后施工建设；⑤项目验收，包括农民新居质量验收与宅基地复垦验收；⑥投资回收，节余建设用地指标由政府配置到城镇建新区用于报征，转为国有建设用地上市，获得土地出让金，与拆旧区政府完成土地指标价款结算；⑦配套跟进，包括土地流转、产业发展、社区治理、公共服务等。

（2）企业主导。企业主导是指由民间资本投资实施并主导土地综合整治的模式。为更大规模推进乡村建设，将城乡统筹发展提升到新高度，成都市于 2010 年在增减挂钩政策基础上，创设了一个建设用地指标交易市场，通过持证准用制度，形成指标需求；同时，允许企业投资增减挂钩项目，将节余的建设用地指标在农村产权交易所公开交易，形成指标供给。通过这种方式，调动了民间资本参与土地综合整治的积极性，产生了一批专门从事土地整治与新村建设的企业。其操作流程如下：①摸底调查，进行项目投资论证；②与农户协商确定补偿安置等事项，签订投资协议；③编制规划；④项目立项与报批、施工建设与验收；⑤投资回收，指标交易或由政府按事先约定的价格回购；⑥配套跟进。

（3）农民自主。农民自主是指由农民集体和农户自主投资实施土地综合整治的模式。近年来，成都市结合农村产权制度改革，赋予农村土地产权抵押融资的功能。这一制度创新，为农户自主实施土地综合整治奠定了地权基础，农户主体地位得以确立。其操作流程如下：①在政府引导下，农户通过村民大会（或村民代表会议）研究决定是否开展美丽乡村建设，并就补偿安置等事项进行协商；②农户以土地入股，组建资产管理公司，作为项目投资主体；③项目融资，由国土部门注销参与农户的宅基地使用权证，为资产管理公司颁发统一的集体建设用地使用权证（俗称“小证换大证”），对接银行，以集体建设用地使用权抵押贷款；④规划编制、项目立项与报批、施工建设与验收；⑤投资回收，指标交易或政府回购，或将指标就近落地转为集体经营性建设用地入市，收回投资，偿还贷款；⑥配套跟进。

（4）多元共建。多元共建是指政府、企业、农民集体和农户等各方共同参与投资实施土地综合整治的模式。受利益、体制、规制、心理等诸多因素的影响，政府主导、企业主导和农民自主在福利的某些领域与环节存在相对优势和劣势。因此，三种模式并不是非此即彼的关系。从福利最大化的角度考虑，应在坚持农民主体地位的前提下，更好地发挥政府作用，并充分调动社会资本参与的积极性，实现三者在相应领域与环节的有机结合，形成美丽乡村共建共享共治的新机制。涉及农户切身利益的重要事项，应坚持农户自主；涉及土地整治、规划建设、农业生产环节以外的产业发展等事项，可发挥社会资本的专业优势；政府则应切实承担起基础设施与公共服务设施供给的职责，为土地整治与乡村建设提供必要的资金扶持，同时围绕保障农户的知情权、参与权、决策权、监督权与收益权，从土地整治与乡村建设的关键环节和风险点入手，通过设立准入门槛、完善规划审核机制、推进公共设施配置标准化、建立信息披露机制、制定宅基地退出与农房拆除补偿标准、严格农民新居建设及宅基地复垦验收、预留乡村产业发展用地等措施，健全土地整治与乡村建设的规制体系。

5.2.3 基于集中程度的整治模式类型

（1）大集中。大集中主要是指跨村集中，向镇区集中，向高层住宅集中。大集中居住的集中程度高，需要强有力的行政推动，一般采取统规统建的建设模式。地方政府基于公共价值推动农民集中居住，城乡建设用地增减挂钩则为其提供资金来源和动力，目的是改善农村人居环境，实现乡村振兴。增减挂钩与集中居住互为条件，增减挂钩为集中居住提供了资金来源，而集中居住则为增减挂钩提供了土地指标。

（2）小组微生。小组微生即小规模、组团式、微田园、生态化的简称。小规模一般控制在 50～300 户，民居建筑风格体现为“紧凑型、低楼层、川西式”。组团式主要考虑群众生产生活半径，通常以 20～30 户为一个组团，单个组团最多不超过 50 户，组团间保持一定的距离和留有足够的生态空间，形成既适度集中又相对独立的自然有机分布格局。微田园就是要做到“房前屋后瓜果梨桃、鸟语花香”，保持农村的本色与风貌，农户的房前屋后规划出适当的空间用作小菜园、小果园。生态化则强调山水田林与民居和农民生活的关系，利用自然地形地貌，保护优质耕地、林盘和农耕文化，处理生活污水和垃圾，维护社区公共卫生。

（3）村镇联动。村镇联动是指把集镇建设与周边村庄一并纳入新农村建设范畴，实行整体规划、统筹建设，做到新型城镇化与新农村建设相互促进、一体发展、相得益彰。推进村镇联动发展，基础是村庄整治建设，重点是做大做强集镇，核心是减少农民、富裕农民，本质是村镇融合，目标是工业化、城镇化、农业农村现代化“三化”同步。村镇联动呈现出城镇的产业向农村拓展、资源向农村流动、文明向农村传播的鲜明趋势，城镇带动和辐射乡村经济社会发展的作用日益明显，现代农业快速成长。

5.2.4 基于补偿方式的整治模式类型

（1）货币补偿。货币补偿是指按照国家的相关规定计算出应给予村民的资金补偿。这种补偿模式大多是一次性的货币补偿。货币补偿模式简单高效，对于大多数农户而言，货币补偿是其乐意接受的模式；对于政府而言，货币补偿只需要依据相关补偿标准发放补偿金即可，极大地提高了行政效率，有利于短时间内完成土地综合整治工作，便于土地综合整治的后续跟进。但是货币补偿模式也存在不足，政府货币补偿仅仅是暂时性补偿，只解决了村民当前的生活问题，并没有考虑到村民的后续生活、就业、养老等问题。

（2）以地换房。以地换房即以宅基地换房，是指在现有国家政策框架内，不减少可耕地面积、不改变现有的承包责任制，在充分尊重农户意愿的基础上，规划设计和建设既具有鲜明特色又生态宜居和产业集聚的新型小城镇。按照政府制定的宅基地换房标准，农户可用自家的宅基地置换新建住宅区里的一套公寓。然后由政府组织对农户原有的宅基地进行整理复垦，实现耕地占补的动态平衡。重新规划建设的小城镇，在土地利用方面除了具有农民公寓区外，还规划出了用于市场开发出让的一部分土地，并通过土地出让金收入弥补小城镇建设中出现的资金缺口。但是，入住新居后往往带来水电暖费用、物业管理费，导致农户生活成本骤增，这种补偿方式也经常受到农户的诟病。

（3）以地换房与货币补偿相结合。以地换房与货币补偿相结合旨在充分发挥以地换房与货币补偿的优势，坚持以地换房为主，货币补偿为辅，最大限度维护农民权益。涉及短期生活问题，应以货币补偿为主，保障农户基本生活不受生活成本变动影响，帮助参与项目农户顺利过渡；涉及长期生活问题，应以地换房为主，保障农户住房需求。

5.2.5　基于住房建设方式的整治模式类型

（1）统规统建。统规统建是指政府统一规划、统一建设新居的模式。具体流程如下：①政府组织农户分配宅基地，与农户签订统规统建协议，选举产生业主委员会；②政府和农民业主委员会共同选择地勘单位、设计单位，并组织其开展相关工作；③政府和农民业主委员会共同通过招标选择监理单位、施工单位，并组织其开展相关工作；④政府联合勘察、设计、施工、监理及移民代表组织开展房屋竣工验收，政府组织农户搬迁入住。

（2）统规代建。统规代建是指政府统一规划、农户自主委托给有能力的承包商来建设新居的模式。具体流程如下：①政府组织农户分配宅基地，与农户签订统规代建协议，选举产生业主委员会；②政府和农民业主委员会共同选择地勘单位、设计单位，并组织其开展相关工作；③业主委员会自主通过招标选择监理单位、施工单位，政府提供质量、安全方面的技术咨询服务；④地方政府行业主管部门对统规代建房屋质量进行拉网式检查，消除安全隐患。

（3）统规自建。统规自建是指政府统一规划、农户自主建设新居的模式。具体流程如下：①政府组织农户分配宅基地，与农户签订统规自建协议，选举产生业主委员会；②政府和农民业主委员会共同选择地勘单位、设计单位，并组织其开展相关工作；③农户自主组织施工或 3～5 户农民与施工方签订施工协议联合施工，政府提供质量、安全方面的技术咨询服务；④地方政府行业主管部门对统规自建房屋质量进行拉网式检查，消除安全隐患。

5.3 存在的主要问题

1. 农民利益保障不力

坚持农民自愿，维护农民利益，是开展土地综合整治的基本原则。从在成都市项目区农村调研的数据看，总体上农民对于项目建设比较满意，农民利益得到了保障。但坚持农民自愿和维护农民利益规定得过于原则化，在具体制度政策设计上还不够精细，特别是没有把农民的知情权、决策权、监督权和收益权细化落实到土地综合整治全过程、全环节的政策规定中，导致实践中农民利益保障还不够有力。从调研的农户问卷数据看，92.3%的项目参与农户认为项目建设从整体上看做到了公平，91.9%的项目参与农户觉得村干部在项目建设过程中充分维护了农民利益，87.6%的项目参与农户认为在项目建设中不存在投资者（或政府）侵犯农户利益的现象。但进一步调查结果显示，仅 30.9%的项目参与农户清楚包含拆迁补偿、新房建设规划等全部政策规定，58.4%项目建设的全部重要事项按相关规定和程序进行过公示或公告，30.1%的旧房及宅基地拆除补偿完全未征求农户的意见，仅有 25.3%的旧房及宅基地拆除补偿方式、46.1%的新房规划方案、45.5%的新房分配方案是召开村民（代表）大会经 2/3 以上人员表决通过的。另外，51.1%的农户表示新房规划建设方案征求过意见并表示满意或基本满意，50.7%的农户表示新房分配方案征求过意见并表示满意或基本满意，仍处于较低水平。这些数据表明，在项目建设过程中对于农民的知情权、参与权、决策权、监督权与收益权的保障力度不强，特别是涉及具体标准制定和公示的透明度不够，在未来工作中仍需进一步改进。

2. 产业融合发展不足

尽管成都市在编制和审核土地综合整治规划时，特别强调了产业发展的支撑性，但从调查了解的情况看，产业协同还不够、三产融合水平仍不高、产业类型较单一。根据调研数据显示，土地综合整治项目实施前，农业为主、有工业或旅游业等非农产业中的一种、一二三产业并举，实验组分别占 100%、0%、0%，对照组分别占 100%、0%、0%；项目实施后实验组分别占 0%、100%、0%，对照组分别占 48.1%、51.9%、0%，扣除自身发展趋势与宏观环境因素，48.1%的土地综合整治项目实施后产业融合情况有所改善，但三产融合情况并未得到改善。

首先，农产品深加工率较低，农产品品牌价值不突出。2018 年，农产品深加工率仅为 25.8%，仍有 22.6%的农产品无加工，农业产业化发展不足。例如，蒲江县炉坪村的特色水果现代农业产业园，目前经营状况较好，但仍未实施农产品深加工。主要原因是目前直销尚未完全满足市场需求，深加工所需价格低、质量较差的原材料，无法匹配相关深加工企业需求。

其次，村集体经济经营状况不佳。例如，蒲江县明月村成立了雷竹笋股份合作社、乡村旅游合作社。旅游合作社由村民入股 1/3、集体入股 1/3、镇政府入股 1/3，均以现金入股，法人代表为村主任，并引入职业经理人进行管理。村内农户以种植茶叶、雷竹、柑橘和猕猴桃等经济作物为主获得经济来源。结合明月窑文化，发展文化创意产业，利用现代传媒进行宣传，发展文旅产业。但据农户调研情况，目前加入旅游合作社的人数不多。雷竹笋股价合作社目前运营情况不佳，合作社活动较少，目前没有分红。

最后，三产融合以企业为主导，农民参与度不高。例如，郫都区红光镇白云村农民集中建房整理项目，资金来源主要是上海多利公司提供的无息借款，本村村民的耕地基本流转给多利公司。多利公司流转土地之后发展生态观光农业、开发房地产项目，三产融合情况较好，但本村村民参与度不高，仍以外出打工、经商、退休金为主要经济来源。

3. 生态环境保护不够

成都市的自然生态本底为三分山林、四分田地，生态空间约占市域面积的 78%，生态本底优良。据调研数据显示，成都市土地综合整治项目实施前，项目实施地开展的环境整治项目包括河道整治和生活污水处理、垃圾处理，实施前分别占 0%、51.7%、0%，实施后分别占 76.9%、76.9%、100%，环境整治项目开展情况较好。然而，在项目实施过程中，生态环境保护仍然存在一些问题。例如，河道整治中仍有 20.5%的项目河道两岸没有绿化、部分设有垃圾集中处理设施但没有分类回收垃圾或对村民垃圾分类的宣传培训不足、破坏林盘等原生景观构造人为景观、出现空气污染与面源污染等问题。

4. 历史文化挖掘不充分

成都历史悠久，乡村历史文化类型丰富，如诗词文化、三国文化等。历史文化名镇、名村较多，年代跨越先秦古蜀至近现代。据统计，成都市土地综合整治项目实施前，对历史文化遗产保护情况，无保护、保护较差、一般、保护较好、保护完好，分别占 38.1%、42.4%、19.5%、0%、0%，项目实施后分别占 26.8%、25.2%、0%、24.7%、21.1%，对祠堂、古树、古建筑保持原貌和改造利用程度有所改善，但仍然处于较低水平。此外，村庄对文化历史挖掘不够充分，现有历史文化没有深入挖掘，虚造历史文化的现象严重。例如石象村的历史文化资源丰富，村里有石象寺、交通饭店等历史文化遗产，但并未进行有效开发形成相关文化产业；青杠树村内设的香草湖景区，景区对其赋予神话传说般的来历，其承载的历史故事真实性有待商榷。同时，大多数村民对于历史资源的认同感较弱，村落历史文化资源传承不佳。据走访结果显示，大多数村民对村内的历史文化资源认识不足，并未对其深层次文化价值进行有效开发利用。

5. 硬件与软件建设不均衡

据调研数据显示，在基础设施建设方面，成都市土地综合整治项目实施后农村自来水和燃气普及率分别为96.4%、96.9%，光纤网络未实现“户户通”(77.9%)，同比分别改善 93.8%、98.5%、44.1%；全部村庄的主干道类型由水泥路转变为柏油路；公交站、保安、摄像头的配置率分别为 72.3%、72.3%、97.4%，同比分别改善 45.6%、71.7%、76.4%；电、通信实现了家家户户全覆盖。总体来看，土地综合整治项目大大增加了对基础设施的资金投入，基础设施的供给水平有较大程度提升。

公共服务方面，成都市土地综合整治项目实施后农户对本地学生教育质量、医疗服务、农民教育培训活动的满意程度分别同比提升 28.1%、35.3%、43.9%，达到非常满意或者基本满意的分别为 32.8%、49.4%、39.4%，均处于较低水平；55.2%的村开展农民教育培训频率与 26.6%的卫生所医生数量有所提升；46.6%的村盗窃等治安案件发生频率降低，发生盗窃案件较少或者没有占到 72.1%；分别有 22.4%与 32.2%的家庭离幼儿园、小学更远了，只有 16.8%、14.3%距离更近了；60.8%的村文体设施的配备情况有所改善，但仅有 42.9%的村民认为非常满意或比较满意；居民文化活动仍以看电视、打麻将、串门为主，没有发生较大改变，类型与形式较为单一。可见，成都市土地综合整治项目实施前后基础设施和公共服务水平有明显提升，但对农民人力资本投资等“软件”建设的重视程度不够。新经济增长理论认为，人力资本是经济增长最重要的源泉，促进经济持续增长，关键是要加强人力资本投资。同理，乡村经济的振兴与持续发展，也依赖于农民人力资本水平的提升。因此，应优化土地综合整治资金的使用结构，均衡“硬件”与“软件”建设的资金配置比例，既要改善农民的居住生活条件，也要注重提升农民的综合素质与劳动就业技能。

6. 科学规划引领作用不突出

坚持科学规划引领，也是成都市开展土地综合整治的重要原则，且在具体的政策设计中突出了规划审核的重要性，但从实际运行看，规划在土地综合整治中的科学引领作用仍不够突出。具体表现在四个方面：一是“多规合一”的体制机制未建立。成都市虽然高度重视土地利用规划与城乡建设规划以及产业发展规划等之间的协调衔接，但受体制机制约束，始终没有真正实现“多规合一”，特别是土地利用规划与城乡建设规划在专业术语、土地用途分类、编制年限、审批权限等诸多方面难以“合一”，由此导致了不同规划之间的冲突与矛盾，影响了土地综合整治项目的审批与实施效率。二是在土地综合整治规划的编制与实施中，没有有机融入村镇联动、城乡融合的理念，把村庄、乡镇与城市的发展割裂开来，导致新农村聚居点的布局依然分散、规模过小，土地综合整治的实施成本过高，难以实现乡村产业的集聚发展和融合发展。三是重视土地综合整治微观层面的规划编制，忽视土地综合整治宏观层面的规划编制，导致土地综合整治陷入“项目”陷阱，随机性较强，缺乏整体美感。应从成都市全域的宏观视野出发，按照人口流动、产业发展和市场经济的内在规律科学合理地区分乡村类型，确定不同乡村的振兴或整治路径，再依据规划开展土地综合整治。四是在土地综合整治规划的编制与实施中，存在生产、生活与生态空间营造不同步的问题。重视生活空间的营造，通过旧房拆除、宅基地复垦和新房建设，推动农民集中居住，显著改善了农民居住环境；但在生产空间和生态空间的营造上明显滞后。生产空间的营造，不仅与生活区存在空间割裂，而且普遍缺乏三产融合发展的空间保障；生态空间的营造，不仅生态环境保护不够，而且缺乏把生态环境优势转化成优化产业结构、提升生活品质的渠道。因此，优化乡村发展布局，助力乡村振兴，不仅要做到统筹利用生产空间、合理布局生活空间、严格保护生态空间，而且要做到生产、生活与生态营造同步，协调有序发展。

7. 资源要素流动不平衡

传统的土地整治模式，必然导致土地等资源要素从农村向城市单向流出，致使乡村地区发展资源不足，产业发展受限。行政区划、行政建制改革滞后，导致乡镇要素资源难以集聚，规模化生产水平不足，乡镇职能难以转变，不能适应经济社会发展的需要。

2015～2016 年，成都乡镇户籍人口年均增长率为 6.7%，常住人口增长率为 2.4%，外出务工人口增长率为 7.3%。2016 年，成都劳务转移输出 257.03 万人，占全市农村劳动力的 62.97%。大量人口外出务工，而人口流入较少，导致小城镇人力资源不足。此外，农村 40 岁以上的劳动力占比达到 57.8%，其中 51～60 岁劳动力占比达 23.8%。农村劳动力大龄化等问题比较凸显，难以支撑小城镇产业发展。

2016 年，成都乡镇年平均流转耕地面积为 7113 亩，比上年增长 6.2%；乡镇年平均流转集体建设用地面积仅为 416 亩，比上年降低 4.15%。总体来看，土地资源流转速度慢。

土地和人口资源流动受限，使资本与要素的进一步整合受到制约，资本等要素难以向乡村地区聚集，导致发展资金不足。

8. 乡村管理体制机制难支撑

乡镇管理体制机制与土地综合整治目标不匹配。一是乡镇权责不对等。乡镇作为基层行政单位，上级管理层级较多，经济发展的自主权有限，工作从属性较强，但却承担了较多经济发展、招商引资、项目促建等经济职能。权责不对等使乡镇难以发挥经济管理职能，一定程度上影响了乡村的发展。二是资源配置方式不合理。市场在资源配置中的决定性作用没有发挥，特别是土地综合整治仍然以政府主导为主，按照行政层级来配置资源，导致优质资源主要集中在区（县、市）一级，乡镇获得的资源较少，发展优势不足。三是乡镇政府职能繁杂，既包括经济职能，也包括公共服务保障及生态环境保护等职能，导致工作重心分散，职能错位、缺位、越位问题突出。在集成推进土地综合整治过程中势必导致管理职能的发挥不足。四是组织架构及人员配置不尽合理。目前大部分乡镇的组织架构不适应土地综合整治的需要，人才队伍不健全，尤其缺乏规划、经济管理人才。通过调研发现，有接近 40%的乡镇存在人手不足的问题，有 64.5%的乡镇从事经济工作的人员占比仅为 25%。可见，乡镇管理体制机制改革的滞后，难以支撑土地综合整治目标的实现。

9. 政策碎片化现象突出

有关土地综合整治的政策文件有时变动频繁，众多政策文件之间表述不一致甚至会出现相互矛盾，政策碎片化明显，给实际工作带来诸多麻烦。更为突出的问题是，土地综合整治涉及内容广泛，包括农用地整治、高标准农田建设、旱地改水田、耕地质量提升、土壤污染治理、生态保护修复、增减挂钩、小挂钩、工矿废弃地复垦整治等，这些政策或项目由不同的职能部门负责，即使在自然资源系统内部也分别由耕保处、规划处等不同的处室或事业单位负责，政策规定零碎、重复甚至矛盾。比如，在土地综合整治中，拆旧区能否为国有建设用地、建新区可否不征收为国有建设用地，面对这些问题时如何适用增减挂钩政策。政策的碎片化，给土地综合整治实际工作带来了诸多困难。

10. 项目投资实施周期过长

本书研究团队围绕“社会资本参与土地综合整治面临哪些难题”对项目投资者进行了调研访谈，共总结了 10 大难题，其中对“项目审批周期长，程序烦琐”“涉及政府部门多，沟通协调成本高”“规划审批、调整、冲突等影响进度”“政策不稳定，易受特殊因素影响”“政策公开透明度不够”的反映最为强烈，排在前五位，这些问题是导致项目投资实施周期过长的重要原因。一般而言，在项目立项之初投资者预计的土地综合整治项目投资实施周期为 2～3 年，但对投资者的调研结果是，普遍超出了预计的投资实施周期，立项之后 3～5 年难以竣工验收完成的项目很多，特别是“小挂钩”项目既要完成拆旧复垦整治又要对集体建设用地进行流转和开发建设，投资周期更长。调研中发现有的项目投资周期长达 10 年以上，并由此拖垮了一大批投资者。如何优化土地综合整治的投资环境，结合放管服改革，提高行政效能，缩短项目投资实施周期，应是下一步工作的重点任务。

5.4　取得的经验成效

1. 从城市优先向乡村优先演进

新中国成立初期，政府实行了高度集中的计划经济，中国的二元经济结构不断加强，以城市优先发展为主要基调。在这一时期，重工业成为优先发展的对象，在经济基础设施建设中占据了核心位置。同时，由于人为地在城市与农村之间实行泾渭分明的产业分工，即城市发展工业、农村发展农业，因此在“生产资料优先增长”思想指导下，农业剩余通过工、农业产品之间的价格“剪刀差”流向工业部门，使得优先发展重工业的战略得到实现。在乡村，农业技术进步缓慢，农产品的商品化、专业化程度始终保持在较低水平，农民生活水平长时间无法得到改善；而在城市，由于政府的支持和补助，工业迅速发展，人均生活水平不断提高。面对城乡经济发展水平悬殊、城乡差距有扩大的趋势，国家转变工作重点，从城市优先向乡村优先演进。中央一号文件从 2004 年起连续 19 年聚焦“三农”工作，党的十九大报告中更是明确提出“实施乡村振兴战略”，坚持农业农村优先发展的工作方针。

成都市的土地综合整治实践也经历了一个从城市优先向乡村优先的演进过程。2006 年开始试点的城乡建设用地增减挂钩，其主要目的就是通过土地综合整治为城市建设和经济发展提供用地指标保障，其中新农村建设是不可避免的成本支出。但随着 2007 年成都获批国家统筹城乡综合配套改革试验区，加快新农村建设、缩小城乡差距成为成都市政府工作的着力方向，这时增减挂钩政策的导向开始转向乡村优先发展，以改善农村生产生活条件、促进农业规模经营、人口集中居住、产业聚集发展、城乡一体化发展为主要目的。特别是“小挂钩”政策的出台，其腾退节余的建设用地指标全部留在了本村镇范围内，用于满足本村镇建设和产业发展的用地需求，更是体现了乡村优先发展的方针。

2. 从政府主导向农民自主演进

土地综合整治分为政府主导型、企业主导型、农民自主型和多元共建型。自

2006年增减挂钩首批试点以来，各地在实施过程中基本采取的是政府主导型，即项目由政府直接投资实施。2010年，成都市创设了一个建设用地指标交易市场，通过持证准用制度，形成指标需求，允许企业投资增减挂钩项目，将节余的建设用地指标在农村产权交易所公开交易，调动了民间资本参与土地整治的积极性。近年来，成都市结合农村产权制度改革，赋予农村土地产权抵押融资的功能，为农户自主实施土地整治奠定了地权基础，农户主体地位得以确立，由农民集体及农户自主投资实施土地整治项目的现象越来越多。农民自主型有利于保障农户的知情权、参与权、决策权、监督权与收益权，有利于充分调动社会资本的积极性，有利于促进政府职能的转变。

3. 从行政配置向市场配置演进

增减挂钩项目实施之初，节余的建设用地指标主要由行政配置的方式调剂到大城市、跨县域或者本乡镇内使用，节余的建设用地指标的交易对象和交易金额也是由行政方式决定。2010年，成都市蒲江县农村土地综合整治融资项目在成都农村产权交易所挂牌交易，标志着建设用地指标市场化配置的初步探索。2010年12月，2000亩建设用地指标在成都农村产权交易所公开拍卖，标志着建设用地指标市场化配置的正式形成。由此，撬动了一大批社会资本参与农村土地综合整治，民营企业投资实施土地整治项目的现象逐步增多。在土地整治环节，成都市已经形成了包括政府、民营企业和农民集体及农户在内的多元化投资主体，实现了市场化投入。

4. 从单一整理向综合整理演进

土地综合整治项目经历了从农用地整理到集体建设用地整理，再到农用地整理、集体建设用地整理和生态修复整治相结合的土地综合整治，是从单一整理向综合整理的演进。单一整理项目的实施对象较为单一，项目实施目的和效果受到项目范围的限制，释放的土地存量有限。综合整理项目实施对象多元，农用地整理可以改善农村生产条件，完善农村基础设施和公共服务配套，增强土地节约集约利用程度，促进农业规模化经营，发挥现有耕地更大潜能；建设用地整理一方面能改善农民生活环境，促进人口集中居住、产业聚集发展，推进城乡一体化进程；另一方面能释放宅基地的潜在价值，通过节余的建设用地指标交易，直接或间接改善农户的生活水平，满足城市经济发展“缺地”的难题；生态修复整治一方面有利于保护川西房前屋后特有的林盘资源，另一方面有利于治理农村日益严重的环境污染问题，为乡村旅游发展和生态文明建设保护好本底。通过农用地整理、集体建设用地整理和生态修复整治相结合，实现生产空间集约高效、生活空间宜居适度、生态空间山清水秀。

5. 从部门工作向集成推进演进

成都市土地综合整治工作经历了由国土部门“单兵作战”向多部门协同推进的演进。2004 年之前，无论农用地整理还是增减挂钩，主要由国土部门负责开展，目的也局限于实现耕地占补平衡、保护耕地和保障城市发展用地需求。随着城乡发展一体化改革和生态文明建设的深入推进，土地综合整治在促进城乡发展一体化和生态文明建设中的作用日益凸显，由国土部门“单兵突进”不仅能力有限，而且还带来一些负面影响。土地综合整治工作逐步上升为市委市政府的“农村四大基础工程”之一，并由市委市政府直接领导，国土资源部门牵头，发改、财政、城建、规划、交通、农业、林业、水利、水电等相关部门参与和协同推进。成都市成立了成都市农村土地综合整治与农房建设工作领导小组，下设成都市农村土地综合整治与农房建设领导小组办公室，办公室设在成都市国土资源局，具体负责农村土地综合整治与农房建设的日常工作，从而形成了一套“各炒一盘菜、共做一桌席”的协同推进工作机制。从部门工作向协同推进演进，既实现了多方统筹布局、共同合作，又实现了“一站式”政务服务，提高了土地综合整治项目的审批效率。

6. 从工程项目向平台服务演进

土地综合整治最初是以工程项目的形式推进，主要任务和资金投入是完成旧房拆除、宅基地复垦和新房规划建设。随着实践的深入开展，土地综合整治开始从工程项目向平台服务演进，越来越多地承担起了促进城乡融合发展和乡村振兴的平台服务功能。实施乡村振兴战略，要在科学规划的引领下，通过土地综合整治，为美丽乡村建设筹集资金，实现生态宜居；通过土地综合整治，将节约的建设用地指标就地就近落地转换成集体经营性建设用地，为一二三产业融合发展提供建设用地保障，将碎片化的耕地整合成连片成规模的高标准农田，为农业高质量发展提供土地生产条件，实现产业兴旺；通过土地综合整治，把存量集体建设用地盘活利用，显化资产价值，为农民增加财产性收入拓展渠道，实现生活富裕；通过土地综合整治，把乡风文明建设与乡村治理机制改革叠加进来，实现乡风文明与治理有效。从工程项目向平台服务演进，也是政府职能转变的重要体现。通过把经济决策权归还给农民和村集体，同时提供给村集体自由竞争、公平交易的市场环境，让民间资本分散决策并独立承担参与土地综合整治的经济后果和社会影响，政府专注于市场环境和市场秩序的维护，充分利用市场机制，激活更多存量土地，助力乡村振兴。

第6章　成都市土地综合整治政策实施影响评价

6.1　土地综合整治政策实施影响评价——基于农户的视角

农民是受土地综合整治政策实施影响最大的群体，是土地综合整治的重要主体。如何通过土地综合整治让农民受益，提升农民的福利水平，是开展土地综合整治必须深入研究的重大问题，事关乡村振兴的成效及成败。在研究土地综合整治政策对农民的影响时，以农户福利作为评估条件是目前常用的方法之一。

阿玛蒂亚·森于20世纪80年代提出可行能力理论，该理论以功能和能力为核心，将个人福利描述为一个人实际能做什么和能成为什么，即个人能够获得有价值的功能性活动的能力，可表示为各种功能性活动向量的集合。而一个人的福利状况与实际生活直接相关，针对不同的研究对象和研究内容，可行能力的具体内涵各有不同，反映福利水平的功能性活动及指标也有差异。通俗地讲，农户福利可从其有价值的生活内容进行判断，包括吃、穿、住、行、读书、看电视、社会参与等，而与生活内容密切相关的是农户获取这些生活内容的“能力”。

本节的数据来源于在成都市相关区县开展土地综合整治项目的村庄进行的实践调研，分别针对农民、企业负责人、政府人员进行了实地访谈。农户调研以入户调查方式为主，由调研人员与农户一对一交谈，平均每户交谈时间为30分钟，确保问卷翔实、真实、有效。为了测度土地综合整治项目前后农民福利的变化，问卷中所有指标均设计为“项目前”和“项目后”。由于各村庄项目立项时间差异较大，各区县的土地综合整治项目有较大的相似性，因此选取了其中6个村庄的问卷数据进行分析，问卷共415份，村庄所在区县为蒲江县、崇州市、青白江区、邛崃市、郫县，各村庄项目立项时间集中在2012～2014年。6个村庄的基本情况见表6-1。

表6-1　土地综合整治村庄基本情况

村庄名称	所在区县	项目简介	立项年份	问卷数量/份
A村	崇州市	企业投资的增减挂钩项目	2013	38
B村	青白江区	农民集中建房整理项目，集体经营性建设用地入市	2014	137
C村	蒲江县	企业投资的增减挂钩项目，村庄发展乡村旅游	2012	82

续表

村庄名称	所在区县	项目简介	立项年份	问卷数量/份
D 村	蒲江县	林盘整治项目，节余指标入市	2014	14
E 村	邛崃市	企业投资的增减挂钩项目	2013	80
F 村	郫县	农民集中建房整理项目，集体经营性建设用地入市	2012	64

6.1.1　农户福利评价指标体系构建

在农户福利评价指标的选取方面遵循科学性、可比性、系统性、全面性和可操作性原则。首先，对国家政策文件、四川省和成都市相关文件进行梳理，明确土地综合整治和乡村振兴的工作重点；其次，对现有乡村振兴、农民福利评价指标体系研究成果[144-148]进行分析，建立评价指标库；再次，根据指标选取基本原则选取初拟指标；最后，依据阿玛蒂亚·森可行能力理论，对指标进行二次筛选，最终构建出包括 5 个二级指标、23 个三级指标的农户福利评价指标体系，具体见表 6-2。

表 6-2　农户福利评价指标体系

二级指标	三级指标	指标解释	赋值	性质
家庭居住状况	宅基地面积	农户家庭宅基地面积	调查值	C
	住房建筑面积	农户家庭房屋建筑面积	调查值	C
	住房结构	依据房屋主要承重构件的建筑材料区分	1.土坯；2.砖木；3.砖混；4.框架	Q
	住房质量	依据房屋修建年份、危房级别区分	1.A 级；2.B 级；3.C 级；4.D 级	Q
	住房安全性	依据房屋所在地是否在地质灾害易发点区分	1.是；2.否	D
	生活用水	农户家庭生活用水的来源	1.天然水；2.自来水	D
	生活用燃料	依据农户家庭生活用燃料的种类区分	1.柴；2.煤；3.液化气；4.沼气；5.天然气；6.电	Q
家庭收支状况	家庭非农收入	农户家庭成员每年从事非农业的收入	调查值	C
	家庭农业收入	农户家庭成员每年在本地从事农业的收入	调查值	C
	消费支出	农户家庭每年消费支出	调查值	C
	恩格尔系数	家庭年食物消费支出/家庭年总支出	调查值	C

续表

二级指标	三级指标	指标解释	赋值	性质
公共服务状况	文体设施完备程度	依据本村健身娱乐设置情况进行评价	1.有；2.没有	D
	教育水平	本村幼儿园设置情况	1.有；2.没有	D
	医疗卫生机构设置情况	依据本村卫生所、医生设置情况进行评价	1.有；2.没有	D
	卫生状况	依据本村保洁人员雇佣情况进行评价	1.有；2.没有	D
	治安状况	依据本村安保人员雇佣情况进行评价	1.有；2.没有	D
	交通便捷程度	依据本村主干道路类型进行评价	1.土路；2.水泥路；3.柏油路	Q
生态环境状况	垃圾处理	本村是否对垃圾进行集中处理	1.是；2.否	D
	污水处理	本村是否有污水处理站	1.有；2.没有	D
	水土质量评价	农民依据本村水土质量进行评价	1.很差；2.较差；3.一般；4.较好；5.很好	Q
	绿化覆盖率	农民居住地绿化覆盖率	1.20%以下；2.20%～30%；3.30%～40%；4.40%～50%；5.50%以上	Q
人际关系状况	家庭红白喜事支出比重	农民家庭每年红白喜事支出/家庭总支出	调查值	C
	邻里关系	农民根据邻里关系情况进行评价	1.很差；2.较差；3.一般；4.较好；5.很好	Q

注：指标性质中，C 表示连续变量；Q 表示虚拟定性变量；D 为虚拟二分类变量。

（1）家庭居住状况。家庭居住状况的好坏影响着农民家庭的生活质量，也关乎乡村的整体形象，是宜居生活的重要内容。本书选取了宅基地面积、住房建筑面积、住房结构、住房质量、住房安全性、生活用水和生活用燃料 6 个指标对家庭居住状况进行评价。成都市土地综合整治项目基本会涉及农民住房的改变，在农户搬进新房之后，农户居住条件会发生较大变化，新房与旧房的差异能充分反映农户福利的变化。

（2）家庭收支状况。家庭收支状况是农户福利研究中最常选择的功能性活动之一，是衡量生活富裕的重要指标。本书选取了家庭非农收入、家庭农业收入、消费支出、恩格尔系数 4 个指标对家庭收支状况进行评价。家庭收支情况主要涵盖农户家庭收入水平、收入结构、消费水平的情况，能较大程度反映农户家庭的生活质量。成都市多数开展土地综合整治项目的乡村，在改善居民居住条件的同时，依托项目进一步引入企业或自主发展乡村旅游、生态农业、民宿等新产业，提升乡村产业实力，助推产业兴旺。产业发展会较大程度影响农民的收入结构，进而影响农民福利。

另外，土地综合整治项目的实施也会影响农户家庭的支出结构，例如农民集中居住之后，日常水电气费支出会明显增加，如果农户流转了土地，每年食物购买支出会明显增加，随着生活水平的提高，家庭总支出也会发生变化。

（3）公共服务状况。公共服务状况反映乡村整体公共服务的配套情况，是生态宜居和生活富裕的重要表现。在成都市土地综合整治项目中，各农民集中居住区都会配套一定的公共设施，提升公共服务质量，但公共设施配套的数量、质量、齐全程度存在差异，对乡村振兴的推动作用也存在差异。本书选取了文体设施完备程度、教育水平、医疗卫生机构设置情况、卫生状况、治安状况、交通便捷程度 6 个指标对公共服务状况进行评价。公共服务的配套情况决定着农民日常生活的质量，医疗、卫生、交通、治安状况越好，农民身体会更加健康，出行更加安全，教育、文娱状况越好，农民综合素质越高，未来发展前景越好。

（4）生态环境状况。生态环境状况是衡量乡村振兴的重要指标，唯有生态环境良好，才有可能创造宜居生活。本书选取了垃圾处理、污水处理、水土质量评价、绿化覆盖率 4 个指标对生态环境状况进行评价。生态环境的质量直接影响到农民的健康和幸福感，随着乡村振兴工作的推进，绿化、空气、水土、卫生情况都会随之改变，特别是农户居住地改变后，居住地周围环境成为影响农户福利的重要因素。

（5）人际关系状况。人际关系状况反映在农民经历土地综合整治项目进入新的居住环境之后人际关系的变化，是衡量农户福利的重要指标，也是反映乡风文明的重要指标。本书选取家庭红白喜事支出比重和邻里关系两个指标对人际关系状况进行评价。在成都市土地综合整治项目中，农民多搬至小区生活，农民集中度更高，红白喜事支出和邻里关系可能发生较大变化，进而影响农户家庭福利的变化。

6.1.2　农户福利评价方法与步骤

模糊综合评价法是利用模糊数学中的隶属度理论，对受到多个因素制约的事物，评价事物获得某个评语的可能性的综合评价方法，可以将定性问题转化为定量问题，解决福利测度中的一些主观、定性评价，是目前农户研究中应用最广泛且较为成熟的方法之一。在指标权重确定方面，本书采用了灰色关联分析法。灰色关联分析是灰色系统理论的一种，借由灰色关联度度量因素之间复杂的关系，适用于信息不完全、不充分的问题。本书的农户福利评价指标体系是从农户感知角度拟定，既包括客观信息，又包括主观感知信息，利用模糊综合评价法和灰色关联分析可以较好地解决这一问题。

1. 模糊函数设定

假设农户福利的模糊集为 X，项目实施前后可能变化的农户福利为 X 的子集

W，则第 n 个农户函数为 $W_n=\{x_n,\mu x_n\}$，μx_n 为 W 的隶属度，且 $\mu x_n\in[0,1]$。隶属度 μx_n 越接近 1，表示农户福利越高；隶属度 μx_n 越接近 0，表示农户福利越低。

2. 隶属度函数确定

设 x_i 表示农户的第 i 个功能子集，x_{ij} 是测度第 i 个功能子集的第 j 项评价指标，农户福利指标为 $x=[x_{11},\cdots,x_{ij}]$。指标变量分为正向指标和负向指标，两者隶属度函数有一定差别，正向指标隶属函数为式（6-1），负向指标隶属函数为式（6-2）。

$$\mu(x_{ij})=\frac{x_{ij}-x_{ij}^{\min}}{x_{ij}^{\max}-x_{ij}^{\min}}\ (x_{ij}^{\min}<x_{ij}<x_{ij}^{\max}) \tag{6-1}$$

$$\mu(x_{ij})=\frac{x_{ij}^{\max}-x_{ij}}{x_{ij}^{\max}-x_{ij}^{\min}}\ (x_{ij}^{\min}<x_{ij}<x_{ij}^{\max}) \tag{6-2}$$

3. 权重确定

权重的确定有两类方法：一类是主观赋权法，特尔菲法、层次分析法等就属于这一种，它以专家打分为主，加以数学处理获得相应权重，此类方法主观随意性较强；另一类是客观赋权法，如变异系数法，它以各指标实际数据为原始数据，经过一定的数学处理后得到权重，它较少依赖人的主观判断，此类方法客观性较强。本书采取灰色关联分析法（客观赋权法），将表示农户家庭福利状况最好的指标取值组成参考数列，将各农户家庭福利状况评价指标取值组成比较数列，计算比较数列与参考数列的关联度。关联度越大，表示相应的评价对象和评价标准的关系越密切，即该因素对评价因素的影响力越大。灰色关联分析法步骤如下。

（1）建立灰色关联集。首先，将受访农户各指标的观测值作为灰色关联分析的比较数列，记为 $X_i=(i=1,2,\cdots,415)$，表示有 415 个农户参与调查。其次，将与农户福利成正比的指标观测值的最大值以及与农户福利成反比的指标观测值的最小值作为参考数列 X_0，每个数列有 23 个观测点。最后，构建评价矩阵 $\boldsymbol{X}$，X_0 标识在各评价指标都取得最优的情况下虚拟的农户福利状况。

（2）无量纲化初始处理（式 6-3）。

$$x_i(k)=x_{ik}/x_{i0}\,(i=1,2,\cdots,812;k=1,2,\cdots,36) \tag{6-3}$$

（3）计算关联系数（式 6-4）。

$$\xi_i(k)=\frac{\min\limits_i\min\limits_k\left|x_0(k)-x_i(k)\right|+\lambda\max\limits_i\max\limits_k\left|x_0(k)-x_i(k)\right|}{\left|x_0(k)-x_i(k)\right|+\lambda\max\limits_i\max\limits_k\left|x_0(k)-x_i(k)\right|} \tag{6-4}$$

式中，λ 为分辨系数，取值一般为 0～1，通常取 0.5。

（4）计算关联度（式 6-5）。

$$r_i(k) = \frac{1}{n}\sum_{i=1}^{n}\xi_i(k) \tag{6-5}$$

（5）归一化处理确定权重（式 6-6）。

$$a_k = r_i(k) / \sum_{i=1}^{n} r_i(k) \tag{6-6}$$

经过上述计算，各农户福利评价指标的权重见表 6-3。

表 6-3　农户福利评价指标权重

二级指标	三级指标	指标权重	
		三级指标	二级指标
家庭居住状况	宅基地面积	0.02658	0.29852
	住房建筑面积	0.02797	
	住房结构	0.04710	
	住房质量	0.03261	
	住房安全性	0.06969	
	生活用水	0.05256	
	生活用燃料	0.04201	
家庭收支状况	家庭非农收入	0.02464	0.10022
	家庭农业收入	0.02502	
	消费支出	0.02619	
	恩格尔系数	0.02437	
公共服务状况	文体设施完备程度	0.02891	0.30578
	教育水平	0.04549	
	医疗卫生机构设置情况	0.05399	
	卫生状况	0.06603	
	治安状况	0.05971	
	交通便捷程度	0.05165	
生态环境状况	垃圾处理	0.03328	0.18569
	污水处理	0.05564	
	水土质量评价	0.05399	
	绿化覆盖率	0.04278	
人际关系状况	家庭红白喜事支出比重	0.05083	0.10979
	邻里关系	0.05896	

4. 计算农户福利评价值

本书采用加权平均型算子合成模糊综合评价矢量，通过将隶属度加权汇总形成农户福利值。表 6-4 是以灰色关联法确定的项目前后农户福利评价值及其增长幅度。

表 6-4　农户福利评价结果分值

农户福利指标	项目前	项目后	增长幅度/%
家庭居住状况	0.11999	0.22256	85.48
家庭收支状况	0.02048	0.02190	6.93
公共服务状况	0.07096	0.27352	285.46
生态环境状况	0.07225	0.14409	99.43
人际关系状况	0.06878	0.06728	−2.18
农户福利	0.35246	0.72935	106.93

6.1.3　农户福利评价结果与分析

1. 农户总体福利得到显著提升

从测度的农户福利数值看，项目前农户福利的均值为 0.35246，项目后农户福利均值为 0.72935，项目后较项目前增长了 106.93%，增长幅度很大，说明成都市土地综合整治项目实施显著增进了农民福利。这一结果，从定量层面对成都市土地综合整治进行了肯定，凸显了土地综合整治在推进乡村振兴战略中的积极作用。

2. 农户家庭居住状况明显改善

家庭居住状况方面，项目前农户家庭居住状况评分为 0.11999，项目后农户家庭居住状况评分为 0.22256，增长幅度为 85.48%。项目后农户家庭居住状况较项目前有明显增长，说明成都市土地综合整治项目明显改善了农民的居住状况。四川省地处我国中西部，成都周边山区较多，交通闭塞，所以在较长的一段时间里，成都农村存在着大量的贫困村，当地居住条件较差，农民无力改变。另外，四川省处于地震活跃区，地质灾害频发，在 5 · 12 汶川地震和 4 · 20 芦山地震之后，成都市农村住房毁坏严重。基于两大历史因素，成都市土地综合整治项目在各区县逐步实施，项目针对农村宅基地进行整理、开发，进而改善农户居住条件。在调研的 415 户农户中，项目前居住房屋为土坯的有 130 户、砖木的有 140 户、砖混或框架的有 145 户，项目后所有农民家庭都住进了砖混或框架的房屋，住房结构明显改善。住房质量方面，项目前只有 158 户农户的住房质量被评为 A 级，有 85 户被评为 C 级或者 D 级，农民住房质量普遍较差，而项目后农户的住房质量均得到保障。安全性方面，项目前有 53 户农户居住在地质灾害易发点，目前均已搬离。生活饮水方面，项目前 415 户农户中仅有 10 户用自来水，其他均是用井水，而项目后自来水基本普及。生活燃料方面，项目前农民烧柴的居多，有 296 户，而项目后农民使用天然气较多，有 371 户，烧柴的只有 1 户。从调研数据看，成都市土地综合整治项目在改善农民居住条件方面完成度较高，较好地解决了农民的住房问题，实现了住房质量、安全性、水电气等方面的明显改善。

3. 农户家庭收支状况略有改善

评价结果显示，项目前农户家庭收支状况评分为 0.02048，项目后评分为 0.02190，增长幅度为 6.93%，家庭收支状况略有改善。可见，成都市土地综合整治项目在改善农民收支状况方面作用较小。从具体指标数值看，项目前农户家庭非农收入均值为 48893.66 元，项目后为 55374.12 元，仅有小幅度增长；项目前农户家庭农业收入均值为 9889.13 元，项目后为 21124.6 元，增长幅度较大；项目前农户家庭消费支出均值为 25555.06 元，项目后为 42735.6 元，增长幅度较大；项目前农户家庭恩格尔系数均值为 0.3067，项目后为 0.3574。从数据可以得出以下几个结论：第一，成都市土地综合整治项目的实施，较大程度上促进了农民农业收入的增加，促进了成都市农业产业的发展；第二，农户家庭非农收入占农户家庭总收入比重依旧较大，但非农收入增加较少，说明伴随土地综合整治项目出现的新产业目前还处于发展阶段，带动农民非农收入增加的能力有限；第三，农户家庭消费支出增长，但增长幅度大于家庭收入增长幅度，说明在土地综合整治项目实施之后，农户家庭消费增加的同时消费观念也相应变化，生活成本变高的同时也更加注重生活品质的提升；第四，项目前后农户家庭恩格尔系数增长，说明农户家庭食物支出增长幅度大于农户家庭总支出增长幅度，这主要是因为在农民分散居住时，耕种土地较多，除种植粮食作物之外，还会种植蔬菜、养殖家禽，日常食物基本可以实现自给自足。在集中居住之后，部分小区有打造“微田园”，农民会有小片菜地，而部分小区则没有，农民日常所需的蔬菜全靠在市场上购买，另外搬进小区之后，农民被禁止养殖家禽，肉类也需购买，因此家庭食物支出大幅增长，调研过程中也发现较多农民反映生活成本增加的问题。

4. 基础设施与公共服务全面提高

成都市在开展土地综合整治项目时十分注重基础设施与公共服务配套，在这一点上取得了显著成效。项目前公共服务状况评分为 0.07096，项目后为 0.27352，增长幅度为285.46%，公共服务状况在项目前后改善很大。多数村庄未进行土地综合整治项目之前，农民多处于散居状态，再加上集体经济力量薄弱，村庄很少有配置文化娱乐、治安、保洁等基础设施和公共服务，交通不便、集体活动较少，偷盗、脏乱差等现象较为普遍。成都市在进行土地综合整治项目时，通过制定公共设施配套标准、预留建设用地、设计公摊面积、充分尊重民意等方式完善公共服务，提高农民就地享受公共服务的水平。在幼儿园配套方面，项目前 6 个村庄均没有幼儿园，而项目后先锋村和张场社区配套了幼儿园，改善了农民子女就近上学条件。文化、体育设施配套方面，在项目前 6 个村庄均没有配备文体设施，而项目后各村根据聚居点人数配备了一定数量的文体设施，为农民日常锻炼、交流、学习提供了场所。成都现在的乡村，经常会看到老人在广场上锻炼身体、跳广场舞的场面，农民生活更加丰富。保洁人员配备方面，项目前只有 2 个村庄配有保洁人员，而项目后所有村庄均有配备，道路、公共厕所卫生情况、垃圾清理情况明显改善。保安人员配备方面，在项目前，只有一个村庄配有保安，多数村庄只是有巡逻队，但巡逻队平时巡逻次数极少，村庄安保方面十分欠缺。项目后，6 个村庄均配有安保人员，特别是建有小区的村庄保安数量较多，日常巡逻次数较多。在调研中也发现，各村庄目前偷盗案件发生很少。道路方面，在项目前各村庄的主干道以土路和水泥路为主，而项目后则以水泥路和柏油路为主，部分村庄还通了公交，交通条件明显改善，农民出行更加方便。通过数据分析，成都市土地综合整治项目在改善基础设施和公共服务方面的成果最为显著，在教育、文娱、体育、安全、卫生、交通方面均有很大程度改善，使得乡村人居环境打造迈上了一个新台阶，这为建设美丽乡村和推动乡村振兴奠定了基础。

5. 生态环境明显改善

生态资源是乡村最宝贵的资源之一，成都市在保护生态资源方面也出台了一系列政策，而在土地综合整治项目中，这些政策也得到了较好的落实。项目前各乡村生态环境评分均值为0.07225，项目之后为0.14409，增长幅度为99.43%，生态环境状况明显改善。在没有实施土地综合整治项目前，各村庄的生活垃圾和生活污水普遍乱扔乱排，生活垃圾要通过自然的自净能力分解，但这需要很长的时间，塑料垃圾、臭水沟等在乡村随处可见。在实施土地综合整治项目时，成都市明确要配套垃圾处理厂和污水处理厂，从根本上解决农村垃圾污水处理问题。居住地绿化覆盖率既影响居住地的空气质量，也影响居住地的环境风貌，是衡量农民生活环境的重要指标。在打造美丽乡村时最重要的就是要避免农民集中之后出现上楼高、绿化少等城市问题。从调研数据看，项目前，农民居住地绿化率普遍较高，绿化覆盖率在 50%以上的有 190 户，占 45.78%，绿化覆盖率在 40%～50%的有 54 户，30%～40%的有 44 户，20%～30%的有 25 户，20%以下的有 102 户。项目后，农民居住地绿化覆盖率变化较大，绿化覆盖率在 20%以下和 20%～30%的占大多数，分别为 144 户和 193 户，共占 81.20%，绿化覆盖率在 30%～40%和 40%～50%的较少，分别为 58 户和 20 户，无绿化覆盖率在 50%以上的农户聚居地。绿化覆盖率的减小主要与土地综合整治项目有关，在过去成都市各区县乡村的农民家庭宅基地会有大面积的院子和林盘，经过土地综合整治项目，各乡村结余出大量的建设用地，这部分土地通过指标交易入市为乡村建设筹集了资金，同时居民居住点绿化面积也大大减少。不过值得注意的是，成都市土地综合整治项目在建设居民点时，对绿化覆盖率也制定了相应的要求，调研农户中居住地绿化覆盖率在 20%以上的达 65.30%。在农民对水土质量评价方面，项目前农民评价水土质量很好的有 177 人，评价较好的有 159 人，好评率达 80.96%；评价一般的有 63 人；评价较差和很差的分别有 11 人和 5 人，差评率为 3.86%。项目后，农民对水土质量评价反而变低，评价很好的有 59 人，评价较好的有 123 人，好评率降至 43.86%；评价为较差和很差的分别有 57 人和 100 人，差评率为 37.83%。可见，虽然各村庄在开展土地综合整治项目之后对垃圾和污水进行了较好地处理，但农民对水土质量的评价反而降低，这可能是因为在进行土地综合整治之后，村庄引入了企业或自己发展了其他产业，新产业的诞生带来了新的污染；也可能是因为这些村庄的垃圾处理和污水处理工作效果不佳，没有较好地改善水土环境。总体上看，成都市在开展土地综合整治项目时十分重视乡村生态环境的保护，在环境保护设施方面配置比较到位，绿化覆盖率也得到了较好的控制，但其中也存在一些问题，在项目之后农民对水土质量的评价较低，需加大保护水土环境的力度。

6. 人际关系小幅度变差

农民集中居住后，人际关系和社会交往会发生一定的改变。项目前农户人际关系评分均值为 0.06878，项目后农户人际关系评分均值为 0.06728，减少幅度为 2.18%，人际关系有一定变差。在邻里关系方面，项目前评价很好的有 209 人，评价较好的有 164 人，好评率为 89.88%；评价一般的有 38 人；评价较差的有 4 人，差评率低至 0.96%。项目后，评价邻里关系很好的有 185 人，评价较好的有 149 人，好评率为 80.48%；评价一般的有 59 人；评价较差的有 21 人，评价很差的有 1 人，差评率为 5.30%。农民对邻里关系评价有所降低，这可能是因为在分配农民集中居住点过程中没有较多考虑农户间的邻里感情，新居住点的农民可能来自不同的村民小组，对新的环境不适应；也可能是在项目中或者是小区管理时存在一些不公平现象，导致村民间引发矛盾。从红白喜事支出的具体数值看，项目前户均年红白喜事支出为6978.96元，项目后为11203.4元，这一方面是因为物价上涨，农民红白喜事随礼增加；另一方面是因为集中居住之后，农民与新邻居之间人际交往支出增加。不过从红白喜事支出占总支出比重看，红白喜事比重有所降低，项目前为0.2363，项目后为0.2128，说明农户家庭红白喜事支出增长幅度低于总支出增长幅度，这一结果表明成都市乡村在推广红白喜事不大操大办方面有一定效果。

综上所述，成都市土地综合整治项目在整体上显著提高了农户福利。土地综合整治项目对公共服务的改善最大，项目后公共服务状况评分与项目前相比提高了285.46%。土地综合整治在改善农民居住状况、生态环境方面也取得了明显成效。在改善农户家庭收支状况方面作用较小，不过农户家庭农业收入大幅增加，体现出土地综合整治项目对农业产业的推动作用。农户人际关系状况评分小幅度降低，体现出农民融合方面还需要不断改善。成都市土地综合整治项目在推行过程中较多关注了农民居住条件、公共服务配套和生态环境保护方面，在小区建设时这些问题都得到了较好的解决。从乡村振兴战略来讲，也需要注重乡村产业融合、乡风文明和村庄治理，今后应更多考虑如何培育提升乡村产业，使更多农民得到新产业带来的福利，同时也应加强文化建设，推行村民自治，提高农民生活的幸福感。

6.1.4　土地综合整治中农户权益保障分析

作为土地综合整治项目的主要参与者，农民在项目实施全过程中是否享有知情权、参与权、谈判权等权利至关重要。项目改变了农民的生产和生活方式，农民的知情权、参与权和谈判权等能否实现，关系其农地及房产置换状况以及满意度。农民权益保障情况也影响着农民对项目的参与度和满意度，最终影响项目的实施效果。因此，本节将对农民权益保障情况进行评价分析。

1. *参与项目方式*

农民参与土地综合整治项目的方式决定了农民对项目的初始理解和态度，进一步影响农民参与项目之后对项目推进的配合度和满意度。一般而言，农民参与土地综合整治项目的途径有自愿参与、被说服参与、政府规定强制参与、村干部组织参与、企业商谈参与5种途径。对415户农民调研发现，有322户农民自愿参与土地综合整治项目，占比77.59%，有32户农民被说服参与到项目中，有2户通过企业商谈方式参与，三类农户占比为85.78%，具体如图6-1所示。这三类参与方式的农户对项目有一定的认可，让这部分农户积极配合项目推进一般不困难，他们对项目的不满一般不多。这也反映出成都市土地综合整治项目启动之前与农民的交流较为充分，保证了大部分农户能理解并接受土地综合整治项目。不

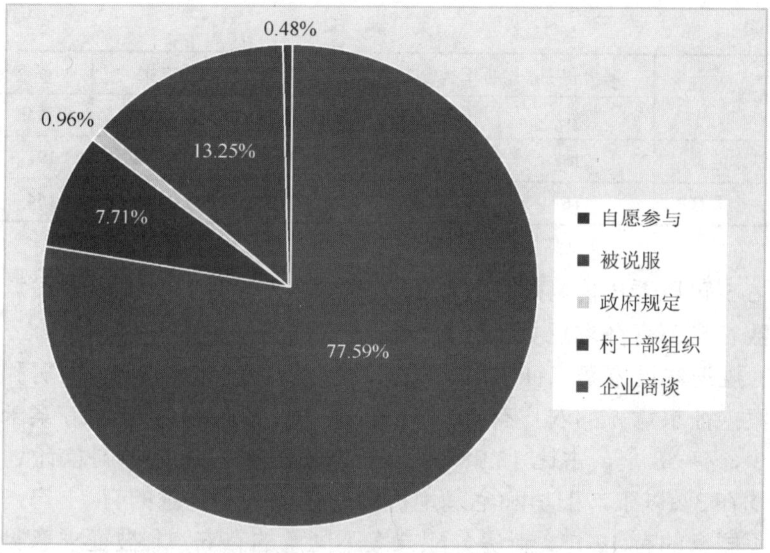

图 6-1　农民参与土地综合整治项目的方式

过，还有 55 户是村干部组织参与土地综合整治项目，有 4 户是政府规定强制参与，这部分农民群体数量较少，但也体现出这部分农户对项目认识不够或对项目部分内容不满意。这部分农户在项目实施过程中可能配合度不高，既需要对这部分农户给予一定的关注，也需要积极听取他们的意见，不断完善项目实施过程，提高项目的实施质量。

2. 农民意见征求情况

从土地综合整治项目推进过程看，项目一般有三个重要环节会影响农民的参与度和满意度，即旧房和宅基地拆旧补偿方案、新房规划建设方案、新房分配方案。对这三个指标的衡量确定了四个选择：完全未征求；征求过，不同意；征求过，基本同意；征求过，完全同意。在项目推进过程中，如果能较大范围征求农民意见并征得同意，农民配合度将会更高，项目推进会更加顺利，农民满意度也会更高。415 户农民三个指标的情况见表 6-5。

表 6-5　农户意见征求情况统计表

选择项	旧房和宅基地拆旧补偿方案		新房规划建设方案		新房分配方案	
	户数/户	比重/%	户数/户	比重/%	户数/户	比重/%
完全未征求	70	16.87	96	23.13	58	13.98
征求过，不同意	11	2.65	12	2.89	6	1.45

续表

选择项	旧房和宅基地拆旧补偿方案		新房规划建设方案		新房分配方案	
	户数/户	比重/%	户数/户	比重/%	户数/户	比重/%
征求过，基本同意	218	52.53	190	45.78	197	47.47
征求过，完全同意	116	27.95	117	28.19	154	37.11

从表 6-5 可以看出，各村庄在推行土地综合整治项目时征求农民意见较为充分，对多数农户都有征求意见，较好保障了农民的知情权和参与权。三个重要环节中，新房规划建设方案未征求意见的农户较多，占比 23.13%；旧房和宅基地拆旧补偿方案未征求意见的农户有 70 户，占比 16.87%；新房分配方案未征求意见的农户最少，有 58 户，占比 13.98%。在征求意见时，农户不同意计划方案的较少，比例均在 3%以下，旧房和宅基地拆旧补偿方案不同意的有 11 户，新房规划建设方案不同意的有 12 户，新房分配方案不同意的有 6 户。被征求意见的农户对三个方案接受度普遍比较高，旧房和宅基地拆旧补偿方案基本同意的有 218 户，完全同意的有 116 户，合计占比 80.48%；新房规划建设方案基本同意的有 190 户，完全同意的有 117 户，合计占比 73.97%；新房分配方案基本同意的有 197 户，完全同意的有 154 户，合计占比 84.58%。总的来看，农民对这三个方案的接受度普遍较高，其中对新房分配方案接受度最高，旧房和宅基地拆旧补偿方案接受度次之。在调查中发现，多数村庄在新房分配时采用抓阄的方式，这一方式在农民群体中认可度较高。在新房规划建设时，由于农民对住房有不同的喜好，对住房质量要求较高，且比较倾向面积大的住房，因此在新房建设时容易产生分歧。

3. 公平性评价与农民利益维护

农民对公平性的评价可以反映农民对项目实施整体的感受，公平度越高，农户福利越高。村干部对农民利益的维护也决定了农民对项目的满意度和农户福利，村干部对农民利益维护越多，农户福利越高。统计结果显示，认为项目非常公平的有 39 人，认为项目比较公平的有 110 人，认为项目一般公平的有 207 人，认为项目不公平的有 54 人，认为很不公平的有 5 人，一般公平评价以上的占比 85.78%，不公平及以下评价的占比 14.22%。整体上讲，认为项目一般公平及以上的占大多数，说明成都市土地综合整治项目在公平性方面保障较好，大多数农民能感受到公平。在利益维护方面，农民表示村干部完全维护了农民利益的有 14 人，认为大部分维护的有 72 人，认为一般维护的有 191 人，认为少部分维护的有 44 人，认为没有维护的有 94 人，一般维护以上评价的占比 66.75%，少部分维护和没有维护的占比 33.25%。本书课题组对认为村干部对村民利益少部分维护和没有维护的农民进行了访谈，农民的意见主要包括以下几个方面：第一，信息传达不到位。土地综合整治项目步骤多、内容复杂、专业性较高，农民在接受信息时不能很好地理解项目内容，特别是在制定新房规划建设方案时，农民看不懂设计图纸，村干部也没有做出很好的解释。第二，宣传与实际存在差距。在土地综合整治项目启动之前，为了让更多农民参与项目，村干部和企业在前期宣传时承诺或提出了部分条件，但小区建成之后，部分承诺或条件没有兑现，如停车位、绿化带、体育设施配套等方面。第三，存在不公平现象。部分村庄在小区建成后进一步发展乡村旅游等产业，导致不同区位的住宅未来的受益空间存在差异，在分配房屋时虽然多数村庄是采取抓阄方式，但在实际操作时没有很好做到公平。第四，拆旧补偿不到位。部分农户反映，在拆旧补偿时，部分附房、棚房没有得到补偿，也存在一些拖欠补偿款的情况。农民是乡村振兴的主体，在推行土地综合整治的政策时，如果农民的主体地位没有得到保障，农民的利益就会受到侵害。村干部是农民决策行为的主心骨，是农民的代表、发言人，村干部的工作关乎农民的主体地位。在土地综合整治项目中，村干部应充分发挥农民的主体地位作用，尽可能采取自治方式进行决策，保证村民更好地理解项目内容。村干部应有长远的发展目标，充分利用政策红利，为村庄产业进一步发展做好战略布局。同时村干部也应注重农民利益的保护，时刻以农民利益和村庄利益为先。

综上所述，成都市土地综合整治项目在农民权益保障方面成果显著，农民权益在项目执行时得到了较好的保障。在农民参与项目之前，村干部、企业、政府对项目介绍较为充分，农民自愿参与项目的比例较高，占比 77.59%。在项目执行过程中，各村庄征求农民意见较为充分，旧房和宅基地拆旧补偿方案、新房规划建设方案、新房分配方案三个重要决策征求村民意见的比例均达到 75%以上。新房规划建设方案征求意见比例较低，农民意见较大，这与项目专业性有关，也与政策宣传不到位有关。农民对项目整体评价时，较大部分认为项目做到了公平，村干部较好地保障了农民利益，不过相关工作还需要进一步提升。最后，类似抓阄的分配方式，虽然在农村有较大的接受度，但实际操作中还存在一些不足，今后应不断创新农民参与决策、分配的方式，更好地保护农民利益。

6.2　土地综合整治政策实施影响评价——基于投资者的视角

在城市资本过剩的背景下，随着国家不断加强对农业现代化的政策扶持，工商资本迅速流向农业领域，俗称“资本下乡”[149]。在城乡融合发展的新时代，我们要认识到工商资本下乡既不是“洪水猛兽”，也不是“谦谦君子”，要大力推进乡村社会和工商资本利益共同体的发展。在促进城乡要素流动上，工商资本显示出特有的敏锐性。当大量农村人口“离土又离乡”时，工商资本看到了农村以土地为主的资源型资产的巨大价值，以及资源要素再定价的巨大升值空间。同时，工商资本也看到了农村正金字塔形的产业结构对日益增长的城市人口以及人们美好生活需要的重要价值。所以，各类工商资本率先进行了由城市到乡村的要素流动[150]。工商资本是推动乡村振兴的重要力量，对优化城乡要素配置、活跃乡村经济、破解乡村发展不充分问题具有重要意义[151]。工商资本下乡是我国经济发展阶段转变、农业向现代化转型、乡村生产要素关系变化的必然结果。

工商资本下乡的原因有三点：一是优惠政策吸引；二是转型需要，受部分行业经营效益下降影响，许多企业迫切需要转型发展；三是践行社会责任，越来越多的工商资本下乡怀着带动老乡发家致富的情怀。无论资本下乡是出于哪种原因，作为一个市场主体，其参与土地综合整治项目的主要目的之一都是实现盈利。而投资者参与土地综合整治项目到底需要多少成本？可以获得哪些收益？在此过程中会遇到什么问题与障碍？可能面临哪些风险呢？

本节数据来源于在成都市相关区县开展土地综合整治项目的村庄进行实践调研——投资访谈问卷收集的数据。投资者访谈以一对一访谈的形式进行，每个投资者的访谈内容根据事先拟定的投资者访谈问卷进行，保证内容的真实完善，该部分问卷共涉及 6 家公司（均为民营企业）11 个项目。以下对投资者成本、收益与风险的探讨主要是基于投资者访谈问卷的内容。

6.2.1 投资者参与土地综合整治的成本分析

社会投资者参与土地综合整治的主要方式是城乡建设用地增减挂钩项目、农民集中建房整理项目等。投资者的成本主要有资金成本、时间成本以及相应的交易成本。

1. 资金成本

表 6-6 为 7 个社会投资者在 7 个土地综合整治项目中投入的资金及其构成。其中，3 个投资者是用自有资金进行投资，有 4 个投资者是通过自有资金与银行融资等其他资金相结合来进行投资。投资者的资金投入用于立项与验收、规划编制、农房建设、基础设施与公共服务配套、搬迁补偿、复垦还耕、人员成本以及其他费用 8 个方面。可以看出，农房建设、基础设施与公共服务配套及搬迁补偿所占支出比重大，是投资者的主要资金投入。

表 6-6　公司项目资金投资及成本构成表

项目区域	资金/万元		投资成本构成/%							
	自有资金	其他资金	立项与验收	规划编制	农房建设	基础设施与公共服务配套	搬迁补偿	复垦还耕	人员成本	其他费用
蒲江县	8000	0	1	1	70	15	5	5	2	1
崇州市	3600	3600	3	2	60	10	15	5	3	2
邛崃市	12300	2000	1	3	70	10	5	5	5	1
都江堰市	5646	0	5	5	40	10	10	10	10	10
都江堰市	3000	10000	0.3	0.4	50	3	35	3	3	5.3
彭州市	4000	0	1	1	75	5	6	10	1	1
青白江区	3000	5800	0.53	1.64	92.53	0	1.91	0.94	1.59	0.87

在进行资金投入时，由于一些投资者自有资金不足，他们需要通过融资来获得资金，这增加了投资者的资金成本。在表 6-6 的 7 个项目中，有 4 个项目的部分资金是通过融资获得，最终和自有资金一起推进项目落实。从对投资者的一对一访谈中发现，企业在进行融资时需要有一定的抵押物，而且在调研的 11 个项目中，有 9 个项目曾多次向银行申请融资，但是最终只有 3 个项目成功争取到了银行融资，成功率只有 33.33%（表 6-7），这说明企业要取得银行融资需要具备一定的门槛条件。成功争取到融资的项目需要付出高额的资金使用费，这增加了投资者的成本。

表 6-7　需融资项目资金来源与费用说明表

项目区域	自有资金/万元	融资资金/万元	融资途径	资金使用费	资金使用时间	抵押物
崇州市	3600	3600	成都农商银行	10%	6 个月	未说明
邛崃市	12300	2000	浙商银行	—	0.5 个月	指标证书与公司股权
都江堰市	3000	10000	其他方式与途径	—	—	—
青白江区	3000	4000（银行贷款） 1800（股东借款）	成都银行科技支行	12%（银行利息 9.5%，担保费 2.5%）	27 个月	股东提供的价值 5000 万元的房产

2. 时间成本

社会投资者在参与土地综合整治项目过程中，除了需要投入大量的资金以外，还需要投入大量的时间。从表 6-8 可以看出，7 个项目的实施都需要较长的周期，主要在项目立项、农民建房阶段以及宅基地复垦阶段需要花费大量时间。从统计数据可以看出，立项阶段平均需要 7 个月，立项用时最短的是蒲江县及邛崃市的项目，需要 3 个月，立项用时最长的是青白江区，需要 17 个月；农民建房阶段平均需要 24 个月，其中最短的是都江堰市，需要 10 个月，最长的是彭州市，需要 40 个月以上（截至调查时间都未完成）；宅基地复垦阶段平均需要 20 个月，其中用时最短的是都江堰市，需要 10 个月，用时最长的是彭州市，需要 38 个月。总的来看，投资者在三个阶段所花费的总时长，均超过其计划投资回报周期。

表 6-8　各区域项目阶段耗时以及部门盖章数目统计表

项目区域	项目立项		农民建房		宅基地复垦		计划投资回报周期/月	是否超出计划投资回报周期
	花费时间/月	盖章部门数量/个	花费时间/月	盖章部门数量/个	花费时间/月	盖章部门数量/个		
蒲江县	3	10	18	18	—	—	18	是
崇州市	9	22	13	2	13	3	24	是
邛崃市	3	8	16	5	16	1	24	是
都江堰市	8	22	10	5	10	6	24	是
都江堰市	6	4	40	20	—	—	36	是
彭州市	4	10	40 以上	5	38	10	24	是
青白江区	17	10	30	15	24	8	14	是
平均	7	12	24	10	20	6	23	

3. 交易成本

社会投资者在参与土地综合整治的过程中，除了付出大量的资金成本与时间成本以外，其交易成本也不可忽视。从对 7 个项目负责人的采访总结中发现，每个阶段都需要政府多个部门盖章允许，这增加了企业的交易成本。从表 6-8 可以看出，在项目立项阶段平均需要 12 个部门盖章，需盖章数目最少的是都江堰市的一个项目，需要 4 个部门（村、镇、国土、规划）盖章；需盖章数目最多的是崇州市的项目，需要 22 个部门盖章。在农民建房阶段平均需要 10 个部门盖章，需盖章数目最少的是崇州市的项目，需要 2 个部门盖章；需盖章数目最多的是都江堰市的一个项目，需要 20 个部门盖章。在宅基地复垦阶段平均需要 6 个部门盖章，需盖章数目最少的是邛崃市的项目，仅需 1 个部门盖章。

6.2.2　投资者参与土地综合整治的收益分析

投资者的投资回报方式主要有三种：一是通过土地综合整治，将节余建设用地指标在农村产权交易所挂牌交易；二是通过土地综合整治，将节余建设用地指标就地就近落地，转换成集体经营性建设用地入市；三是通过土地综合整治，将节余建设用地指标卖给需要指标的企业。

表 6-9　项目实施投资与利润所得表

项目地点	投资规模/万元	应回收资金/万元	已回款/万元	净利润/万元	回款率/%	投资回报方式
蒲江县	8000	9494.75	9494.75	1494.75	100	指标交易
崇州市	7200	9000	9000	1800	100	指标交易
邛崃市	12300	13710	8520	1410	62.14	指标交易
都江堰市	5646	—	—	—	—	指标落地自主开发
都江堰市	13000	—	—	—	—	指标落地自主开发
彭州市	5000	—	—	—	—	指标交易
青白江区	15917	24633	11000	8716	44.66%	指标交易、指标落地自主开发

表 6-9 为 7 个投资者在实施土地综合整治项目中的投资与利润所得。其中，5 个项目的投资回报方式都是直接通过指标交易取得回款，这类投资回报方式的显著特点是回款率相对较高，而且投资的战线相对较短；有 3 个项目选择了自主投资土地综合整治项目，节余指标落地自主开发利用，以开发经营进行回款，这种投资回报方式的显著特点是投资周期长，投资回报率从长远来说可能是可观的，这要求投资者具备比较雄厚的资金实力，同时对投资者的经营能力也是个考验。例如，在都江堰进行投资的一个项目，通过在该区域的项目村庄开展土地综合整治项目（城乡建设用地增减挂钩项目），获得 121.04 亩节余建设用地指标，并将该指标落地自主开发，用来进行后期的酒店开发投资。该公司前期投资 5646 万元用于土地综合整治项目，在后期打造酒店项目需要继续投资 7 亿元，企业后期是否能实现盈利受其他因素的影响较大。同在都江堰的另一个项目，通过在该区域内的项目推进土地综合整治项目，获得节余指标，并将节余指标自主落地开发用于文旅项目，发展商铺、民宿、农庄以及酒店等产业业态，并通过后期经营来获得收益。

6.2.3 投资者参与土地综合整治的困难与风险

企业取得投资回报的主要方式是将通过土地综合整治节余的建设用地指标就近落地，通过规划调整转换为集体经营性建设用地，或由企业自行开发使用，或转让给其他企业开发使用。这就需要打通土地综合整治与集体经营性建设用地入市两项制度的梗阻，并按照同地、同权、同价、同责的原则加快建立城乡统一的建设用地制度体系。因这些制度办法的缺失或不明确，增加了企业、政府以及农民之间的沟通协调成本，降低了行政审批效率，延长了项目实施周期。当前资本下乡的障碍主要表现为：一是项目审批周期长，程序烦琐；二是涉及政府部门多，沟通协调成本高；三是规划审批、调整、冲突等影响进度；四是政策不稳定，易受特殊因素影响；五是政策公开透明度不够；六是农村产权融资与办证等政策不完善；七是土地整治与增减挂钩政策走向不明；八是金融机构认可度不高，导致融资困难；九是持证准用范围缩小，指标需求不足；十是指标配置过少，项目立项很难[152]。根据对投资者的访谈，将投资者遇到的困难概括为以下 4 点："融资难"问题突出；政策不稳定、不联动，导致投资风险增加；项目投资周期长、变更难、效率低；农民与企业博弈，工商资本面临农户违约风险。

1. "融资难"问题突出

在投资者的资金投入部分已经涉及投资者融资困难这个问题，从调研的成都市 11 个项目看，就有 9 个项目有融资需求，而真正成功申请到银行融资的项目只有 3 个，成功率只有 33%。而就具体的采访对象反馈，大部分投资者认为当前的融资渠道不畅、能贷款银行少、支付贷款方式单一，融资较为困难。而资本下乡融资困难并不只是出现在成都土地综合整治项目中，在全国来说都是一个普遍性问题。据调查，60%的下乡工商企业存在缺资金的问题，并且融资比较困难。例如，崇州市的项目有 5000 万元的融资需求，曾两次向银行申请贷款，但最后以失败告终。都江堰市的项目有 1 亿元的融资需求，同样曾两次尝试向银行贷款，但都以失败告终，最终该公司采取其他途径融资。

2. 政策不稳定、不联动，导致投资风险增加

资本下乡受政策影响较大。投资者在土地综合整治的每一个环节都要受到政府政策的影响，仅立项环节可能就需 10 个以上政府部门盖章允许。在政策稳定的情况下，这个阶段所花费的时间可能会减少；如果由于政府换届等导致政策不稳定，就可能会使投资者走更多的"弯路"，延长项目实施时间。在投资者问卷中，投资者也认为政策不稳定是导致其投资风险增加的一个重要因素。例如，彭州市

区域内的项目使用集体建改用地，因受到城市规划制约，用于商业、旅游业、工业等项目时，项目选择须由地方政府同意，投入大，退出周期长，且在实施过程中办证难，国土、房管、税务没有联动政策。指标登记及交易时间过长，因小拆指标落地政策机制限制，该地区本身不需要这么多指标，却只能在该范围使用，这些指标往发展地区落地成为问题。

3. 项目投资周期长、变更难、效率低

就上述讨论的 7 个土地综合整治项目看，每一个项目的投资周期都超过了其计划投资回报周期。这就为企业带来了资金风险，它们在预期内不能实现盈利或者回款，对其经营就会造成较大影响。而就投资者的反馈看，他们认为造成投资周期长、效率低的原因是指标落地程序复杂、政策不稳定以及自己对相关政策不熟悉等。例如，青白江区某个项目，“小转大”立项花费时间 17 个月，经历了区政府、区国土局、区规划局、区建设局、区统筹委、成都市地籍事务中心、市国土局同意，共盖章约 10 个；建设农民新房阶段经历了规划局、建设局建管科、质监局、消防、环保等部门，共盖章约 15 个，从 2012 年 2 月开工建设，到 2014 年 9 月竣工验收，历时 30 个月；宅基地复垦阶段经历了区国土、区农发、区水务、区交通、区发改、区政府、镇政府、市国土局等部门签字盖章，小拆一期验收从 2013 年 5 月到 2014 年 10 月，历时 17 个月，小拆二期验收从 2015 年 6 月到 2016 年 1 月，历时 7 个月，此阶段共用时 24 个月。此项目前后用时共 69 个月，投资者的计划投资回报周期为 14 个月，该项目用时远超其计划投资回报周期。

4. 农民与企业博弈，工商资本面临农户违约风险

工商资本在参与土地综合整治过程中，可能会直面农户，甚至在遇到一些“钉子户”时，需要进行博弈、谈判。在资本下乡的过程中，一般观点认为社会资本是“洪水猛兽”，会侵犯农户的利益，而把资本看作强势方、把农户看作弱势方，但是在现实情况中真的如此吗？例如，在崇州市的某个项目实施过程中，就发生了一件足以让人们改变看法的事。在拆旧过程中，崇州市的项目在安置点内的土地流转问题上耽搁了很长时间。企业对安置点内被占耕地的村民采取撵地的措施，可以在点外找一块相同质量、相同数量甚至更高数量的耕地进行置换，同时可以给村民一定的置换费。这样的安排对农民来说十分划算，在没有减少农田的情况下还得到了一笔置换费。可是村民并不乐意接受这样的安排，他们不愿意自己的耕地被安排到了距离远一些的地方，因此，他们要求企业以 10 万元/亩的价格“买下”（实际是长租）他们的被占耕地，于是企业又支出了很大一笔成本来购买农民的耕地。除此之外，安置点内的村民为自己争取到了其他特权。点内被占的建设用地要在耕地补偿 10 万元/亩的基础上再加上 14.6 万元/亩，因此同样是建设用地，

点内村民比点外村民获得的补偿要高。点内村民参与公摊的方式也十分具有特色，他们的公摊面积为每人 $10m^2$，但这 $10m^2$ 在所有安置点内村民的强烈要求下从在宅基地中扣除转为在被占农用地的补偿中扣除。由这个事例可以看出，农民在与企业的谈判过程中未必处于弱势地位。

6.2.4 土地综合整治中投资者权益保障与监督分析

工商资本下乡参与土地综合整治项目，是其基于成本、收益与风险考虑后做出的市场化行为。资本下乡参与土地综合整治项目，一是可以将其在城市寻找不到投资机会的资金用于投资乡村，寻找到新的投资机会与盈利空间；二是通过土地综合整治项目，实现短期盈利；三是通过土地综合整治项目，企业就地就近开发利用集体建设用地，实现发展转型获得长远盈利。那么，如何保障下乡资本的合法权益？如何对社会资本进行有效监管呢？

1. 围绕资本下乡的主要困难与障碍，完善社会资本参与土地综合整治的政策支持体系

（1）加快推进农村土地制度改革。鼓励盘活农村废弃的学校、工厂、仓储等集体建设用地，在土地使用上尽量向带动能力强的工商资本倾斜。鼓励因地制宜推进宅基地制度改革，放活宅基地使用权。加快推广成熟的农村土地制度改革经验，采取主管部门委托和独立第三方评估等方式，对目前开展农村土地制度改革试点地区的成效适时启动评估，总结经验，完善政策，加快推广应用。

（2）鼓励地方加快农村金融创新。鼓励加快推进农村产权确权颁证，推广成都市农业设施抵押贷款经验，扩大农村抵押担保物范围，重点开展设施农业用地、农村土地承包经营权、农村房屋、林权、大棚养殖圈舍等农业生产设施抵押贷款以及活体动物、果园苗木等生物资产抵押贷款。鼓励开展以农村资产确权为基础、以农业保险创新为配套、以设立风险补偿金为保障、以建立农村产权交易中心为产权处置保障的农村产权抵押贷款机制。完善农村产权价值评估体系，以风险基金补偿银行贷款损失，鼓励银行接纳农业生产设施抵押与生物资产抵押。

（3）加大农村基础设施建设投入力度。加强农村交通物流设施建设，以示范县为载体全面推进“四好”农村路建设，加快构建农村物流基础设施骨干网络，加快完善农村物流基础设施末端网络，推进县级仓储配送中心、农村物流快递公共取送点等建设，打通农村物流“最后一公里”。鼓励与引导地方政府将产业补贴资金、招商奖励资金重点用于农田水利等基础设施建设。加快推进农村地区宽带网络和第五代移动通信网络覆盖步伐，实施宽带乡村工程，推进接入能力低的行政村、农业生产基地进行光纤升级改造。

（4）建立社会资本参与土地综合整治服务清单制度。根据调研统计，75%的工商资本对当地农业产业政策并不了解，许多企业最初根本不知道自己是否能拿到设施农业用地，更不知道能拿到多少。建议因地制宜出台针对社会资本参与土地综合整治的服务指南，通过定期联席会议制度及时了解企业政策诉求，完整地列出社会资本能够享受到的系列扶持政策及其前置条件，让市场主体形成明确预期。

2. 围绕资本下乡产生的问题与风险，完善社会资本参与土地综合整治的政策监管体系

（1）从选择产业向服务产业转型。应缩小选择性产业政策的范围，建立以功能性产业政策为主的政策模式。灵活运用信息沟通和窗口指导的软性手段，通过发布行业信息规避或削弱工商企业盲目投资带来的风险。建立行业信息发布服务制度，定期、及时、详尽地收集和发布土地综合整治行业信息，这既能引导工商企业进行正确的投资，又能降低企业的信息搜寻成本。及时发布社会资本参与土地综合整治的典型经验与失败教训，为工商企业选择适合领域、商业模式、投资论证等提供参考。

（2）加快社会信用体系建设。一方面，要加快涵盖农村居民的自然人信用建设，突出自然人信用建设在社会信用体系建设中的基础性作用，依托国家人口信息资源库，建立完善自然人在经济社会活动中的信用记录，实现全域自然人信用记录全覆盖，建立失信惩戒机制。另一方面，要加强企业征信管理制度建设，加大土地整治企业诚信示范宣传和典型失信案件曝光力度，引导土地整治企业增强社会责任感。

（3）强化土地综合整治全生命周期监管。在项目立项阶段，从土地综合整治项目立项、规划审核入手，加强投资者准入审核；在项目实施阶段，加强拆旧补偿安置、农房规划建设、新房分配、土地权属调整、收益分配、资金使用等方案的审核与指导，细化落实农民在土地综合整治中的知情权、决策权、监督权和收益权；在项目验收阶段，加强对宅基地复垦数量、质量与生态三位一体的验收，加强对农民集中居住区建设质量与承诺或规划是否一致的验收，加强对拆旧补偿安置和土地权属调整是否到位的验收；在项目善后阶段，要强化产业发展、乡风文明和乡村治理等相关配套改革举措的跟进。

第 7 章　成都市农村土地综合整治与指标交易政策

7.1　建设用地指标交易的理论争鸣

7.1.1　建设用地指标交易的支持与反对

成渝地区的农村建设用地指标交易制度试验一经出现就引起了广泛关注。学术界内部的争论也相当激烈。周其仁最早关注成渝地区的指标交易试验，并发表了一系列文章从产权经济学的角度对这种制度试验给予解释，并表达了自己对成渝地区指标交易制度的强烈支持。周其仁认为，农民收入增加主要有三个来源，即出售农产品的收入、打工的收入以及分享地租上涨的收入。经过几十年的改革开放，中国农民已经得到农产品买卖和打工的权利，但绝大多数农民还是很少分享到城市化带来的地租收益[153]。原因在于我国现行的城乡二元土地制度造成了农村建设用地不能自由入市，农民享受地租收益缺少制度路径。也就是说，市场化的不足导致农民无法获得宅基地和房屋带来的财产性收入[154]。解决这一问题的途径有两个：一是对于城市近郊区的农民可以建立统一的城乡建设用地市场，实现同地、同权、同价；二是对于远郊地区的农民则可以通过买卖建设用地指标实现这一目标[155]。而成渝地区的土地指标交易制度借助增减挂钩的土地政策为级差土地收入的实现提供了制度通道和平台。在城市建设用地指标管理制度下，随着城市化的快速推进，城市建设对用地指标的需求大大增加。因此，农民可以通过指标的买卖分享城市化带来的土地收益，而成渝地区的指标交易制度恰恰为这种增收方式提供了制度支撑[156]。周其仁认为，通过这种公开的土地指标交易，可以在三个方面达到良好效果：第一，城乡空间资源得到更合理配置，即土地整治增加的农地和农村建设用地指标，经由“占补平衡”和“增减挂钩”配置到城市，促进土地资源的集约利用；第二，通过土地的级差收益，为农村土地整治提供资本，给城乡统筹提供坚实的资金基础和工作平台；第三，实现城市资本与农村闲散土地资源的良性互动，为城市扩张提供土地资源，同时让农民分享城市化红利。上述观点成立的前提主要有两个：一是把农民看作理性人，“我们再不能把农民看作是被监护对象，要承认农民和城里人一样，同样关注自己的利益，也能对环境的机会和风险做出理性反应”；二是明晰产权，即“确权”是土地流转的前提和基础[157]。

贺雪峰则旗帜鲜明地对成渝地区的指标交易试验提出了批评意见，认为建设用地的级差收益其实来自两个相当不同的方面：一是土地特定位置的级差收益，二是国家土地用途管制导致建设用地稀缺所产生的增值收益[158]，即土地价值的影响因素有两个：一是区位因素，二是现行国家土地制度，如土地用途管制制度、建设用地指标的管理制度等。他认为土地最显著的属性是不可移动性，因为区位因素的影响，城市近郊区的农民可以利用宅基地获得财产性收入，享受到城市化的红利，而对于远郊区的农民即便放开了城市到农村购房的限制，他们新房屋的价值仍然无法得到变现，因为没有人愿意到那里买房。所以，“农村宅基地这个‘沉睡的资源’变资产，除政策限制因素外，与是否参加农村土地综合整治，是否由城市向农村输入利益没有关系，而只与其区位有关系”[159]。换言之，简单的市场化并不能给农民增加财产性收入。建设用地的价格高正是国家设置的土地用途管制和建设用地指标管理所形成的稀缺效应的结果，取消用途管制或者通过各种途径增加建设用地供应反而会导致建设用地贬值。重庆市的“指标”在落地时一方面受到国家征地指标的限制，另一方面受到自身吸纳能力的限制。因此，重庆市的“地票”市场无论是价格还是供应都受到行政力量的强有力控制[160]。从实践上看，增减挂钩政策通过“拆旧”形成的建设用地指标并不会产生财富，仅仅是一种财富转移，造成了资源浪费；从理论上看，增减挂钩政策被作为一项基础政策来设计土地制度改革，假定了当前中国拥有巨量的土地财富，存在认识误区[161]。

华生认为土地增减挂钩制度实质上是“在建设用地总量平衡下土地开发权转移的一种形式”，成渝地区的土地指标交易试验并不是“土地交易市场化的自然产物，而是建设用地指标行政性管理产生的‘指标交易’”。“地票”制度是增减挂钩制度的衍生品，是对土地开发权的货币化。“地票”制度虽然让非城郊农民分享到了土地增值收益，但是也存在着六大致命缺陷：一是“地票”供给来源限制，即“地票”供给是行政组织实施而不是成渝农民的普遍拥有的自主选择的权利和市场行为；二是“地票”需求的行政附属因素；三是“地票”价值与“地票”类别的依存制约；四是“地票”市场价值的区域专用性；五是区域性与全国性“地票”市场的二律背反；六是“地票”或宅基地与农民进城落户挂钩的歧视性[162]。

7.1.2　建设用地指标交易存在的问题研究

相比于原先计划分配指标的信息不完全，重庆、成都、浙江等地相继开展的以“地票”、城乡建设用地增减挂钩指标交易为核心的建设用地指标交易实践采取市场方式自动搜集和交换信息，在一定程度上提高了指标配置效率[163]。将土地资源变为资本，既保障了城镇发展的用地需求，又使得偏远农村土地的价值得到显化，实现了建设用地指标的市场化配置[164]。不过，这些建设用地指标交易的地方实践仍然面临一系列问题：第一，耕地保护存在风险。复垦土地质量、土壤肥力难以把控[165]。第二，建设用地指标交易由政府主导。行政手段配置，农民土地权益没有得到承认[166]。第三，地方政府存在越权行为。已产生了政府为发展地方经济而片面追求增加建设用地指标、强拆强建、侵犯农民权益等问题，如浙江等地是政府定价土地指标、主导买卖，存在压价的问题[167]。第四，“地票”初级所有者通过指标交易所分得的土地增值收益太少，政府占有的土地增值利益过大[168]。指标转让价格普遍较低，发达地区能够以极其低廉的价格获得偏远农村地区的建设用地指标，损害了农民的利益[169]。第五，由于农民没有获得合理的复垦收益，没有形成有效激励，指标供给困难[170]。第六，受土地利用总体规划、主体功能区规划等的制约，有指标供给潜力的地区比较分散且位于农村地区，而指标需求方集中在城市周边，导致指标供给方和需求方不匹配，指标交易范围有限。可见，现行集体建设用地指标交易制度中，指标交易平台的缺失、指标交易对象的不确定以及土地市场的政府垄断与收益分配机制的不完善给农民造成了巨大损失[171]。

7.1.3 建设用地指标交易的政策创新研究

随着建设用地指标交易的发展以及问题的凸显，如何促使建设用地指标交易制度的完善尤为重要。已有研究提出了政策创新的建议，主要有 5 点：第一，建立统一规范的建设用地指标交易平台。所有的建设用地指标交易都必须在规定的交易场所内进行，并通过公开竞价实现公平透明交易[172]。第二，制定合理均衡的收益分配机制。只有建设用地指标交易收益分配机制合理，农民和农村集体才能受到经济利益激励供给更多的指标，进而形成更有效率的交易市场，保障集体经济组织和农民的权益，保证正常指标交易的开展。吴胜利认为，通过宅基地及其附属设施用地整理复垦产生的节余建设用地指标，经指标交易获得的收益应在扣除成本后全部归属原宅基地使用权人所有，农村集体经济组织不得参与此类收益分配[173]。相应地，有学者提出应按照产权关系，对收益分配主体、分配比例进行清楚界定，完善集体建设用地指标交易基准价格和收益测算方法体系，通过提高拆迁复垦补偿标准和建设用地指标交易价格，推行村级“留地”制度，缩小城乡之间的收益差距[174]。同时，将征收的集体土地流转税横向用于补贴偏远农村地区，从而缩小其与近郊农村间的收益差异，确保指标交易收益的大部分归农民所有[175]。而诸培新等则认为，收益分配机制改革不应仅仅局限于对分配规则的简单修改，而应集中于混合域博弈参数的修改，缩小地方政府可行的行动空间，完善农地产权制度，解决农村土地处置权和收益权的归属问题[176]。第三，制定明确的产权体系。目前我国集体建设用地指标交易过程中的产权界定较为模糊，产权交易费用未达到最小化，应尽快制定相关准则，明确参与收益分配的各产权主体关系，保障指标交易各方的合法经济权益[177]。第四，构建建设用地指标交易监督机制。农户是否在完全自愿的情况下参与宅基地整理复垦，复垦产生的耕地的质量、数量是否符合要求等都需要进行监督，应建立完善的监督机制，集政府、媒体和其他舆论机构监督为一体，保障建设用地指标交易的正常运行[178]。第五，建立科学的公众参与机制，实现建设用地指标交易的市场化。赋予农民在建设用地指标交易中更完善的知情权、参与权、选择权和话语权，使农民意愿得到充分体现[179]。鼓励农民直接参与建设用地指标交易，由农村集体经济组织出面，减少指标交易过程中的委托代理和行政干预问题，建设用地指标由市场公平竞价，保障农民合法权益。还有学者提出可借鉴开发权交易，允许用地指标在全国范围内自由交易，从而实现社会经济的帕累托改进[180]。

7.2　国内部分省市建设用地指标交易政策探索

7.2.1　重庆市的“地票”交易

2007 年，国务院批准重庆为全国统筹城乡综合配套改革试验区，允许其根据地方实际情况开拓创新，深化改革，先试先行，为全国统筹城乡发展提供经验和借鉴。2008 年 11 月，重庆市人民政府第 22 次常务会议通过《重庆农村土地交易所管理暂行办法》，同年 12 月 4 日，重庆市农村土地交易所挂牌[181]。

“地票”是一种权利凭证，其交易对象是在农户和农村集体经济组织完全自愿的前提下，将农村建设用地复垦为耕地，经过严格验收且留足农村发展空间之后，形成的建设用地指标。重庆“地票”是指《重庆市地票管理办法》中规定的“指标”的表现形式，该“指标”全称为“建设用地挂钩指标”，是根据非农业建设占用耕地“占一补一”的要求，立足于耕地总量动态平衡，将农村宅基地及其附属设施用地、乡镇企业用地、农村公共设施、农村公益事业用地等农村集体建设用地和部分荒地，经过复垦和扣除拆迁安置占地，并经土地管理部门严格验收后产生的城乡建设用地增减挂钩指标。随着“地票”交易制度的发展，重庆经营性用地将不再使用国家下拨的建设用地计划指标，而这些计划指标将用于基础设施、工业园区等公益性用地。“地票”的出现，使得农村建设用地和城镇建设用地有了“挂钩”之处，而“地票”交易市场的建立，更为“携地入市”提供了现实可能性[182]。2018 年，重庆市全年成交“地票”40566 亩、75.2 亿元，均价 18.54 万元/亩，其中，初次交易 37104 亩、69.01 亿元，同比分别增长 5.68%、5.25%。全年初次交易“地票”来源于 27 个区县，有 78.16%来源于渝东北片区和渝东南片区，分别为 21336 亩、7665 亩；渝西片区 7675 亩，占比 20.69%；主城片区 428 亩，仅占 1.15%。12 个贫困区县提交的 21296 亩“地票”全部成交。从“地票”购买单位区域分布看，主城片区购买“地票”15380 亩，占比 37.91%；渝西片区购买 17366 亩，占比 42.81%；渝东北片区购买 5390 亩，占比 13.29%；渝东南片区购买 2430 亩，占比 5.99%。江津、巴南、璧山、南川 4 个区购买面积均超过 2000 亩，分别为 5205 亩、3069 亩、2757 亩、2570 亩。全年使用“地票”40409 亩，同比增长 15.36%，其中土地转用环节使用“地票”286 宗、34498 亩；土地出让环节补充使用“地票”100 宗、5911 亩。主城片区使用“地票”18558 亩，占比 45.93%；渝西片区使用“地票”13635 亩，占比 33.74%；渝东北、渝东南片区使用“地票”8216 亩，占比 20.33%[①]。

重庆“地票”的运作主要是建设用地需求主体（城市）和供给主体（农村）之间对建设用地指标进行交易的一种票证化过程，其主要运行程序包括四大环节：申请复垦、整理验收、市场交易和城区使用“地票”。在申请复垦环节，经过 2/3 以上的村民同意，向有关部门申请将规划范围内的农村集体建设用地复垦为耕地，诸如农村宅基地、乡镇企业用地、农村公共设施和公益事业用地等农村集体建设用地均属于可复垦范围，批准之后进行土地整理与复垦。这样才能做到“先造地，后用地”，保证重庆市域范围内耕地面积总量不减少。在整理验收环节，由土地行政主管部门根据相关规定，对复垦整理的耕地进行评估与验收，扣除农民安置用地与留用的集体事业用地指标后，将其余复垦土地面积确定为待流转的农村建设用地指标，并发给原土地使用权人相应面积的“地票”。在市场交易环节，经过 2/3 以上的村民同意，将指标拿到重庆市农村土地交易所交易，其让渡人获得交易价款，受让人获得城市建设用地指标。因此，严格说来，重庆的“地票”交易，不是土地使用权的交易，而是农村建设用地权转为城市建设用地权的指标交易。在城区使用环节，“地票”交易必须在重庆市农村土地交易所进行。“地票”受让人可根据所购买的“地票”额度，将郊县农村建设用地指标或城市远郊区农村建设用地指标“飞”到城市近郊区，在规划区域内征地，实现建设用地的城乡空间置换，获得近郊区的土地进行项目建设。

“地票”收益的分配以“地票”本身的产权结构为依据进行。“地票”来源于农村集体建设用地，特别是农村的宅基地。而在城乡二元土地制度框架下，农村宅基地的所有人是村集体，使用权人则是农民。在这种产权结构中并没有政府的位置，区县、乡镇政府只是参与了“地票”生产的环节，支付了“地票”生产的相关成本。所以，重庆市政府认为“地票”交易获得的收益应该区分为复垦成本与净收益两部分[183]。扣除复垦费用之后，剩余的“地票”净价款则在农村建设用

① 数据来源：重庆市农村产权交易所。

地的相关权利人之间分配。具体而言，如果复垦的是宅基地，那么“地票”价款在作为土地使用权人的农户和作为土地所有权人的村集体之间进行分成；如果复垦的土地是农村公共设施、公益事业用地或者使用权没有归属的土地，村集体将获得全部“地票”价款；如果复垦土地是乡镇企业用地，那么“地票”价款由使用权人和村集体协商分配。

7.2.2　河南省的“复垦券”交易

2015 年底，河南省有 38 个国家级贫困县、15 个省级贫困县，贫困县占到全省县（市）的一半，贫困人口总量 430 万人，居全国第 4 位，且大部分集中在太行山区、大别山区、伏牛山区、黄河滩区等“三山一滩”地区，脱贫攻坚任务尤为艰巨，而且越往后脱贫难度越大，贫困地区所面临的筹资难是不可回避的问题。2016 年，原国土资源部出台了《关于用好用活增减挂钩政策积极支持扶贫开发及易地扶贫搬迁工作的通知》（国土资规〔2016〕2 号），规定“集中连片特困地区、国家扶贫开发工作重点县和开展易地扶贫搬迁的贫困老区开展增减挂钩的，可将增减挂钩节余指标在省域范围内流转使用，充分发挥国土资源超常规政策特别是城乡建设用地增减挂钩政策对扶贫开发及易地扶贫搬迁的支持促进作用”。为充分挖掘这项政策中的“真金白银”，开辟脱贫攻坚筹资新渠道，支持打赢脱贫攻坚战，2016 年 12 月，河南省创造性地建立了宅基地复垦券制度。

复垦券是指贫困县和纳入黄河滩区居民迁建规划地区腾退的宅基地及其他农村集体建设用地扣除自身安置用地后节余的农村建设用地指标，其实质仍是增减挂钩节余指标。复垦券分为 A、B 两类。A 类复垦券是由易地扶贫搬迁贫困户、同步搬迁户以及黄河滩区居民迁建后宅基地及相应的其他农村建设用地拆旧复垦所产生的，主要由郑州市市内五区和郑东新区、郑州经济开发区、郑州高新区范围内参与竞拍新增商品住宅用地和因规划用途调整为商品住宅用地的房地产企业（民生项目安置用地除外）竞拍土地时使用；B 类复垦券是由其他农村集体建设用地拆旧复垦产生的，可由全省范围内县（市、区）政府以及政府批准的园区使用。

宅基地复垦券制度一经实施，即释放了强劲的政策创新红利，在脱贫攻坚、易地扶贫搬迁和黄河滩区居民迁建中发挥了重要作用。一是重点支持了易地扶贫搬迁和黄河滩区居民迁建工作。易地扶贫搬迁是河南省脱贫攻坚的重中之重，黄河滩区居民迁建是河南省的一项重大民生工程，这两项工作都面临着资金需求大、搬迁群众后续发展难等问题。截至 2020 年 9 月，河南省累计交易宅基地复垦券 18.91 万亩，收益 351.98 亿元，参加复垦券交易的 49 个县县均收益 7.18 亿元，其中收益最高的淮滨县达到 19.8 亿元，相当于该县约 4 年的财政收入之和。复垦券还为黄河滩区居民迁建筹集资金 48.05 亿元，占总投资的 33%，惠及 29 万搬迁群众，在实现群众“稳得住、可致富”方面提供了重要资金支持。二是充分激活了市场的积极性。通过制度设计，将郑州市部分区域商品住宅用地纳入 A 类复垦券的使用范围，既解决了郑州市用地指标不足的问题，又激活了市场需求；通过综合考虑脱贫攻坚需要、指标产生成本、企业成本、交易可持续性等因素，设定了 A 类复垦券 30 万/亩、B 类复垦券 20 万/亩的最高限价，在促进交易市场积极性的同时，又对交易价格起到了稳定作用。三是增强了搬迁群众发展后劲。通过将易地扶贫搬迁产生 A 类复垦券收益溢出 15 万/亩部分进行投资理财，每年通过“一卡通”系统返还搬迁群众投资收益，委托期满后再一次性返还本金，为群众后续发展提供了持续资金保障，也调动了群众搬迁腾退旧宅的积极性，进而推动了后续拆旧复垦工作。对迁出区的耕地、林地、园地和具有保护开发价值的旧宅，统一进行收储、流转和综合开发经营，收益主要用于返还搬迁群众，帮助搬迁群众“稳得住、逐步能致富”。

7.2.3 义乌市的“集地券”交易

浙江省义乌市在被列为农村土地制度改革试点地区以来，按照中央“探索在县域范围内通过土地整治统筹利用农村闲置宅基地的制度安排”的顶层设计，结合区域经济社会发展实际，积极探索农村地区建设用地自愿有偿退出机制，在借鉴重庆“地票”等模式基础上，创新出台了“集地券”制度和相关政策细则。

“集地券”制度是义乌市将全市范围内农村地区的零星建设用地复垦为耕地等农用地，经验收合格后折算成的建设用地指标，以“集地券”的形式统筹使用的一种措施。通过“集地券”制度，义乌市对废弃闲置的农村低效建设用地进行复垦，腾退的建设用地指标和耕地指标在全市统筹使用，谋划实施全域城镇化战略。“集地券”的主要来源：一是宅基地使用权人自愿退出宅基地并复垦为耕地等农用地，产生的“集地券”归宅基地使用权人持有，其收益在扣除村级集体经济组织计提纯收益的 10%之外归宅基地使用权人所有；二是农村因拆迁安置或实施旧村改造、空心村改造、易地奔小康、更新改造等新农村建设退出的宅基地复垦为耕地等农用地，若新农村建设地块新增建设用地大于复垦退出宅基地的，产生的“集地券”归政府持有；若小于复垦退出宅基地的，差额部分“集地券”归村集体经济组织持有；三是废弃工矿等其他建设用地复垦为耕地等农用地，若是集体土地，产生的“集地券”归村集体经济组织持有，若是国有土地，产生的“集地券”归政府持有；四是因参加城乡新社区集聚建设退出的宅基地复垦为耕地等农用地，产生的“集地券”归政府持有；五是异地调剂的增减挂钩指标和通过“人地挂钩”方式转移的建设用地指标，产生的“集地券”归政府持有。

“集地券”收益分配方面，义乌市每年根据“集地券”的取得成本等因素确定并公布“集地券”指导价格，2017 年政府回购指导价为 40 万元/亩。归政府持有的“集地券”按 20 万元/亩的价格向所在镇（街道）收购。村级集体经济组织和宅基地使用权人将持有的“集地券”交易后，镇（街道）在“集地券”成交价款中扣除土地整治等成本，再按照下列原则支付给权利人：①村级集体经济组织持有的“集地券”初次交易所获得的收益，归村级集体经济组织所有；②宅基地使用权人持有的“集地券”初次交易获得的收益，归宅基地使用权人所有，市政府同时按 4 万元/亩的标准奖励村级集体经济组织；③各镇（街道）范围内产生的“集地券”，市政府按照形成总量的 40%给予新增建设用地计划指标奖励。截至 2018 年 3 月，义乌市已建立了“集地券”项目储备库，立项“集地券”项目 149 个、面积 2180 亩，涉及退出农村建设用地 133 个，平均每个项目 14.63 亩。政府已回购“集地券”994.2 亩，已为农民和村级集体经济组织累计增加收入 3.98 亿元①。

“集地券”在使用上具有新增建设用地指标和耕地占补平衡指标两项功能，使用“集地券”办理农用地转用的，无须缴纳新增建设用地有偿使用费和耕地开垦费。根据社会经济发展需要，义乌市政府统筹安排各类项目使用“集地券”办理农用地转用报批，并可根据实际情况对项目类型进行调整。国有经营性建设用地使用“集地券”办理农用地转用报批的，出让方可以在出让公告中约定。

“集地券”制度特点鲜明，集中表现在以下几方面。第一，复垦后耕种利用率高。义乌市鼓励以集体经济组织为主体成片复垦，或者多个权利人联合集中连片复垦，复垦的宅基地集中连片达到标准要求，确保复垦后的宅基地具有耕种价值，从源头上杜绝了单个农户宅基地复垦再利用价值低且不利于管理的问题。第二，市场化程度更高。“集地券”持有人可以利用“集地券”向金融机构申请质押贷款，充分体现“集地券”的金融功能和价值。在政府设定的交易平台，采用挂牌或者拍卖方式自由交易流转“集地券”。第三，政府实行兜底政策。农民退出宅基地形成的“集地券”由政府按 40 万元/亩保护价回购，保障了农户的合法权益。义乌市的“集地券”制度充分吸收了以往建设用地指标各类交易制度的经验，从指标产生到交易再到利益分配各个环节的各项制度设计更加规范科学，市场化程度更高，是城乡建设用地增减挂钩的升级版和新形态[184]。

① 数据来源于义乌产权交易所。

7.2.4 南海区的“地券”交易

在我国城镇化进程中，农民大量进城务工，使得农村出现了大量闲置或低效的建设用地和荒废的农用地，由于历史原因及时代发展的局限性，城市也存在部分低效的建设用地[185]。粤港澳大湾区城市普遍面临“土地资源局限”，重点城市土地开发强度普遍较高，其 9 个城市中有 5 个城市（广州、深圳、珠海、佛山、东莞）的土地供应趋于减缩，有 4 个城市土地开发强度超过 30%。其中，深圳、东莞超过 45%，珠海、佛山在 35%左右[186]。就佛山而言，国有土地不足以支撑城市发展，如南海区建设用地碎片化严重，685 个村级工业园占据了大量用地空间。2018 年 3 月，佛山市南海区人民政府颁布了《佛山市南海区地券管理暂行办法》，成为广东省首试“地券”制度的地区。城市土地开发强度过大制约了城市的可持续发展，通过复垦低效建设用地，增加建设用地指标，可以极大地缓解城市土地指标短缺的压力。“地券”市场化，可以加速低效建设用地复垦和开发商获取建设用地指标，从而加速城市建设和城镇化进程[187]。

“地券”是指土地权利人自愿将其建设用地按规定复垦为农用地后，依据城乡建设用地增减挂钩相关政策形成的建设用地指标，这种指标可以在南海区范围内进行交易及使用。与重庆、成都模式的不同之处在于，南海新推的“地券”针对的建设用地不仅仅是宅基地和空心村，而是直指村级工业园。“地券”的竞购主体也更加丰富，南海的探索将更易于推广、复制。南海“地券”出让主体是通过建设用地复垦，取得《建设用地退出证明书》的土地权利人，但土地权利人须委托所在地镇人民政府（街道办事处）申请出让“地券”。“地券”竞购主体包括区土地房屋征收部门、镇人民政府（街道办事处）、农村集体经济组织。区公共资源交易管理委员会土地交易专责组根据市场供需等综合因素确定“地券”交易底价。“地券”交易可采取招标、挂牌、拍卖方式进行。其中，可根据实际发展需求安排不超过 30%的“地券”由本镇（街道）统筹使用，剩余“地券”需通过区公共交易平台公开交易。“地券”出让主体不能同时作为竞购主体出现在同一批次交易中。“地券”权利人可以一次性使用或分割使用“地券”，不得私下转让。签订“地券”交易合同后一年内，受让方应组织办理用地报批手续，逾期不允许继续参与“地券”交易。

南海“地券”制度的创新之处在于，以往“增减挂钩”是“点对点”形式，在指标腾出时已确定要落到何处，而“地券”制度则是“点对多”形式。南海区国土城建和水务局相关负责人表示，这可以理解为“异地版的‘三旧’改造”和“市场化的增减挂钩”，将不适合提升改造的区域复垦为耕地，腾出的指标用于适合改造区域的产城建设，同时通过交易来使土地资源配置市场化，从而提高土地的利用效率。

各地区模式对比见表 7-1。

表 7-1 各地区模式对比

名称	生成来源	利益分配	使用方式	市场化程度
重庆“地票”	农村宅基地及其附属设施用地、乡镇企业用地、农村公共设施和农村公益事业用地等农村集体建设用地和部分荒地	扣除成本、以产权为依据	“地票”受让人可根据所购买的“地票”额度，获得近郊区土地开发建设权	前期政府主导，“地票”交易环节高度市场化
成都指标	农村土地综合整治项目节余的建设用地面积	倾向于住宅安置、农村公共服务设施提档升级	持证准用、持证报征	前期社会资本参与，市场化程度较高。交易环节行政定价
河南“复垦券”	宅基地及其他农村集体建设用地扣除自身安置用地后节余的农村建设用地指标	倾向于农民住房保障	脱贫攻坚、易地扶贫搬迁和黄河滩区搬迁，不同“复垦券”落地上实施住宅与工业园区两条线	政府主导，交易环节底价竞买、最高限价
义乌“集地券”	宅基地、新农村建设退出的宅基地复垦为耕地等农用地、农村地区废弃工矿等其他建设用地、异地调剂的增减挂钩指标和通过“人地挂钩”方式转移的建设用地指标	扣除成本以产权为依据	持券准入、融资抵押	前期政府主导，交易环节采取竞买方式，实施最低限价
南海区“地券”	宅基地、集体公益设施用地、村级工业园区	扣除成本以产权为依据	腾退指标用于产城建设。持有“地券”可分割使用	允许前期国有企业与村集体合作，在交易环节实施最低限价

7.3 成都市建设用地指标交易分析

7.3.1 指标交易政策的主要内容

成都市指标交易政策的主要内容如下。

（1）指标的产生。通过实施土地整治项目，整理农村集体建设用地（包括宅基地及其附属设施、乡镇企业用地、农村公共设施和公益事业建设用地等）并复垦为耕地，扣除农民集中居住区占地、预留给农民集体的发展用地以及有效新增耕地面积后，经验收合格节余的建设用地面积，即建设用地指标。由成都市国土资源局登记并发放《建设用地指标证书》。指标证书载明验收合格证号，做到产生地、面积、验收项目等各项数据信息和档案资料完备，可溯源和复核。按规定直接使用节余集体建设用地的，不发放《建设用地指标证书》。

（2）指标的取得。建设用地指标可通过实施整治项目和市场交易两种方式取得。自然人、法人和其他组织，均可到农交所参与建设用地指标购买，取得建设用地指标。

（3）指标的交易。投资者投资土地综合整治项目取得的建设用地指标，可以自用，也可以出售。需要交易的，应当在农交所公开交易。其中，建设用地指标自交易、登记生效之日起 2 年内有效，在有效期内，不得再次转让，但可以分割、合并使用，建设用地指标权利人可根据《建设用地指标交易成交确认书》或《国有经营性建设用地使用权出让成交确认书》，申请《建设用地指标证书》变更登记。在规定期限内未使用的，由成都市人民政府指定的机构按建设用地指标当年最低保护价回购。建设用地指标的最低保护价在考虑实施农村土地综合整治项目的成本，包括农村基础设施建设、公共服务配套、农房建设的“四性”要求等基础上，由成都市人民政府每年 1 月 1 日确定并公布。2011 年建设用地指标的最低保护价为每亩 18 万元。

（4）指标的用途。建设用地指标作为国有经营性建设用地首次出让的“准用”条件。成都市中心城区、二圈层区县（含青白江区）的国有经营性建设用地（不含工业用地）使用权首次出让，竞得人须持有相应面积的建设用地指标签订《国有建设用地使用权出让合同》；三圈层县（市）的国有经营性建设用地（不含工业用地）使用权首次出让，竞得人在签订《国有建设用地使用权出让合同》时，须按照市政府确定的建设用地指标当年最低保护价标准，缴纳竞买宗地相应面积的建设用地指标价款。成都市范围内城镇改造整理出的国有经营性建设用地使用权出让（非首次供应），竞得人不需持有建设用地指标，也不缴纳建设用地指标价款。

（5）指标的收益分配。农民集体和农户自行实施农村土地综合整治项目，收益归农民集体和农户所有；农民集体和农户委托投资者、政府土地整治专业机构实施农村土地综合整治项目的，节余建设用地指标的收益由双方按合同约定分享。建设用地指标交易后，由供给方按成交价款的 10%缴纳基础设施配套费。建设用地指标就地使用等不在农交所交易的，按协议价格或最低保护价的 10%缴纳基础设施配套费。基础设施配套费由成都市人民政府收取，返还给整治项目所在区（市）县政府，统筹用于农村的基础设施建设。整治项目的规划、勘测、设计、复垦、验收等必要费用，以及农民集中居住区范围内的基础设施及公共服务设施建设等费用的分担，由农民集体和农户与投资者约定。农民集体和农户自筹资金实施整治项目的，由参与集中居住的农户分摊。其余收益的分配要充分运用农村产权制度改革成果，具体分配方案由农民集体和参与整治项目的农户自主决定。对放弃宅基地，同时不在农民集中居住区建房的农户，经农民集体同意，可按照建设用地指标出让价格和其实际复垦的宅基地面积进行分配，但要扣除宅基地复垦等必要费用。

7.3.2　指标交易政策的实施与问题

建设用地指标交易制度实行以来，对调动农民集体和农户以及社会投资者参与农村土地综合整治发挥了积极的作用。当时成都市已经涌现出一些由农民集体和农户及社会投资者投资实施的土地综合整治项目，并通过指标交易实现了投资回报，大大促进了城乡融合发展和乡村振兴。据成都农村产权交易所的资料统计，2011 年 5 月至 2017 年 4 月，在成都农村产权交易所挂牌交易指标的企业 73 家，购买指标的企业 591 家；建设用地指标交易成交 894 宗、49345 亩、148 亿元，成交单价 30 万元/亩（表 7-2）。

表 7-2　成都市建设用地指标交易总体情况

年份	投资者/家	购买者/家	单价/(万元/亩)	交易宗数/宗	交易量/亩	交易金额/万元
2011	2	46	30	64	4449.9609	133498.827
2012	3	110	30	147	8792.2314	263766.942
2013	4	131	30	164	9320.4947	279614.841
2014	9	102	30	163	8899.9671	266999.013
2015	25	100	30	179	8903.5138	267105.414
2016	21	85	30	137	6678.2328	200346.984
2017	9	17	30	40	2300.7092	69021.276
合计	73	591		894	49345.11	1480353.297

但是，受国发〔2010〕47 号文件的政策制约，以及未得到四川省人民政府的正式批复，加之实践中出现的一些问题等，成都市建设用地指标交易政策自 2011 年 4 月以来一直未再修改完善，相反，重庆、河南、浙江义乌、广东南海等地则逐步实行了指标交易政策并日臻完善。成都市建设用地指标交易政策主要存在以下几个方面的问题。

（1）没有实现指标在市域范围内公开交易。目前，除灾后重建项目外，其他挂钩项目只能在县域范围内设置项目区，实施整治项目节余的建设用地指标无法在市域范围内统筹使用。

（2）没有建立起指标价格的市场化形成机制。从 2011 年市政府将指标交易价格确定为 30 万元/亩至今，一直没有调整。近年来，随着整治成本的逐步上升，不少地方的项目实施成本已超过 30 万元/亩。因成本和收益难以平衡，许多已经立项的项目无法实施或进展缓慢。因价格固定不变，不由市场供求决定，社会投资者对投资土地整治项目的前景不看好。

（3）指标需求量大幅缩减。主要原因包括：宏观经济下行与房地产调控，导致国有经营性建设用地特别是房地产用地需求萎缩；近年来通过规划调整等措施，又增加了新增建设用地规模和年度用地计划指标，导致对增减挂钩周转指标的需求下降；三圈层县市、天府新区以及一些重大产业项目因各种原因没有适用持证准用制度等。这些因素导致指标供给呈现出相对过剩的格局，销售需要等待较长时间，资金占用利息成本明显增加。

（4）受增减挂钩项目管理方式约束。指标交易按照增减挂钩的项目管理方式开展，拆旧区与建新区需要一一对应，实行封闭式、计划式管理，与市场交易的规律不符。因农民意愿变化、政府规划调整、企业用地需求变化等，经常导致要调整项目拆旧区与建新区，变更程序如同立项程序一样需要“一上一下”报批，延长了项目实施周期，增加了制度性交易成本，耗散了土地增值收益。

（5）指标交易的市场结构不合理。在国际上，通常用赫芬达尔—赫希曼指数（Herfindahl-Hirschman index，HHI）来测量产业集中度。该指数是指一个行业中各市场竞争主体所占行业总收入或总资产百分比的平方和，用来计量市场份额的变化，即市场中厂商规模的离散度。依据美国司法部的标准（表 7-3），根据农村产权交易所提供的数据计算，成都市指标交易市场的 HHI＝0.42043，将 0.42043 扩大 10000 倍后远远大于 3000。所以，成都市建设用地指标交易市场的市场结构是高寡占 I 型市场。成都建设用地指标交易市场中占有市场份额最大的是成都市土地储备中心，其成交量占总成交量的 63.93%；其次是成都翔达土地整治公司，占比 8.73%；之后是成都锐禾土地整治公司，占比 4.68%（图 7-1）。这种寡占型的市场结构形成了很高的进入壁垒，使得中小型民营企业进入不足，市场化程度不高，市场竞争不充分，从而降低了市场经济运行的活力和效率。

表 7-3　以 HHI 值为基准的市场结构分类

市场结构	寡占型				竞争型	
	高寡占 I 型	高寡占 II 型	低寡占 I 型	低寡占 II 型	竞争 I 型	竞争 II 型
HHI 值	HHI≥3000	3000＞HHI≥1800	1800＞HHI≥1400	1400＞HHI≥1000	1000＞HHI≥500	500＞HHI

总的来看，成都市探索开展指标交易，触到了问题的关键点，抓住了“牛鼻子”，改革方向也是正确的，但因理论认识、制度设计、政策争取以及实践操作等多方面问题，导致实践效果并未达到改革的初衷。

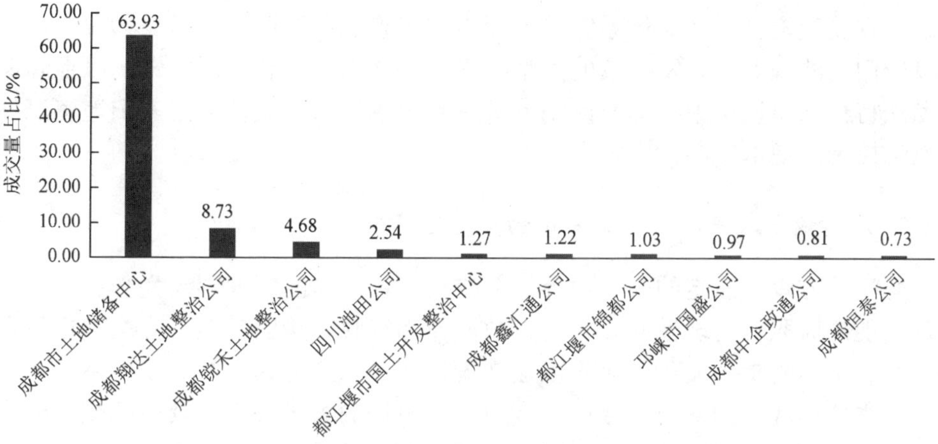

图 7-1　成都市建设用地指标交易市场占有量

7.4　完善建设用地指标交易政策的思考

从指标交易的制度功能和实践成效看，将地方经验总结上升为制度规范，实现其法制化和规范化发展成为必然趋势。针对既有的制度局限，应当在以下方面做出积极应对。

1. 明确建设用地指标交易的法律属性

法律属性是法律制度研究中的核心问题，是构建和完善法律制度的基础。因此，完善指标交易制度的首要任务是明确建设用地指标所承载的权利及指标交易的法律属性。第一，建设用地指标交易具有公私兼容性。从指标生成及交易的全过程看，其绝非一项纯粹的私法权利或传统的行政权力，而是公法与私法交错调整、公权与私权共同塑造的复杂过程[188]，具有明显的公私兼容性。从专项规划、项目申请、复垦验收乃至核发指标，各个阶段都有政府的介入，政府的行政许可是建设用地指标生成的直接原因。第二，指标交易在本质上是土地发展权的转移。从立法论视角看，可以用土地发展权阐释建设用地指标权利的本质，将其确立为一项独立的用益物权。土地发展权的定义在国际上较为统一，指基于土地开发利用形成的一系列权利[189]，旨在解决土地用途变更和土地利用集约度提高之权利归属的制度安排[190]。尽管我国未在法律制度中言明这一独立的财产权，但在强大的国家管制权作用下，我国“却近乎采取了土地发展权国有模式”[191]。建设用地指标交易实则是将包含于集体建设用地的土地发展权分离，并通过市场交易移转至新的地块上用于开发建设，实现土地用途的转换，与土地发展权的本质相吻合。

因此，宜在我国物权法律体系完善过程中，明确土地发展权的用益物权属性，同时以专门的法规对土地发展权的类型、交易、使用等内容加以规定，以保障兼具公私法特性的建设用地指标交易制度既具有市场活力，又符合国家土地资源保护和风险控制的基本方向[192]。

2. 厘清地方政府在指标交易中的权责边界

厘清地方政府法定的权责边界，并推动指标交易的制度创新为当务之急。首先，实现政府职能的理性回归。地方政府作为行政力量的代表，应准确定位自己的角色和承担的责任义务，明确以宏观调控和市场监管为主的职权体系。宏观调控职能主要体现为预估交易区域范围内土地市场的供求关系以及指标交易的供应和需求总量，制定相应的制度规范来对指标交易的最低保护价格及地区指标交易总量实施调控[193]。实现优化土地利用布局和结构，促进资源高效利用和产业结构调整的宏观目标。行使市场监管职能应当注重：一是明晰各参与主体在指标生成、交易、使用过程中的权利义务及法律责任。二是健全指标交易市场动态监测机制，维系交易安全和市场稳定。其次，规范地方政府和指标交易平台的权利义务关系。实现交易平台组织形态和机构职能的独立。推动交易平台建成营利性企业法人，而非地方政府的“代言人”，将有助于指标价值的最大化，实现指标的优化配置。构建地方政府与交易平台之间的合作监管机制。交易平台作为交易组织中介，具有审核交易双方资质、记录指标供需数量、成交价格与数量以及公示交易信息和交易双方信用等功能。这不仅将为地方政府的宏观调控和市场监管提供直接依据，还可据此借鉴证券交易所的法律属性，完善交易平台“自律监管”的功能，将其自律监管纳入法律框架下的“法定自律”[194]，成为政府监管的有效补充，形成政府监管和自律监管相结合的合作监管机制。政府监管的重心主要在宏观层面，以确定市场交易的总量；自律监管主要注重市场交易的微观层面，可尝试设立电子土地指标交易系统，形成规范高效的交易流程和信息公示体系等，为指标交易的规范化、法制化提供制度保障。

3. 构建跨区域的指标交易与使用机制

打破指标不能跨县域交易的限制，允许指标在省域范围内交易并逐步开展特定情形下跨省域的指标交易是制度完善的必然选择。首先，破除指标县域流转的限制，建立指标跨区域市场配置的法律规范。随着指标交易制度的不断深化和完善，限制其跨县域流转不仅构成对指标用益物权权能的不当束缚，更有碍于指标交易的市场化、规范化。指标的生成和交易不仅是推动扶贫开发和易地搬迁的政策工具，更是一项兼具土地用途管制市场化机制创新、农地资本化模式创新以及土地资源优化配置功能创新的系统工程。因此，不应当局限于政策扶贫口径下允许指标跨区域交易，而是在符合规划和土地用途管制的前提下，允许指标在省域范围内跨县交易。这种跨区域的指标交易完全符合土地管理制度改革的封闭运行、风险可控原则[195]。此外，可以有条件地开展跨省的指标交易，探索建立全国性的指标交易平台，以最大限度地释放指标的真实价值和显化土地的财产价值。其次，完善指标跨县域交易的风险防范机制。建设用地指标是一种具有公共产品属性的特定物，因此，在消除指标跨县域交易区域限制的同时，必须完善相应的风险防范机制。最后，统筹确定指标的年度最大竞买比例。建设用地指标的区域流动旨在化解区域之间耕地保护和经济发展间的冲突，但经济发达地区不能无限制地向其他地区购买建设用地指标，否则会破坏区域内生态平衡[196]，进而导致指标所承载的土地发展权持续外流，造成城乡差距和东西差距的不断扩大。在允许各省根据本区域内土地供需总量、建设用地利用效率等因素自行决定生成指标的配置范围和方式的基础上，应设置年度区域内建设用地指标购买总量的最大比例，以对指标的跨区域交易进行必要限制，防范指标交易的目标异化。

第 8 章　成都市土地综合整治助推乡村振兴的典型案例

8.1　邛崃冉义镇全域整治整镇推进农业现代化

8.1.1　冉义镇基本情况

冉义镇（现高埂街道）位于成都市西南方，地处邛崃市东北部，距邛崃市区 32km。2019 年，全镇面积 35.98km^2，辖 11 个行政村（社区），耕地面积 29481 亩，共 9356 户，30688 人，人均宅基地面积约 532m^2。因全镇地势平坦，土壤肥沃、水源丰富，素有“义渡冉场”和“贡米之乡”的美称，属于传统的农业乡镇。虽然冉义镇的传统农业发展态势很好，但由于地理位置偏僻，经济发展也仅是依靠传统农业，当地农民较为贫穷，生产生活条件较差。因此当地农民改变当前境遇的愿望十分强烈，参与土地整治项目的积极性高。在项目建设之前，冉义镇政府向农民进行了宣传与征询，当时就有约 50%的农民表示愿意参加到项目中，希望能通过项目改善居住环境。

8.1.2　土地综合整治情况

冉义镇 2012 年开始进行土地综合整治，于 2013 年 1 月正式立项，涉及 11 个增减挂钩、2 个提档升级、1 个全面整治，总投资约为 15.7 亿元。项目规划了三个新区，分别为集镇新区、火星新村和英汉新村。从全镇范围看，农户超过 9100 户，已集中安置 6733 户，参与率为 74%，新居占地面积 2km^2。截至目前，已完成所有房屋建设验收工作，农民如期搬进新居。建成 39000 亩高标准基本农田，节余建设用地指标 4500 亩，新增有效耕地面积约 870 亩。三个新区中，英汉新村按照“小组微生”理念规划建设，于 2014 年建成。新村综合占地面积 200 亩，建设用地面积 90 亩，共修建民居 268 栋，入住居民 941 人。

1. 整镇推进新村建设

整镇推进是指在全镇规划的基础上统筹安排各村建设，实现农民更大规模的集中居住及土地适度规模的流转与经营，促进村镇经济联动发展。与以村为单位的整治模式相比，整镇推进模式的优势主要体现在以下三点：一是有利于建设万亩高标准基本农田。整镇推进模式能够更好地满足对高标准基本农田集中连片、设施配套、高产稳产、生态良好、抗灾能力强的要求。同时，也能实现土地更大规模的集中，以满足当地业主流转上千亩土地的需求。二是有利于镇域经济发展。项目实施后人口向场镇集中，给场镇带来了人气，随着村民陆续搬进集镇新区，这里有了更多的商机与活力，为商贸业的发展提供了契机。三是有利于“小组微生”的建设。在项目实施过程中，由于场镇人均综合占地面积相对较小，满足不了对田园生活的追求，存在不愿意到场镇集中居住的情况。为了共享发展成果，冉义镇规划设计了“小组微生”聚居点。通过全镇统筹，解决面积指标与资金问题，使其具备了建设条件。冉义镇集中居住区人均综合占地面积的标准为 $60m^2$，英汉新村的房屋设计使得其实际人均综合占地面积超过了这个标准。正是因为整镇推进，从全镇范围协调人均综合占地，才使得英汉新村的“小组微生”有了建设的空间。

2. 补偿标准和奖励方案

（1）旧房拆除补偿标准。对于拆除老旧房屋根据房屋结构的不同，分别按照建筑面积大小给予相应补偿，土坯为 150 元/m^2、土木为 315 元/m^2、砖木为 450 元/m^2。

（2）宅基地调换标准。新房建设的综合占地面积标准为人均 $60m^2$。对于人均宅基地面积不足 $60m^2$ 的家庭，按照 105 元/m^2 的标准收取差价。对于人均宅基地面积超过 $60m^2$ 的家庭，超出部分按照 105 元/m^2 的标准给予补偿。

（3）购房标准。冉义镇对于参与项目的农户给予每人 8000 元的购房补助。一期项目按照低层 1086.7 元/m^2、多层 1004.4 元/m^2 的标准核算建房成本，二期项目在一期的标准上提高了 80 元/m^2。

（4）楼房奖励标准。为鼓励农民选择多层楼房居住，平衡农民对于多层楼房与低层小楼之间的需求，避免出现供需失衡的情况，冉义镇实行了差别化奖励政策，为多层楼房的农户提供每户 20000 元奖励，选择低层小楼的不给予奖励。

3. 优化配置基础设施与公共服务配套

基础设施和公共服务配套也随着新村建设推进逐步完善。集镇新区按照“1＋28”标准，完成了 12.5km 产业环线、11 条市政道路、幼儿园、市政广场、农贸市场、社区便民服务中心、日处理 3000t 污水处理厂等项目建设，当前正在推进绕场路、集镇新区主题公园景观提升、商业综合体等建设项目。英汉新村的基础设施和公共服务配套标准为“1 + 21”，主要由位于老社区的村委会、便民服务设施与新建卫生站等组成。同时，由于它距集镇新区仅 1km，村民实际上也能享受到集镇新区的基础设施和公共服务配套。

8.1.3 项目实施效果

冉义镇在农业产业打造上坚持土地综合整治、规模化流转、产业化经营、市场化防范风险四位一体，围绕土地为农业产业发展营造良好环境。

1. 建设万亩高标准基本农田

冉义镇的万亩高标准基本农田是以土地综合整治为载体建立起来的。在复垦还耕时将土地复垦与土壤改善相结合，依据清除杂物、表层土剥离、耕作层回填、测土配方四步工作法，着力改良土质、提升地力，以保障土地的可持续发展能力，实现对基本农田土质的高要求。

冉义镇的农田整治工程于 2015 年 2 月开始施工，投入资金 1.7 亿元，成功建设了 3.9 万亩田成方、土成型、渠成网、路相通、沟相连、土壤肥、无污染、产量高的高产稳产、旱涝保收的万亩高标准基本农田，为推进规模化经营、集约化耕作、产业化发展的现代农业奠定了坚实基础。大田景观也成了当地的典型景观与未来观光农业的发展依托。

2. 实现土地规模化流转

万亩高标准基本农田具备机械化、科技化、生态化耕种条件，有规模化、集约化、产业化发展基础，以此为优势，冉义镇政府积极引进需要规模化流转土地的种植大户或农业龙头企业，培育新型农业经营主体。通过建设万亩优质高产粮油示范区、万头邛崃黑猪养殖示范园、千亩涌泉水产示范园、万亩油菜-万株红枫乡村旅游观光基地等优质产业项目，积极推进当地土地规模化流转与经营。此外，冉义镇建立以组为单位的权属利益机制，使农地在小组内保留，在保障农户利益的基础上，为推动土地规模化流转提供了有利条件。

3. 发展农业产业化经营

（1）农业合作联社。2012 年，立足于土地整治项目打下的坚实基础，为了使万亩良田的流转更加便捷、收益更有保障，冉义镇 10 个村分别成立了 10 个土地合作社，并于 2015 年 3 月在这 10 个合作社的基础上组成了一个土地合作联社——成都市稻香土地合作联社。联社是一个为成员提供共享信息的服务型平台，其目的是为实现现代可持续、组织规模化、市场标准化、品牌统一化的农业产业服务，实现统一土地流转、统一规模标准化生产、统一机具服务和防疫、统一生产资料采购、统一营销五个统一。目前，联社运作成效良好，统一品牌打造也按部就班，2015 年 10 月已完成“冉义贡米”商标的预注册。诞生于汉朝的“冉义贡米”今天正在焕发新的生机。

（2）生态养殖产业。农业产业化经营离不开土地这个根本，冉义镇结合土地综合整治实行万亩良田计划为生态养殖产业提供了良好的发展环境，并利用土地综合整治带来的土壤质量改善、集中面积扩大，将生态养殖打造成当地农业产业化经营的一大特色。①综合养殖。冉义镇积极发展生态农业，探索用生态养殖技术提高农业产值，目前镇上较为成熟的农业生态生产模式为稻鱼共生模式。这种生产模式一方面由于没有化学农药投放而具有很强的生态功能，另一方面充分发挥了低洼地段土地的价值，获得了较好的综合效益。共生模式下的水稻低产高质，产出效益更高。并且由于低洼地段种植水稻的土地改造成本较大或者排水难度较大，采用共生模式可以将劣势转化为资源与优势。冉义镇的稻鱼共生已形成规模，目前有 1800 亩农田进行稻鱼养殖。②种养循环（PPP 项目）。种养循环模式在冉义镇已经有很多年的历史，是一种很成熟的生产方式。基本步骤：收集粪便—沼气池发酵—蓄粪池储备—抽取粪便异地使用。目前冉义镇不仅会收集本镇养猪场的粪便，甚至到周边地区收集粪便放到沼气池发酵，生产的沼气既可为农民提供能源，发酵后的粪便还可排放到农田，极大地提高了土壤肥力，进而提高粮食产量。

4. 探索土地流转履约保证保险

2015 年 12 月，中华保险公司与冉义镇种粮大户汪友良签订了 1171.19 亩的全国首例土地流转履约保证保险保单。计划保费按土地流转交易额的 3%收取，由市财政采取以奖代补方式分摊 50%的保费，剩余部分由农民承担 20%、业主承担 80%。但在实际操作过程中，并没有向农民收取保费。目前，冉义镇基本实现农村土地流转风险防范全域覆盖。

土地流转履约保证保险的优势与意义在于风险可控、保障性高、综合性保障、共赢四个方面。风险可控体现在保险公司能用规模效益覆盖风险；保障性高体现在保险公司有专业的风控措施避免保险事故发生；综合性保障体现在保险公司能以多样化的产品配套实现更全面的保障；共赢体现在农民租金有保障、业主流转更容易、政府财政压力小、保险公司收益能提高。

8.1.4　简要评价

实施土地综合整治后，冉义镇在社区治理方面也取得了较大进展。以义渡社区为例，该社区包含 9 个小区，设立 9 个居民小组，常住人口 3101 户、10092 人。2018 年 10 月，义渡社区成为成都市党建引领城乡社区发展治理推进会现场观摩点之一。为着力破解集中居住区管理松散、治理方式单一、产业发展粗放三大发展治理难题，义渡社区探索创新“143”群众工作法，建立以党建引领为核心、群众自治为基础、法治为保障、德治为支撑、智治为补充的新型农村治理机制，实现了农村形态、治理方式、产业发展三个新转变，群众获得感、幸福感、安全感不断提高。

1. 坚持党建引领为核心

加强党的组织建设，制定了党员职责清单 22 项，设置党员服务岗 18 个、先锋岗 9 个。深化“为村平台”，推广线上线下微党建、微服务、微治理、微产业“双轨四微”工作模式。实施党群服务综合体亲民化改造：引入社会资金共同建成党群服务综合体，面积达 900 余平方米，实施亲民化改造，变“柜台式办公”为“沙龙式咨询”，引进社工组织入驻社区，针对性制定服务订单 38 项。

2. 强化“四治”融合

强化居民自治：制定居民公约，建立居民自治网格。强化依法治理：打造“微普法”阵地，建成“法律之家”。强化道德熏陶：建立志愿互助机制，设立爱心超市。强化智能建设：建立“三中心合一”智慧社区信息中心；建立养老服务“关爱地图”；建立留守儿童“关爱地图”。

3. 推行户籍所在地和居住地“双重服务”模式

农民跨行政区域大集中居住后，原村集体经济组织成员身份不变，既享受集体经济利益分配，又享受社区提供的公共服务，实现户籍所在地和居住地“双重服务”。

8.2　青白江福洪镇小挂钩市场化实现三产融合发展

8.2.1　福洪镇基本情况

福洪镇地处成都市龙泉山旅游区腹地，临近成南高速等交通干道，距成都市中心城区 19km，处于成都半小时经济圈内。截至 2019 年，全镇面积 39.36km^2，辖 9 个村 131 个村民小组，人口 29097 人，其中场镇人口 3000 人。2011 年以前，福洪镇属于典型的纯农业乡镇，农民人均纯收入只有 4000 元，是青白江区经济比较落后的乡镇之一。

8.2.2　土地综合整治情况

2012 年，在政府的支持和引导下，四川和盛公司以敏锐的商业嗅觉，抢抓成都统筹城乡综合配套改革试验区建设机遇，创造性地将“人地挂钩”的理念与城乡建设用地增减挂钩的运作思路相结合，与福洪镇先锋村的农民群众经过平等协商，达成了集体建设用地整理与农民集中建房的投资协议（农民集中建房整理项目）。该项目以开展全域土地综合整治为切入点，分 4 个阶段实施，驱动福洪镇走出了一条“既化地又化人”、村镇联动发展的新路（图 8-1）。

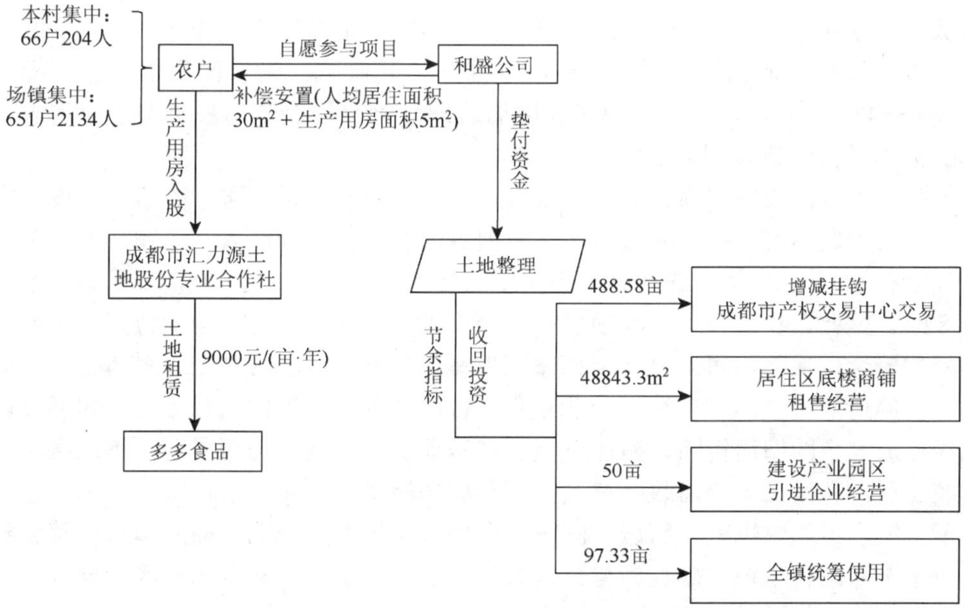

图 8-1　福洪镇先锋村土地综合整治过程

第一阶段：签订投资协议阶段——摸清当地资源状况。在镇政府的支持和引导下，和盛公司进村入户进行摸底调查和项目宣传，在了解当地土地资源状况的同时，积极与当地村干部、村民沟通，商谈合作。先锋村在“算清账、摸清底”的基础上，自主引进和盛公司作为农民集中建房整理项目的实施主体，在和盛公司详细解说政策规定与补偿安置等老百姓关心的各种问题后，双方达成了集体建设用地整理与农民集中建房的投资协议（农民集中建房整理项目），即依据乡镇土地利用总体规划、城乡建设规划、土地整治规划等相关规划，在农民自愿的基础上对其原有破旧住房及宅基地进行拆除和复垦还耕，并到所属场镇上集中修建住房，节余的建设用地指标主要配置在场镇附近发展二、三产业使用，建设用地指标的交易和使用收益用于弥补企业的投资成本及取得合理投资回报。

第二阶段：规划设计方案确定阶段——明确安置补偿方案。和盛公司在前期掌握了资源状况与农民意愿的基础上，制定了规划设计方案和安置补偿标准。在住房安置上，村民可选择本村就近安置和场镇就近安置两种类型，其中在本村就近安置的，住房修建可选择统规统建和统规自建两种方式，住房安置面积为人均居住面积 $30m^2$ + 生产用房面积 $5m^2$，另外对旧房拆除与宅基地复垦给予相应的补偿与搬迁奖励。在规划设计上，在场镇集中安置区，和盛公司并不仅满足于住房建设，还考虑到场镇未来的产业发展。结合福洪镇处于成都半小时经济圈的地理位置，一来可结合当地生态资源发展第三产业，二来可承接市区淘汰的传统小型工业企业，因此，和盛公司在规划中相应地配套了产业发展用地。该项目在保证先锋村村民“住有所居”的基础上，为农民集中居住区配套商铺 $48843.3m^2$，并在农民集中居住区周边规划配套了以劳动密集型企业需求为主的集体经营性建设用地 50 亩。

第三阶段：项目立项、实施与验收阶段——建设农民新居。依据规划设计方案与补偿安置标准，先锋村选择不参与项目的有 150 户 500 人，选择在本村集中居住的有 66 户 204 人，选择到场镇集中居住的有 651 户 2134 人，项目参与率超过 82%。据此，和盛公司编制项目并逐级报批。如此庞大的参与量背后，需要有雄厚的资金做保障，可资金从何而来呢？福洪镇在市场主导的土地整理过程中，项目实施所需资金由和盛公司全额垫付。按照经政府批准的项目方案，和盛公司组织完成农户的旧房拆除、搬迁过渡、宅基地复垦以及农民新居建设等任务。项目竣工后，和盛公司申请政府有关部门开展房屋质量与复垦还耕验收，制定新房分配方案，组织农民入住新居。同时，在项目实施的基础上，福洪镇政府整合相关资金不断改善场镇基础设施与公共服务，探索民主化、网络化社区治理，通过形式丰富的文化活动引导农民尽快融入和适应城镇生活。

第四阶段：产业运营与投资回收阶段——重构当地产业。在整个项目实施过程中，和盛公司共垫付资金 2.7 亿元。项目实施完成后，经验收共节余 585.91 亩集体建设用地指标，和盛公司将其中 488.58 亩通过成都市农村产权交易中心交易，收回部分初始投资；剩余 97.33 亩则主要用于福洪镇当地产业发展。和盛公司共设计了三种投资回收方式：一是充分利用在农民集中居住区底楼配建的商铺，共 $48843.3m^2$，进行租售经营；二是将在新场镇附近规划的 50 亩集体经营性建设用地指标落地，用于建设产业园区，引入企业开发使用；三是将剩余的 97.33 亩建设用地指标转让给镇域内从事休闲农业与乡村旅游等项目的业主使用。随着项目实施完成，福洪镇场镇范围内硬件设施改善和人口集聚，产业发展的需求开始增加，福洪镇政府会同和盛公司相继引进了一批农业产业化、乡村旅游和劳动密集型加工企业项目，促进福洪镇一二三产业融合发展。例如，随着成都市区的发展，一些传统加工企业不再符合城市产业发展规划要求，而选择在城郊地区发展。福洪镇正是抓住了这一契机，通过建设标准化厂房先后引进东方工艺美术等多家劳动密集型企业入驻，这既为入驻企业解决了难题，又为场镇带来了新的用工需求，推动了场镇第二产业的发展。通过农民集中建房整理节余的 97.33 亩指标则在全镇范围内统筹使用，用于满足“明湖现代生态农业产业园”“福洪杏种苗基地”等项目对建设用地的需求，促进福洪镇农庄经济和旅游经济等第三产业的发展。同时，在企业和政府的推动下，先锋村参与土地综合整治的农户，将人均 $5m^2$ 的生产用房面积入股，成立成都市汇力源土地股份专业合作社，经过统一规划、集中选址，合作社以 9000 元/(亩·年)的价格将土地租赁给成都多多食品有限公司，不仅实现了集体土地与国有土地同权同价，还增加了场镇的劳动力需求，解决了从村内搬到场镇聚居的部分村民的就业问题。

8.2.3　项目实施效果

福洪镇通过引入社会资本，以土地综合整治为切入点，将村庄整理与乡镇改造结合起来协同推进，在短短几年内从一个纯农业乡镇升级为三产融合发展的经济强镇，其经济社会发展成效日益显现。

（1）重构乡村产业结构。项目实施后，福洪镇先后引进东方工艺美术、多多食品等多家劳动密集型产业入驻；通过农用地规模化流转打造“明湖现代生态农业产业园”“福洪杏种苗基地”等农旅融合项目，正在从一个纯农业乡镇演进为一二三产业融合发展的特色小镇。

（2）优化城乡建设用地布局，切实改善人民群众生产生活条件。通过集体建设用地整理，进一步优化了城乡建设用地布局。项目的实施不仅改善了村民的住房条件与公共服务设施配置，同时，在农民集中居住区配套商铺、厂房，方便了农民群众的生产生活，而且建设相对集中，布局紧凑完整，也提高了土地利用效率。

（3）丰富村民文化生活。土地整理工作完成后，福洪镇持续打造“乡约杏福”本土乡村文化，举办百村文艺大联动、百村篮球比赛等活动，丰富多彩的乡村文艺活动营造了多姿多彩的文化生活氛围。

（4）社区治理体系不断完善。福洪镇已创建先锋、民主字库、杏花等社区治理品牌，发展了 10 个社区组织，逐步形成党委领导、政府主导、多元参与的社区治理体系。

（5）增加用工需求，大幅提高农民收入。2017 年福洪镇农民人均纯收入达 20572 元，相比 2011 年增长了 400%，切实提高了农民收入水平。

8.2.4 简要评价

福洪镇以市场主导的土地综合整治项目，促进了城镇的人口集聚、产业发展、面貌改善和功能提升，造就了农民就近城镇化的“福洪样本”。作为成都市优先发展的重点小城镇，福洪镇的发展经验值得具有较好区位优势或资源禀赋的乡镇借鉴。

（1）充分发挥市场在土地综合整治中的决定性作用。与以往政府主导的城镇化不同，福洪镇是企业主导的城镇化。在项目实施过程中，始终坚持农民主体、自主决策、民主议事的原则，农民集体经济组织作为市场主体直接与企业谈判协商，进行合约交易，政府则在规划制定、制度设计、公共服务、社会管理等方面提供服务，为二者的交易搭建平台、创造环境。由于剥离了政府的行政干预，企业只能依靠经济手段激励农民搬迁，农民的真实意愿能够得到更好表达。这种市场化的运行机制不仅能够最大限度地满足农民的利益诉求，奠定农民维权的制度基础，而且能够激发民间资本投资农村的积极性，从而减轻地方政府的财政负担，助力政府职能的转变。

（2）为乡村振兴留住土地发展权。产业支撑是城镇化的重要基础，而产业用地是产业发展的基础要素。福洪镇创造性地将人地挂钩的理念与城乡建设用地增减挂钩的运作思路相结合，通过拆旧建新和土地综合整治，实现了改善农民居住环境、节约高效利用土地、优化建设用地布局的目的。同时，没有按增减挂钩的做法把节余的建设用地指标全部调剂到其他城镇使用，而是用于本乡镇产业发展。通过一二三产业的融合发展形成产业支撑，实现产业与城镇一体化发展，不仅可以增强城镇的经济集聚和辐射能力，而且可以拓宽农民的就业创业渠道，实现农民挣钱顾家两不误。

（3）人口集聚是乡村振兴的关键一招。人口集聚引起经济集聚，经济集聚反过来推动人口集聚，这是城镇化的动力机制。集聚只有达到一定规模后，工商业活动和基本的公共服务才具有单位地理空间上的规模收益递增效应。福洪镇摒弃了在单个村庄内部的整治集中，而是在镇域范围内跨村进行集中建房整理项目，在遵循农民意愿的前提下鼓励农民向场镇集中，最终实现了农民在场镇的适度集聚，既避免了新农村建设人口集聚规模过小、产业难以发展的弊端，又避免了在大城市集聚难以融入的问题，满足了农民对土地的依赖感，带动了生产要素的空间集聚，增强了产业发展的后劲，提升了公共服务的共享性。

（4）加快制度供给是乡村振兴的重要保障。福洪镇的土地综合整治模式为农民就近城镇化探索出了一条可行的市场化路径，然而，一系列的制度约束，导致其发展路径尚存不完善之处。一是“小挂钩”项目面临制度约束。“小挂钩”被视为变相突破了城乡建设用地增减挂钩政策试点，还未得到合法认可，从而为农民新居颁证与土地指标落地及开发使用埋下了隐患。二是人口跨乡镇聚居的制度阻碍导致产业发展缺乏需求根基。据场镇住户反映，“现在小区内约有 560 间商铺，一半以上都卖不出去，真正做成的也只有 1/3。”人口跨乡镇流动和聚居的渠道不顺畅，导致场镇人口聚居度不够，产业发展后劲不足。三是市场主导模式下的农民权益保障机制不健全。就本书课题组 2017 年随机入户调查的 137 户参与项目农户的情况看，虽 80.3%的农户对项目建设的满意度和公平感较高，但农户也反映了不少问题，包括房屋置换标准不合理、拖欠房屋补偿款、承诺的 5m^2 生产用房没有兑现、新小区距离承包地较远导致耕作不便、计算楼层价格时没有考虑底楼商铺等。特别是不少农户反映存在投资者或投资者与政府共同侵犯农民利益的现象，村组干部在项目建设中没有很好地维护农民利益。

福洪镇探索出了一条实现乡村城镇化、村镇融合发展的市场路径，改变了以往城镇化中政府主导的做法，企业作为城镇投资、建设和运营主体，以全域土地综合整治为切入点，依托小挂钩政策推动农民向场镇集中居住、农业规模经营、产业集聚发展，初步形成了人口、土地、城镇、产业良性互动的新模式。

8.3　双流黄龙溪镇村村挂钩增强古镇发展活力

8.3.1　黄龙溪镇基本情况

黄龙溪镇是四川省历史文化古镇及省级旅游 AAAA 级风景区，是 1996 年国家文化部命名的中国民间艺术（火龙）之乡、国家级环境优美小城镇，素有“影视城”“中国好莱坞”之称。黄龙溪镇位于成都平原南部、成都市双流区南段，是天府新区核心区 15 分钟经济圈，属于天府新区文化生态休闲区。

东岳村，位于黄龙溪镇的北大门，与永安镇的白果村、三星村相邻，与本镇的华严村、古佛村接壤，面积 6.8km^2，2019 年总人口 4249 人，户数 1501 户，下辖 9 个村民小组，辖区交通条件优越。2009 年，在双流县（现双流区）政府主导、黄龙溪镇政府实施下，东岳村实施了增减挂钩以及小挂钩项目。

川江村，位于黄龙溪镇东部，北与永安镇双坝村、梨园村相邻，东南与天府新区籍田街道相邻，与籍田街道由一条鹿溪河相隔，新借黄路从村中心腹地穿过，全长 3.1km。全村的地貌呈东南向西狭长走势，是典型的浅丘农业村。该村 2019 年管辖 8 个村民小组，共 934 户、2998 人，面积 7.1km^2，耕地面积 3201 亩，林地面积 4300 亩，全村人均收入 15745 元。

华侨城，国内旅游文化演艺领域当之无愧的“巨无霸”，2004 年被国家文化部授予首批“国家文化产业示范基地”，2010～2012 年连续三年被中宣部授予“文化企业三十强”称号，打造了民俗文化村、世界之窗、欢乐谷、威尼斯酒店等知名品牌，其文化产业正以独特魅力成为行业的典范。一个是省级旅游风景区，一个是国内知名文化产业运营商，优势自然资源与优质资本的结合，于 2017 年着手打造现代农业创意博览园区——欢乐田园，进一步增添古镇活力。

8.3.2 土地综合整治情况

从开始土地综合整治到一期工程建设完成，欢乐田园项目大致经历了三个阶段（图 8-2）。

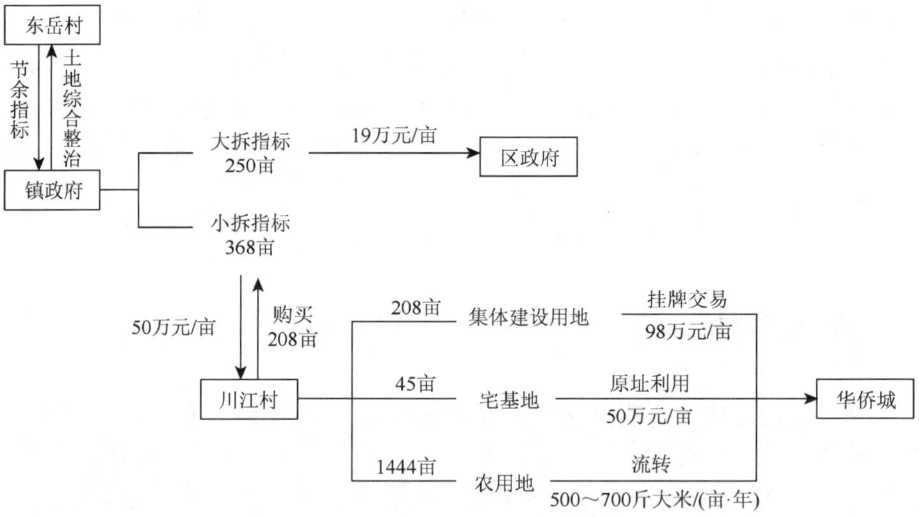

图 8-2 欢乐田园土地综合整治流程图

第一阶段：政府主导小挂钩项目实施。2009 年，东岳村同时立项，分别审批了增减挂钩、小挂钩项目，在镇政府的实施下，所有项目在 2012 年竣工，完成拆旧复垦、农民集中区修建工作，增减挂钩、小挂钩项目分别于 2016 年、2012 年完成了复垦验收工作。验收后，东岳村共节余约 368 亩小拆指标、250 亩大拆指标，按照当时项目实施成本，增减挂钩项目节余指标按 19 万元/亩成本价落入双流区范围内使用，小拆指标则未落地，由黄龙溪镇在全镇范围内统筹使用。

在拆旧补偿方面，按照《双流县征地补偿安置实施方案》（双府发〔2009〕30 号）执行。在房屋的补偿和安置上，选择货币化安置的，按人均 35m^2 的标准，参照双流区公布的黄龙溪镇普通商品房平均价格的 70%进行货币化补偿；选择住房安置的，按原房屋建筑面积进行补偿：若原人均建筑面积在 $50m^2$ 以内的，以实际面积按工程成本价结算住房安置费（原人均建筑面积不足 $35m^2$ 的，按 $35m^2$ 进行补偿）；原人均建筑面积超过 $50m^2$ 的，多余部分根据住房结构，分别按 100 元/m^2、400 元/m^2、540 元/m^2 进行补偿。补偿安置完成后，农户再按照 885 元/m^2 的价格在集中居住区购买新房。

通过实施土地整治项目，东岳村新建了白马滩和黄佛两个新型农民集中居住区，小区内人均住房面积 $30m^2$，总占地面积 857.68 亩（包含小区内农用地的面积），共安置农户 1321 户、3963 人，农民参与项目比例达 93.4%，总建筑面积 $176592m^2$。其中，白马滩小区占地面积为 718.93 亩，建筑面积 144135 m^2，安置农户 1083 户、3217 人，黄佛小区占地面积 138.75 亩，建筑面积 $32457m^2$，安置农户 238 户、746 人。以田园式新区标准建设的农民集中居住区，一方面由于布局比较稀疏，所以房前屋后出现户均约 0.1 亩的闲置土地；另一方面由于有部分农户报名后未参与建房项目，在集中居住区内形成 2～3 亩的空闲土地。为充分利用闲置土地，东岳村按照 3.2 万元/亩的价格将房前屋后 6m 以内的土地流转给农户，用于产业经营或打造私家花园。

第二阶段：小拆指标落地与转让。2015 年，华侨城根据多方考察，在区政府的引导下，计划以黄龙溪古镇为原点、利用丘陵地势地貌，打造欢乐田园项目，占地 2591 亩，落地黄龙溪镇川江村、大河村，其中川江村范围内占地面积为 1702 亩。2016 年，川江村在编制村庄规划时，根据项目用地需求做了相应的调整。在建设用地方面，2017 年川江村首先按 50 万元/亩的价格从黄龙溪政府购买小拆指标 208 亩，落地至欢乐田园项目规划区内；然后按照征地标准，按照 30 万元/亩的价格对被占地农户进行补偿；最后到成都农交所将这部分集体经营性建设用地挂牌交易，由华侨城以 98 万元/亩的价格摘牌获得集体建设用地使用权。另外，川江村还将项目区内 45 亩宅基地转为建设用地，按照 50 万元/亩的价格流转给华侨城使用。华侨城一次性支付了所有集体经营性建设用地 40 年租金，两村共转让建设用地 366.6 亩，共支付 3.5 亿元。在农用地方面，川江村将项目区内 1444 亩农用地流转给华侨城，初始租金为 500～700 斤大米/(亩·年)，租金每 5 年上涨 100 斤大米，共上涨 4 次。

第三阶段：打造欢乐田园项目。在创新、协调、绿色、开放、共享五大理念的指导下，华侨城集团确定了中长期战略目标，致力于以中国文化产业领跑者、中国新型城镇化引领者、中国全域旅游示范者承接国家战略，履行央企的政治责任、社会责任、经济责任，在推动我国文化产业大调整、大融合、大发展过程中贡献力量。正是在这样的背景下，在双流区委、区政府的积极引入、黄龙溪深厚独特魅力的吸引下，华侨城整合黄龙溪独一无二的人文及生态资源，创意“十里八湾”黄龙溪的发展蓝图，创新古镇“旅游、农创”新动能的新模式，并在此基础上进一步挖掘文化，开发产业，从而形成特色城镇。欢乐田园作为华侨城“十里八湾·黄龙溪”产业布局的首个引擎项目，以尊重原始风貌、注重保护环境为前提，以“敛天府农耕盛景，创乡村振兴华章”为目标，创新打造了川江草海、锦城花岛、古佛花溪、武阳茶谷、七彩森林、大河梯田、鹿溪牧场七大主题区域，熔炼现代农业、艺术农业元素精华。让人们在欢娱中认识乡村、探索农业、享受田园，这将是对整个川蜀田园文化生活的一个全景展示。目前，该项目已投资 15 亿元左右，根据前期测算，项目投资回收期为 10～15 年，已于 2019 年 3 月正式开园，营收情况高于预期。

在土地利用方面，欢乐田园项目区内，建设用地主要用于修建售票大厅、游客服务中心、餐饮和演艺场地、动物棚舍、茶舍等经营设施；农用地则主要用于种植观赏性作物，一部分用于产品展览、农事体验和科普，主要是为观赏性、趣味性服务。

8.3.3 项目实施效果

欢乐田园作为一个超大型旅游综合体项目，针对 5～80 岁年龄段游客，重塑人们的乡愁记忆。该项目将自然意趣与科技互动教育结合，为都市孩子注入缺失的乡愁；将现代艺术建筑与自然元素交互交融，让年轻人触摸渐行渐远的乡愁；营造川西乡村文化、返璞归真的桑田劳作等农村生活场景，让老年人重拾记忆中的乡愁。以欢乐田园项目为起笔，一幅融合天府田园文化和双流乡村振兴的美丽画卷正在黄龙溪古镇徐徐展开。

（1）土地综合整治和欢乐田园项目辐射带动周边乡村产业重构。一方面，土地综合整治项目带来东岳村农业规模化经营。东岳村在实施土地整理项目以后，于 2011 年注册成立了“双流黄龙溪东岳资产管理有限责任公司”，全盘负责东岳村资产综合利用，包括土地综合整治的集体建设用地、农民自愿作价入股的土地（农用地以 0.1 亩为一股、每股 20 元）以及集体所有的各种资产。目前东岳村 40%农用地流转给业主经营，60%由农户自主经营，培养了一系列农业产业：蔬菜基地 2000 多亩、葡萄基地 500 多亩、草莓基地 150 亩、猕猴桃基地 20 亩、水产养殖面积 380 多亩、多经（地瓜、海椒等）种植面积 1000 多亩、水稻种植面积 2800 多亩、油菜种植面积 1000 多亩。另一方面，欢乐田园项目将有望辐射周边乡村，通过承接大项目的农产品供应、基础服务以及游客引流，实现一三产业融合发展。

（2）土地综合整治项目改善农民居住条件。通过实施土地整理项目，东岳村新建了白马滩和黄佛两个新型农民集中居住区，共安置农户 1321 户、3963 人，农民参与项目比例达 93.4%。东岳村以田园式新区标准建设的农民集中居住区，布局较为稀疏，房前屋后闲置土地较多。在村委会的引导下，村民积极打造私家花园，美化了乡村环境。同时，欢乐田园项目落地激发了当地创新社会治理方式的探索。随着项目的落地，川江村不仅迎来了发展机遇，而且激发了积极探索“党总支 +（合作社、基地、能人、家庭农场）+ 农户”的“1 + 4 + 1”产业党建模式，力争走出一条产业兴村、旅游富民的新路子。

（3）土地综合整治项目促进了农民增收。欢乐田园项目落地为当地带来了 600 余个工作岗位，将当地用工价格从 80 元/天提高到 120～150 元/天。2018 年，东岳村人均收入达到 26000 元，川江村人均收入达到 22576 元。

8.3.4　简要评价

通过实施小挂钩项目、全镇统筹小挂钩指标、调整集体建设用地入市，黄龙溪镇东岳村、长江村、大河村的土地综合整治项目为大型田园综合体项目——欢乐田园的打造提供了坚实的用地保障。在该项目的实施中，有三点经验值得借鉴。一是增减挂钩与小挂钩项目联合实施，权衡发展权转移与保留问题。单纯的增减挂钩项目以宅基地发展权换取发展资金，容易导致建设用地资源流失，从而降低乡村的自我生长能力；而小挂钩项目则由于指标调整区域的限制，指标交易价格较低，无法为当地乡村建设提供足够的资金支持。黄龙溪镇通过在东岳村同时实施增减挂钩、小挂钩项目，既获得了一部分发展资金，又为后期产业发展提供了充分的土地要素保障。同时，两个项目同时实施，对农民采取同样的安置补偿标准，也避免了农民因为参与项目不同、赔付标准差异而引发的矛盾。二是优质资本的引进为黄龙溪古镇发展提供资金保障。无论是黄龙溪古镇的旅游发展，还是当地的乡村振兴工作推进，都需要有充足的资金作保障。然而，这也是当地发展、乡村振兴中，政府、农民主体最缺乏的要素。黄龙溪古镇在双流区政府的大力促进下，引入华侨城这一优质资本，打造欢乐田园项目，其背后雄厚的资金力量可有力提升项目建设的速度和强度，为古镇的发展注入强劲动力。三是以大型项目带动当地乡村振兴。华侨城项目入驻黄龙溪古镇，欢乐田园等大型项目的相继建成运营，有望为当地聚集人气，而旺盛的人气为当地二三产业的发展起到强有力的推动作用。以华侨城项目作为中心，向周边乡村辐射，可带动周边的乡村振兴工作。目前，华侨城项目所在村落——川江村一方面着手成立合作社、保洁公司等，为欢乐田园项目提供农产品服务、劳动力供给；另一方面承接欢乐田园项目带来的人流，发展民宿、餐饮等乡村旅游业。由此可见，欢乐田园项目的实施，不仅为当地带来了用工需求、农产品需求，同时聚集的人气还带动了当地第三产业的发展。

虽然该项目有值得借鉴之处，但也存在一些问题，需要进一步思考解决方式。

一是镇域范围内村庄之间的协调发展问题。欢乐田园项目的落地，让当地周围乡村均开始思考如何利用大项目带来的效应，带动本村发展。然而，小挂钩项目拆旧区——东岳村虽有发展想法，却由于增减挂钩、小挂钩项目的实施使村内建设用地资源转移殆尽，极大地限制了当地的发展。而项目落地村——川江村、大河村却享到了东岳村宅基地发展权转移带来的好处。二是农民利益保障问题。华侨城项目建设用地指标落地川江村，占用部分农民农用地，当地原计划按照征地标准对农民进行补偿并为其购买社保。然而，项目不属于征地项目，使得农民社保无法落地，农民利益未能得到充分保障。三是土地规划调整问题。大型项目的引入需要大量的建设用地保障，但土地规划的调整却由于制度因素很难推进。全镇的土地利用总体规划 5 年调整一次，省政府每年可以审批两次调整红斑和有条件建设区的规划，而即便是局部调整，也需要进行听证会、专家论证会等一系列前期工作，最后上报省政府。据相关工作人员反映，村规调整衔接好的情况下 2 个月能完成，衔接差需要 4 个月，若是小项目且不受重视，则很难会调整，因此小企业很难存活。这一系列的制度约束，也制约着社会资本下乡投资的力度，弱化了社会资本对乡村振兴的作用。四是项目投资回收期问题。据华侨城项目相关负责人员介绍，经前期测算，欢乐田园项目投资回收期为 10～15 年，而前期投资强度已达 15 亿元，如此大额的投资、较长的投资回收期，也一定程度上制约了社会资本对农村地区的投资力度。

8.4　郫都青杠树村自主实施小挂钩建设最美乡村

8.4.1　青杠树村基本情况

2019 年，青杠树村下辖 11 个社、932 户、2251 人，位于郫都区三道堰镇以东，距成都市区约 16km，距郫都区城区约 8km。村域境内，三面环水，渠系纵横，林盘众多，沙西线东西走向贯穿而过，生态优越。历史上，青杠树村是水陆码头，有 4 个栈行，还有饮食店、小百货店、旅店等，集市贸易非常热闹。但由于先后两次遭遇火灾，集市贸易逐渐衰落。流经青杠树村的柏条河和徐堰河担负着供应成都市饮用水的重任，导致该村没有发展工业的机会。虽然地处成都市近郊，但青杠树村老百姓的生活并不富裕，生活条件也未能得到改善。青杠树村产业以传统农业种植为主，全村农业总产值为 1750 万元，农民人均可支配收入为 14411 元，低于全镇平均水平。全村住房大部分破损、陈旧，道路狭窄，通行能力差，生活环境亟待改善。

青杠树村土地资源丰富。全村土地面积 3600 亩，其中，耕地总面积 1989 亩，集体建设用地总面积 587.4 亩，人均宅基地面积 170m^2。2012 年起，青杠树村凭借丰富的可利用建设用地和早期土地确权颁证打下的基础，开展全村土地综合整治，为农民集中修建新居，并将节余出的集体经营性建设用地入市偿还贷款，青杠树村还抓住区位优势利用农民自有房屋和宅基地发展乡村旅游产业。这些措施都极大地提高了农民的收入水平，改善了农民的生活环境。2018 年，村民人均可支配收入增加到 24780 元。短短几年时间，青杠树村在各个方面都取得了重大突破，真正走上了“产业兴旺、生态宜居、乡风文明、治理有效、生活富裕”的乡村振兴之路。

8.4.2　土地综合整治情况

1. 2008～2012 年：土地确权颁证时期

2008 年，成都市委、市政府一号文件，部署“进一步改革完善农村土地和房屋产权制度”，要求在全市范围内完成农村集体土地所有权、使用权和全部房屋所有权的确权、登记和颁证，并在全面确权的基础上，推动农地承包经营权、山林承包权、集体建设用地使用权以及房屋产权的规范流转，最终“建立健全归属清晰、权责明确、保护严格、流转顺畅的农村产权制度”。青杠树村按照成都市这一轮“还权赋能”土地改革工作的安排，在 2010 年底基本完成全村土地的确权颁证，并于 2012 年启动并完成村庄规划编制。在空间布局上，青杠树村依据土地产权现状，遵循了“小组微生”的规划理念，以促进土地资源的合理布局和高效利用。在产业上，明确了以乡村旅游为主导的产业定位，制定通过产村融合培育一三产业良性互动的策略。

这一时期，集体土地产权的确定为后期土地综合整治奠定了坚实的基础，避免了许多新村建设过程中可能出现的利益纠纷问题。村庄规划的编制则为后续发展描绘了一张可行的蓝图，规避了“想到哪干到哪”的情况发生，使乡村建设按照规划一步一个脚印地实施。

2. 2013～2014 年：土地综合整治时期

2013 年 6 月，经过前期多次组织村民外出“取经”，实地考察学习都江堰、崇州、彭州等地的农村建设，青杠树村启动土地综合整治，开始实施乡村规划。依托柏条河、徐堰河生态保护建设项目，青杠树村采取生态搬迁、拆院并院、院落整治等方式，对全村 3600 余亩土地资源实施综合整治，集体建设用地总面积为 587.4 亩，优先利用 258 亩集体建设用地实施新居建设，共安置 2471 人（包括污水处理厂拆迁安置），预留 14.19 亩作为村集体产业发展用地，24.3 亩用于道路拓宽，节余的 269.7 亩作为集体经营性建设用地入市，预计可实现土地流转收益 1.97 亿元（表 8-1）。

表 8-1　青杠树村规划用地汇总表

	用地名称			用地面积/hm²	比例/%	人均/m²
农村地区	农用地	耕地		132.57	54.2	536.50
		园地		5.31	2.2	21.49
		林地		0.74	0.3	2.99
		草地		—		
		小计		138.62	—	560.99
	农村地区建设用地	城镇村及工矿用地	建制镇	21.99	9.0	88.99
			村庄	17.2	7.0	69.61
			采矿用地	4.56	1.9	18.45
			风景名胜特殊用地	—		
		交通运输用地		18.95	7.7	76.69
		小计		62.70	25.6	253.74
城市建成区		城市建设用地		—		—
水域及水利设施用地				21.91	9.0	88.67
其他用地				1.03	0.4	4.17
整理出建设用地		产业用地		20.34	8.3	82.31
		剩余用地		0	0.0	0.00
土地总面积				244.6	100	989.88

（1）建设资金来源情况。青杠树集体资产管理公司通过以下三种方式共融资 1.72 亿元（含本息），其中大配套投入 0.3 亿元、新居建设等投入 1.37 亿元。①银行融资：集体资产管理公司统一收集每户的宅基地使用权证，经由当时的郫县国土资源管理部门开辟绿色通道，统一办理集体建设用地使用权证，将“小证”全部换为“大证”，向成都农商银行抵押融资 6800 万元。②企业融资：通过采取投资企业预付保证金的方式，筹集资金 7400 万元。③政府补贴：在上级政府的支持下，青杠树村争取到市、县配套的公共设施基金 0.3 亿元。

（2）土地产权调整方案。针对报名时户籍关系在青杠树村的所有人员（包括现役军人），《青杠树村土地整治拆旧安置办法》规定了其参与土地整理的条件。户籍关系在青杠树村参与统规统建的农户，如果人均建设用地面积达到 140m²，享受 35m²/人住房面积和 3m²/人经营性用房面积；人均建设用地面积不足 140m²，不足部分按60元/m^2补足参与；人均建设用地面积超过140m^2，超出部分由青杠树村集体资产管理公司按60元/m^2补贴。户籍关系在青杠树村参与统规自建的农户，如果人均建设用地面积达到170m^2，享受60m^2综合用地面积（其中30m^2建筑占地面积）；人均建设用地面积不足170m^2，不足部分按60元/m^2补足参与；人均建设用地面积超出170m^2，超出部分由青杠树村集体资产管理公司按60元/m^2补贴。户籍关系在青杠树村的农户在能否选择上述两种安置方式的问题上，《青杠树村土地整治拆旧安置办法》也予以明确的规定，即人均建设用地面积达到140m^2的，可选择两种安置方式；人均建设用地面积不足140m^2的，不可选择两种安置方式。对于拆旧安置中比较特殊的、户籍关系在青杠树村的一人户如何选择安置方式的问题，《青杠树村土地整治拆旧安置办法》规定，该类一人户参与统规统建，住房面积超过35m^2的，超出部分按建设成本补差，不参与统规自建。

针对户籍关系不在青杠树村的人员参与土地整理的条件，《青杠树村土地整治拆旧安置办法》进行了明确的规定。该办法结合实际，将户籍关系不在青杠树村的人员进一步分成几类分别规定了不同的参与安置办法。对户籍关系不在青杠树村，但本人在该村拥有住房和宅基地并长期居住的非农业人口，家庭人均建设用地面积不低于140m^2的，可参照村集体经济组织成员参与统规自建或统规统建。对户籍关系不在青杠树村，但本人在该村拥有住房和宅基地的农业人口，不参与此项目。以夫妻关系长期居住于青杠树村的非农业人口可参与，其他关系不参与，同种情况一户人只允许一人参与。因征地而农转非的非农业人口不参与。

（3）补偿安置标准。①户籍关系在青杠树村的集体经济组织成员参与统规自建的，其补贴标准为3万元/人建房补贴，待房屋竣工验收合格后，由青杠树村集体资产管理公司统一支付；户籍关系在青杠树村的集体经济组织成员参与统规统建的，其补贴标准为35m^2/人住房面积、3m^2/人经营性用房面积和5000元/人搬家及拆旧奖励。②户籍关系不在青杠树村的其他人员参与统规自建的，其补贴标准为1万元/人建房补贴，不享受农民其他待遇，待房屋竣工验收合格后由青杠树村集体资产管理公司统一支付；户籍关系不在青杠树村的其他人员参与统规统建的，其补贴标准为35m^2/人住房面积并需支付400元/m^2建设费补差。③针对安置点内未参与项目的农户，按照规划要求腾出多余建设用地用于安置点建设的，按照60元/m^2给予补贴，同时享受安置点内基础设施配套。不按规划要求腾出多余建设用地的，今后一律不得享受安置点的基础设施和公益保障设施建设配套。④针对选择统规自建的农户在约定时间内按时拆旧清场的，奖励1.1万元/人（草房、瓦房）、1.3万元/人（平房）、1.5万元/人（楼房）（人数按户籍在册人口计算）。⑤安置点内的农户在约定时间内拆旧后，给予一定的占地补偿，补偿标准按照产权证面积扣除其新占安置面积（安置人数×人均综合用地面积）后，按剩余面积给予50元/m^2进行补偿。在选择自建具体点位时，按照规划设计方案对应户型，安置点内的农户优先选择，其余农户抓阄定点位。⑥该办法对积极参与拆旧安置的农民规定了具体奖励方法：2019 年 6 月 30 日前签订协议并按约定时间拆旧的，在拆旧完毕后给予奖励 3000 元/人，7 月 30 日前签订协议并按约定时间拆旧的，在拆旧完毕后给予奖励 1500 元/人，8 月 30 日前签订协议并按约定时间拆旧的，在拆旧完毕后给予奖励 1000 元/人（人数按户籍在册人口计算）。⑦对安置点内需要保留的花、草、竹、木统一登记造册，按标准给予补贴，补贴后其权属归集体所有；对于不同意折价补贴的，可由原竹木所有权人继续保留，但不得移栽或砍伐；对安置点外的集体建设用地复耕面积上的花、草、竹、木在规定的时间内自行处理，由青杠树村集体资产管理公司组织统一复耕。⑧实行先建后拆原则。对建新区的农户和按照土地综合整治项目建设进度要求需要先行拆除房屋的农户，也可先拆后建。先建后拆无过渡费，先拆后建给予过渡费（按户籍在册人口计算），其标准为：参与统规自建每月 160 元/人，发至自建房屋定点放线后 6 个月；参与统规统建每月 160 元/人，发至统建房交付使用之日。安置点内需搬迁的坟墓，按照每座 400 元进行搬迁补贴。

（4）新居设计配套方案。青杠树村按照“小组微生”规划理念，本着体现田园风貌、新村风格、现代生活和方便农民生产的原则，结合地理地貌、村庄院落、田间道路等实际，共建成 9 个独具川西民居风格的新村聚居点，并按照“H26”的标准配置公共服务和社会管理设施（表 8-2）规划注重保护利用林盘、水系、田园等生态资源，充分展现和传承民风民俗、农耕文化，形成了“林院相依、院田相连、田水相映”的川西生态田园风光。

表 8-2　青杠树村公共服务和社会管理“1 + 26”配置

序号	类别	序号	类别
1	道路交通	14	民俗活动点
2	电力设施	15	卫生服务站
3	给水设施	16	全民健身广场
4	排水设施	17	综合文化活动室
5	光纤	18	老年人活动中心
6	环卫设施	19	人口和计生服务站
7	村综合便民服务中心	20	购物超市
8	社区警务室	21	农资放心店
9	社会组织和志愿者办公室	22	水、电、气等代收代缴网点
10	统筹城乡发展展览馆	23	金融服务店
11	游客接待中心	24	村邮站、电信业务代办点
12	农耕博物馆	25	小区物管（有线广播电视站）
13	幼儿园	26	电子监控系统

（5）节余土地入市情况。青杠树村在镇政府指导下，结合规划设计、村民意愿以及产业发展需求，编制了集体经营性建设用地整治入市方案。入市方案包括入市宗地基本情况、权属情况、空间范围、用途、面积、年限、入市方式、土地使用条件、收益分配办法等内容。

由青杠树集体资产管理有限公司向郫都区公共资源交易服务中心提出书面委托，并提交相关资料，交易中心负责编制挂牌文件、发布公告、受理报名，并于 2016 年 7 月 28 日组织挂牌出让。当日，成都漫生活休闲文化产业有限公司以 60 万元/亩的单价、5848.8 万元的总价竞得 97.48 亩集体经营性建设用地，用于乡村旅游产业发展，双方在交易中心签订了成交确认书与出让合同。之后，集体资产管理有限公司按照 24%的标准缴纳了土地增值收益调节金 1403.7 万元，郫都区国土局在确认缴纳后核发了四宗地块的集体土地使用权证，成都漫生活休闲文化产业有限公司办理了规划建设手续。截至 2019 年 7 月底，青杠树村节余的集体经营性建设用地已经上市交易约 120 亩，价格已由最初的 60 万元/亩上涨至 150 万元/亩。

8.4.3　项目实施效果

1. 产业融合

在土地综合整治的基础上，青杠树村开始探索产村相融之路，确定了高端项目为龙头、生态农业为基础、农家旅游为配套的产业发展思路。利用整理节约出的产业用地引进建设高端休闲项目；通过组建粮经专业合作社，发展绿色有机农业；利用农户新居房屋，引导发展乡村旅游产业项目，促进农民就地就业和持续增收。

在引进高端产业方面，坚持“大抓项目、抓大项目”的思路不动摇，着眼于南北片区融合发展和全产业链的布局，招引“水隐桑田 • 蜀绣文化产业园”、青杠树 1 号项目和搏浪体育公园等项目，打造独具特色的优质 IP 和高端酒店等产业集群。

在发展生态农业方面，青杠树村组建福安粮经合作社，投资 130 万元，建成了占地 60 余亩、串联南片区 4 个安置点、配套完善的稻鱼虾共生养殖基地，培育了农事体验、农产品展示、旅游观光、休闲娱乐等多种业态和功能于一体的乡村旅游业态，实现了农旅一体化发展，形成了青杠树村旅游发展新业态。

在发展乡村旅游方面，引入迈高旅游公司与村集体资产管理公司共同出资成立香草湖景区管理有限公司，打造青杠树香草湖国际度假区，境内和境山庄、在水一方、水岸天成、汀香度假酒店等餐饮企业，服务接待设施完备，已形成每日接待5000人次的休闲餐饮接待能力。青杠树村组建乡村旅游合作社，吸纳23位村民，融资73万元，引入四川乐萌民宿运营有限公司，充分利用现有村集体和村民闲置房，合作打造“品道青杠民宿”。其中，平台公司责装饰设计、客房管理和宣传推广，建立了“公司+农户+合作社”三方共赢的合作机制。2018年8月16日开业后，民宿入住率达40%以上，实现月营业收入2万余元。

2. 生态保护

青杠树村在新村建成后继续完善基础配套以保护生态环境，大力推进污水处理厂、旅游环线和生态湿地建设，推进“厕所革命”，完善绿道体系，开展院落整治。建立“户院村镇”四级长效管理机制，通过村民自发筹资整治院落环境，试点推行垃圾分类，设立垃圾银行，改善生活环境。

3. 乡村治理

坚持“一核多元、共治共享”的基层治理机制，形成了以村党总支为核心，自治组织与经济组织各司其职，相互配合的工作格局。一是强化阵地建设。投资90余万元重塑党群服务中心功能，增设儿童之家、图书室、健身房等微阵地，打造党群服务中心微阵地的“$1+N$”综合服务空间，创造有地域特色和归属感的社区空间新形态，提升党总支凝聚力。二是注重先锋引领。成立党员志愿服务队，推行“两小组长”一肩挑，充分发挥党员干部在新村建设、旅游发展等方面的示范引领作用，助力乡村全面振兴。三是注重后备干部梯队培养。针对“青黄不接”的现状，建立村后备干部人才库，制定培养计划，定期组织交流座谈，完善激励容错纠错机制，着力搭建干事创业的平台。四是培育自治组织。引入博益社工组织，组建老体协、广场舞蹈队、青年促进会、志愿服务队、院落自治委员会等，形成了村民自我服务、自我管理的长效机制。

4. 文化建设

青杠树村坚持以社会主义核心价值观为引领，深入挖掘优秀传统农耕文化，不断提升农民精神风貌，焕发乡村文明新气象。整合多方资源，全面梳理民俗文化，如“香草湖传说”“偷俗”等传统文化习俗，激发乡村文化活力，唤醒乡村文化记忆，增强了村文化凝聚力；在春节、端午节、重阳节等传统节日组织开展各类特色民俗活动和群众性文化活动，以传承农耕文化；定期开展道德讲堂、百姓故事会、道德模范和文明家庭评选等活动，培育树立文明乡风。

8.5 蒲江明月村资本下乡推进国际陶艺村共建共治共享

8.5.1 明月村基本情况

明月村位于成都市蒲江县甘溪镇西北部，地处浅丘地带，2019 年全村面积 $6.8km^2$，森林覆盖率为 46.2%，村内共 15 个村民小组，共 668 户、2237 人。作为曾经的市级贫困村，明月村在自然条件上劣势明显：地形地貌上，明月村村内多山丘，很难开展机械化的农业种植；地理位置上，明月村距离主要交通干道距离较远。2008 年以前，明月村仍然以传统自然形成的村落格局为主，土地利用粗放低效、房屋质量差，村民的人均纯收入仅有 4000 元。

从 2008 年开始，明月村依托深厚的邛窑文化，结合土地整理、土地综合整治，建设幸福美丽新村。同时，明月新村广纳文化艺术人士，文化创意产业发展潜力巨大。明月村的新村建设注重产业发展，切实将产村融合落到实处。从一个曾经名不见经传的小乡村，到如今远近闻名，游客慕名。2018 年，明月村实现人均收入约 25000 元。

8.5.2 土地综合整治情况

1. 农用地整理阶段

2008 年，明月村开展了土地整理项目，其目的是整理土地、修整沟渠、改善田间道路，改善农业的规模化与机械化条件，推动农业的发展。蒲江县通过跨村庄范围的土地整理项目，整理土地规模达 1.23 万亩，政府财政投入资金规模达 1480 余万元；整体受益农户达 1161 户、3670 人。土壤质量的提升和耕作环境的改善提升了农业生产水平，经过土地整理，村内修建沟渠 38km，改善田间道路 29km。土地整理为农业的发展注入了活力。明月村通过土地整理带来了土壤质量的提升和耕作环境的改善，为农村留住了人力，也满足了新兴经营主体进入的用地需求。在土地整理之后，明月村着重进行农业规模化种植的打造，建成了 3000 亩茶园和 7000 亩雷竹园，实现了茶叶、雷竹等经济作物的规模化种植，村民的人均纯收入上升到了 8000 元。

2. 新居建设阶段

2013 年，明月村借助城乡建设用地增减挂钩项目开展村庄更新，改善农村人居环境，提高村庄的基础设施与公共服务水平。明月村的增减挂钩项目总建设成本达 7310 万元。其中由农民投入的成本主要是建房成本，约为 927 万元；由企业投入的成本约为 6383 万元，包括立项审批、规划编制、拆旧建新补赔偿、复垦还耕、基础设施与公共服务建设等在内。明月村参与增减挂钩项目的人数为 952 人，占全村人数的 42.56%。农民集中居住区占地面积为 78 亩，参与项目农民人均旧宅基地面积约 396m^2，集中居住区人均新房建筑面积为 60 m^2，最终验收合格的结余可交易的指标为 540 亩，交易金额为 30 万元/亩。

明月新村聚居小区占地面积为 78 亩，分为两期入住，第一期入住 195 户，第二期入住 85 户，共计 280 户，952 人。新居人均综合占地面积为 55m^2，房屋结构为砖混结构，楼层分为 1 层、2 层、3 层三种，大多数为 3 层。小区容积率为 0.65，绿化率大于 30%。小区有完善的基础设施配套，按照“1 + 27”标准配备了公共管理服务设施、教育设施、医疗卫生设施、文化体育设施、商业服务设施、市政公用设施以及金融邮电设施，实现路通、电通、水通、通信通、光纤通。村内的村委会、活动室、警务室等由企业修建，然后无偿移交给村委会。

明月村这个阶段已经对未来产业发展有了一个长远的规划，结合当地的地理位置优势、文化资源和生态基础建设新农村综合体，筑巢引凤，为文化综合旅游产业打好基础。

首先，大面积的综合服务中心。明月新村的综合服务中心扩建成 1100m^2，为资本下乡提供了办公场所，上海乡香文化公司在明月村投资 5000 万元，修建酒店和剧场，其办公地点就选在了明月村的综合服务中心。

其次，独特的房屋设计。将民宿发展的需要融入房屋户型设计方面，明月村坚持“产村相融”的发展理念，新村房屋除了满足农户自身的居住需求外，还对乡村旅游发展所需进行了相关的配套。在明月村新居中，基本上每一栋房子都配套有与主屋独立的标间，可供农户发展民宿。当然，也有整套出租的情况，在明月窑附近就有农户将房屋整套出租，多以 15 年为期。目前小区中三人户型（105m^2）租金能达到 1 万元/年。

最后，未来发展权的预留。在新农村建设中，预留了 5%的建设用地指标，可用于美食街、小区停车场等旅游配套设施建设。

3. 产业重构阶段

2014 年，蒲江县政府通过组建明月村工作组，开发利用本地资源优势、积极引入社会资本，打造明月村文创品牌。一是对本地独特的文化资源明月窑进行开发保护，把本地的传统手艺人当作招牌，发掘本地的文创资源；二是通过引入艺术家作为“新村民”进行个人社会资本投入，共同打造“明月村”文创名片；三是争取各类建设用地资源支持社会资本进行文化体验、乡村酒店开发等产业项目；四是利用独特的新村设计，通过成立旅游专业合作社等方式让农民参与到乡村产业发展中。通过这样的方式，明月村实现了要素融合推动村庄产业发展，取得了令人瞩目的成效。

明月村的产业重构阶段体现了多元治理的特征，具体表现是在政府主导下，农民和社会资本都主动参与建设。为解决发展中的用地难题、盘活农村资源，蒲江县为明月村设计出两套方案。一是在坚持“落实宅基地集体所有权，保障宅基地农户资格权，适度放活宅基地使用权”的原则下，将农民移居他处或因外出务工而闲置的农家小院，协调出 15～20 年的租期，引进符合产业发展需求的艺术家进行改造。以“远远的阳光房”为例，著名作家宁远租赁当地农户的旧宅子改造成自己的工作室。与村民罗大爷家签订了 15 年的合同，每年租金 5000 元。之后，宁远在保留房子原汁原味风情的基础上，进行设计，将猪圈改造为草木染工坊，开起了自己的草木染工作室。目前，“远远的阳光房”里仍有两个留守老人在其中免费居住。二是调剂汶川大地震和芦山地震后的建设用地指标到明月村，规划为 40 年产权的商业用地，将 187 亩国有建设用地按 3 个功能组团划分成大小不等的 17 个地块，通过招拍挂引进文化界知名人士开展文创项目，主要进行艺术创作、乡村酒店与剧场建设等，如“呆住·明月”、樱园等文创项目。

8.5.3　简要评价

1. 政府作用

在农用地整治时期，政府提供了大量财政资金支持。在新居建设阶段，为了减少社会资本参与增减挂钩项目投资的阻力，蒲江县成立了专门的工作小组协调各部门之间的工作，简化项目审批流程。明月村的文化产业定位是以政府为主导。明月新村的房屋设计上，根据政府的要求，客卧按照标间进行设计，并可与房屋其他空间隔离开来，这样既保障了房屋的隐私性，又使农民可将这间房屋用作民宿租给外地游客获得租金收入。在具体产业打造上，坚持市场化运作模式，蒲江县政府成立了蒲江城乡建设发展有限公司，引进专业人才专门负责明月村的建设项目，为明月村的发展奠定了良好的基础。

2. 资本作用

成都市大力推进土地整理项目，早年由政府主导进行，但这种方式造成政府财政压力大、工作推进难，很难进行有效推广，尤其是某些地方政府财政资金较为匮乏，没有能力开展土地整理项目。为缓解政府财政压力，锐和公司与蒲江地方政府合作，保障了新村建设的资金。

在产业打造时期，城市资本更是扮演着引领者的角色。明月村的产业发展定位于文化产业与乡村旅游，利用城市资本的引入打造了集餐饮、住宿、文化体验于一体的完整产业链，并将文创与农业相结合进行产业链延伸。城市文化产业资本的作用在于利用自带“流量”使明月村聚集产生完整的产业链与品牌效应。

在精神文化层面，艺术家们在明月村的投资提升了明月村整体的文化涵养。明月村内开设有明月夜校，每月组织一次专业技术培训。这些进村的艺术家也会定期或者不定期地开办各种免费课程，教授村民新的技术与知识。例如蜀山小筑的李清每周六都会开办免费的陶艺课，来自清华大学的乐毛家曾在综合文化站举办新农村建设的讲座。村民的精神文化生活也在潜移默化间得到了极大的丰富。

3. 村民作用

在共建共享共治的过程中，村民并非一味按照政府政策亦步亦趋，也没有因为社会资本注入成为其附庸角色。明月村项目推进工作组根据明月村“乡创＋文创”的基调在“茶山、竹海、明月窑”的产业本底上规划出瓦窑山、谌塝塝两个老村民创业区，将艺术家院落和老村民相对集中的谌塝塝改造成新、旧融合的微村落，又协调出一块村集体的土地建设成荷塘和沙坑，用集装箱做成陶艺体验空间，将游客导向谌塝塝聚集并停留；在瓦窑山，规划出停车场，沿着地势起伏用碎石小路在竹林、人家户和馒头窑之间串联起一条游线，游线两边的茶田里遍植海棠。瓦窑山和谌塝塝的微村落改造为村民搭起了创业平台，很快谌塝塝人气见旺，40 岁的吴老板改造房屋开竹林柴火鸡，70 岁的杨大爷在自家天井里卖豆花饭，刚刚大学毕业的年轻人也回来把自家房屋改成民宿和电商驿站。靠近瓦窑山的张冲，将自家院子改造成民宿，另一户人家计划把老房子改造成带有农产品展示和销售功能的餐厅。

2015 年 3 月，由 25 位社员自愿筹资 30 万元，加上财政的 30 万元和村集体的 30 万元，启动资金总额 90 万元成立了成都明月乡村旅游专业合作社。合作社成立后，聘任返乡青年双丽担任经理，经理没有股份，不拿工资，如果经营得好则领取盈利部分的 20%作为报酬。在双丽的领导下，合作社成员陆续开发了茶、竹、陶、印染等特色旅游产品，经营农夫集市、手工社、乡村工坊、自行车租赁、停车场管理及观光游览车等旅游配套项目，除了对村民进行讲解和游览车培训，也对村民开设的餐饮及客栈进行指导和培训，还联合新村民对本地村民进行传统技艺培训，如陶艺、印染、篆刻培训。经过几年发展，合作社现有股民 37 人，股民投入的股本现金由成立之初的 30 万元增加到 43 万元，带动村民创业项目 22 个，新村民租用原村民旧房改造项目 19 个，合作社自营项目 6 个，开发旅游产品 10 余种。

8.6　蒲江炉坪村土地金融助力传统农业向观光农业转型

8.6.1　炉坪村基本情况

蒲江县大兴镇炉坪村位于大兴场镇西北部，距县城 12km，距成都市中心城区约 70km。2019 年全村面积 8.28km^2，耕地 7000 余亩，林地 4338 亩。下辖 13 个村民小组，705 户，2205 人，全村劳动力 1155 人。炉坪村虽然地处大城市近郊，拥有较好的地理区位优势，但是在 2011 年之前属于成都市市级贫困村，主要农作物有水稻、玉米、油菜，产业结构单一，产品附加值低，全村劳动力流失严重，人均收入仅有 6820 元，是一个典型的农业村。

在蒲江县“三大工程”支持下，炉坪村大力调整产业结构，发展猕猴桃种植业，并且在政府的指导下引入社会资本共同经营。炉坪村目前主要以猕猴桃、晚熟杂柑、茶叶种植为主要产业，正在建设 AAAA 级猕猴桃国际公园，打造集生态农业、生态旅游、国际营销、文创开发、休闲娱乐为一体的新型综合性产业发展模式。经过多年努力，炉坪村人均收入从 2011 年的 6820 元增长到 2017 年的 24800 元，2018 年人均收入基本达到 30000 元。

8.6.2　土地综合整治情况

从 2006 年开始，蒲江县探索利用增减挂钩项目改善农民住房条件，推动新农村建设，在中央和省市指导文件下有序推动增减挂钩项目实施。2012 年炉坪村增减挂钩项目正式立项，项目由政府投资实施，拆旧复垦房屋由农户自行拆除，复垦工作由村民委员会确定的施工单位统一组织实施，复垦费用为 7000 元/亩；补偿安置费为 1 万元/人，节约宅基地面积按 80 元/m^2 进行差额补助，过渡费为每人每月 80 元，按三个月发放；给予被占地农户 2 万元/亩的权属调整补偿费及青苗、地面附着物补偿费 6000 元/亩。项目总投资 5200 万元，节约建设用地指标 210 亩，搬迁安置 215 户，共 645 人，占全村人数的 1/3。项目收益全部用于小区基础设施配套建设和搬迁农户的补偿安置。在项目实施过程中，对于家庭贫困无力承担建房费用的农户，村委会联系县工会帮助贫困农户在蒲江县村镇银行申请建房贷款，由村委会作担保，工会支付利息。在本次项目中，共有 40 余户农户申请贷款，资金达 200 万元，贷款均在三年内还清。

在 4A 级猕猴桃国际公园建设过程中，炉坪村已在园区配置了 3 亩集体经营性建设用地，用于修建游客中心和观景台。按照发展规划，未来猕猴桃国际公园发展还需要近 20 亩建设用地。为保护耕地资源，炉坪村坚守不占用耕地的政策底线，对村内集体建设用地进行规划统计，以实现集体建设用地的高效配置，目前已整理出 10 余亩集体建设用地供园区进一步发展使用。炉坪村依托增减挂钩项目建成了炉坪新村，既改善了农民居住条件和生活水平，又增加了农业用地，调整了土地布局结构，为后续产业发展转型创造了良好的条件。

8.6.3　项目实施效果

1. 产业结构调整

由于产业结构单一、经济效益低下，炉坪村村民收入一直处于较低的水平。全村意识到只有及时调整产业结构，发展收益高、前景好的产业才能脱贫致富。2011 年村主任发动村里几名能人，前往都江堰参观学习猕猴桃种植技术，买入树苗示范种植，农民看到种植猕猴桃经济效益好，便纷纷效仿。2012 年炉坪村 162 户农户以土地入股成立土地股份合作社，利用争取的 930 万元农业扶持资金建成 1000 亩猕猴桃核心示范基地，并配套沟渠、道路、电网、生产用房等基础设施，炉坪村猕猴桃产业基础初步形成。

2014 年，由于资金短缺，猕猴桃核心示范基地运营困难，炉坪村在政府指导下探索引入社会资本共同经营方式。通过公开招标，炉坪村最终与晨缘家庭农场达成协议，村集体以前期投资入股与晨缘家庭农场注册成立新炉农业有限公司，村集体占股 17%，晨缘家庭农场占股 83%。2016 年，晨缘家庭农场将其持有股份以 1000 万元转让给成都新朝阳作物科学有限公司。成都新朝阳作物科学有限公司是一家致力于有机、绿色农业生产投入品研发、生产和推广应用的农业技术公司，目前公司已获 100 余项科技成果和发明专利认定，拥有农业投入品技术 200 余项，土壤综合改良技术处于全国领先水平。引入社会资本后，新朝阳公司为炉坪村猕猴桃种植业带来了先进的技术和管理经验，炉坪村猕猴桃示范基地进入了新的发展阶段。目前，炉坪村的猕猴桃产业主要定位在高端农产品市场，并积极开辟出口市场，产品远销马来西亚、新加坡、法国、荷兰等国家。

在农产品生产标准上，以 8S 管理体系生产，在土壤管理、种苗、园艺设施技术、作物营养与健康管理、病虫害防治、农产品安全追溯服务、物流流通等方面均有权威认证，构建了农产品从生产端到消费端的全产业链服务体系。在资金投入上，亩均投入 5000 元，远高于市场亩均 3000 元的投入，示范基地内生产的黄心猕猴桃价格可达 10 元/斤，红心猕猴桃价格高达 20 元/斤，远高于市场均价 3 元/斤和 7 元/斤。

在业务开发上，一是结合现代互联网技术，开发果树领养业务，400 元可认领一棵果树一年，认领者可使用手机 APP 观察认领果树生长情况，园区负责为认领者邮寄结出的鲜果，并为认领者提供园区免费住宿一晚，为后续生态观光的发展积累人气；二是创新农房利用，打造精品民宿。炉坪村对本村民宿的建设风格作出统一要求，形成了两种民宿发展思路：一种是农民自行发展民宿，房屋装修、景观打造均由农户家庭负责；另一种是农民与公司以租赁形式发展民宿，公司每年支付农户家庭 1.5 万元租金，由公司负责打造，并结合园区资源开发新项目。

在未来发展上，炉坪村规划在未来 5 年内进一步扩大基地范围，带动周边 5 万～10 万亩猕猴桃产区按照欧盟标准进行生产。进一步拓宽国际市场，实现打通全球 30 个国家市场的目标。

2. 收益分配

“公司 + 集体经济 + 合作社 + 农户”的模式为炉坪村发展带来新技术、新方向，为产业发展创造新空间。为保证农民、集体、企业共赢，保证“公司 + 集体经济 + 合作社 + 农户”发展模式的持续稳定，炉坪村探索了“收益分成、保底分红”的利益联结机制，既实现了集体与企业利益挂钩，又保证了农民有稳定的收益。

在与晨缘家庭农场合作期间，为保证农民收益，双方讨论决定将农民土地租金定为 800 斤黄谷，黄谷单价由当年国家发改委等部门公布的中等黄谷价格为准，并提出，从 2016 年开始，租金在原来的基础上每亩增加 500 元，租金由晨缘家庭农场承担，园区收益按股份分成。

在与新朝阳公司合作期间，村集体对原有的利益联结机制进行了调整，双方商讨后最终决定，原有的 500 元分红改为不少于 500 元分红，分红增加量可以在园区盈利之后协商决定。园区未盈利期间，企业每年要支付村集体 10 万元固定分红，作为村集体前期投资的收益，盈利之后按照股份分成，且分成不低于 10 万元（表 8-3）。至此，新的利益联结机制基本形成。在炉坪村的收益分配方式下，村集体、农民、企业收益相挂钩，在未来园区发展良好时，农民可以分享产业发展带来的收益，促进了农民增收；在园区建设前期，保底分红机制保证了农民每年有固定的收益，也保证了集体前期投资能有稳定的回报。紧密的利益联结机制强化了农民作为市场主体的平等地位，鼓励了村集体、村民挖掘村内房屋、土地等资源的潜力，分享更多产业链增值收益。

表 8-3　炉坪村利益主体分配方式

利益主体	分配形式	数额
企业	利润（农业 + 旅游业）	—
村集体	固定分红	10 万元/年
村民	土地租金	800 斤黄谷/亩/年
	保底分红	≥500 元/年
	工资	150 元/天（农忙时）
	民宿房屋租金	1.5 万元/年

3. 乡村治理

经过土地整治，炉坪村村民居住集中度更高，在乡村治理方面也翻开了新篇章。村上以村两委为核心，通过村民议事会、小区业委会、五老调解队等组织，形成了和谐文明、互助团结的良好氛围。

（1）发挥党支部带领作用。根据实际情况炉坪村分别设立了环境整治项目推进、产业发展、文化建设、党员建设、临时党小组等若干个党支部。党员根据实际情况自愿参加。以环境整治小组为例，主要是涉及年龄较大的党员，通过把个人的环境卫生做好，就能带动村民。比较年轻的党员可以参加项目推进小组，跟进村里实施的各种项目，遇到困难时，发挥先锋作用。

（2）发挥村民自治作用。议事会由村民大会选举产生，并保证每个村民小组都有议事会成员。议事会会议由村支部书记主持召开，主要职能是对村重要计划事项做出决策。议事会有严格的会议记录制度，通过事项需要议事会成员签字按手印，程序非常规范。村两委负责搜集村民诉求：最需要什么、最想干什么等。之后通过党员会议进行筛选再提交议事会。议事会表决通过后，村委会才可以开始实施。此外，还成立了小区业委会，由炉坪新村小区业主选举产生，在村委会领导下自主管理，通过收取物业费的方式对小区基础设施、卫生环境进行维护管理。成立了五老调解队，由村里的五位老党员、老干部组成，主要帮助调解村里的棘手问题。五老调解队成员年龄都在 60 岁以上，在村里威望较高。如果遇到村民自行无法解决的矛盾，可召开五老调解会，坐下来商量，村民出于对老干部的尊重，往往问题更容易得到解决。

炉坪村这样的城市近郊乡村在推动乡村振兴过程中，应当注重对村内资源要素的盘活和新要素的注入。土地产权的调整带动土地从资源变为资产，实现资本升值，最终实现农民增收。社会资本的注入则带来先进的管理、技术、人才等要素。通过二者的结合，城乡要素的互补，传统农业就可以实现向现代农业的转型。

8.7　崇州竹艺村林盘整治实现乡村手工艺产业发展

“林盘，蜀语也，溪畔农舍，竹树盘绕之地”。川西林盘作为西南地区独有的一种传统生态聚落，是蜀文化的重要载体。在数千年的历史进程中，川西林盘文化既传承了农耕文明的历史文脉，也延续了蜀山蜀水的乡愁记忆，具有重要的生态价值、经济价值和文化价值。《四川省乡村振兴战略规划（2018—2022 年）》提出，加强对农耕文化、孝道文化、林盘文化中优秀乡村文化遗产的保护研究和转化利用。林盘如何整治、林盘文化如何打造才能在严守生态红线的基础上助推乡村振兴战略顺利实施？崇州市道明镇竹艺村交出了一份林盘整治与乡村价值挖掘有机融合的答卷。

8.7.1　竹艺村基本情况

竹艺村是由道明镇龙黄村 9、11、13 小组形成的一个自然村落，位于成都市崇州市中部，距成都市区约 40km，处于无根山丘陵区与坝区交界地带，背山面田，邻近“西川宝镜”白塔湖，“最美乡村公路”重庆路经过此处。2019 年，竹艺村总占地面积约 123 亩，有 86 户村民共 295 人。

8.7.2　土地综合整治情况

从镇上的贫困村到游客慕名前来的“网红村”，竹艺村的华丽转身背后，是一条以土地资源盘活为起点的乡村价值挖掘之路。

第一阶段：规划编制先行，综合整治随后。“屋前修竹三两根，林下竹桌茶一杯”，这是如今竹艺村诗与远方般的意境呈现，但这并不是自然形成的，而是前期精心规划设计的结果。2013 年，中央美院在实地考察龙黄村时，提出将竹艺村所在范围打造为“文创旅游的创新创意示范区”的想法。之后，竹艺村启动规划方案，围绕“产业新城、品质崇州”的发展定位，结合自身实际，计划打造具有“竹编韵、川西味、国际范”的新中式林盘。2016 年，竹艺村在注重生态标准的基础上，确定了“设计点亮乡村未来”的规划方案，引入崇州市市属国有平台公司——四川中瑞锦业文化旅游有限公司的专业团队，要求其既尊重所在地地理风物差异、乡风文化差异、产业结构差异，又遵循“社会治理与社区运营标准化”和“艺术审美与空间设计标准化”为核心的“两个标准”原则，根据资源现状进行专业规划设计。

在空间、交通、环保、服务、景观、生态、人文、旅游、农业、慢生活十大系统规划布局指导下，竹艺村整合各项政府专项资金，着手林、水、田、院综合整治工作。一是制定风貌导则保持原有村庄形态，保持屋顶小青瓦、墙面露出蒸汽砖、外墙刷白、半透明围墙等原生态外貌。二是完善道路、管网等基础设施，开展河道整治，为村民提供便利的现代化服务。

尊重原生态乡村风貌、打造新中式林盘，在生态理念引导下进行科学规划，用科学规划引领乡村综合整治，用专业的设计营造出原生态的乡村风貌，竹艺村的发展之路从一开始就有其独特之处。

第二阶段：激活土地要素，助力产业发展。政府资金输入改善了村庄旧貌，但没有产业支撑的乡村只能是一个美丽的“空壳”，而产业的发展离不开土地、资金、劳动力等生产要素的支持。为发展乡村产业，竹艺村先后成立了土地股份合作社、竹编文创合作社和旅游合作社，统筹村内资源进行产业培育。其中土地合作社与旅游合作社对激活土地要素起到了至关重要的作用。

在农用地方面，竹艺村 86 户村民以 34 亩农用地入股，成立土地股份合作社，按照“农业共营制”模式，引入职业经理人进行经营。入股到土地股份合作社的农用地主要用于经营观光油菜、体验菜园、林下作物，在规模种植提高农业收益的同时，也为竹艺村特色乡村旅游打造了田园景观，实现一三产业有机融合。在利益分配上，一方面，土地股份合作社成员按照 400 元/(亩·年)的标准获得保底收益；另一方面，按照土地亩产值获得合作社当年纯收益分红。另外，合作社还返聘村民进行农业种植，按天支付工资（表 8-4）。

表 8-4　竹艺村土地要素盘活总结

土地类型	盘活主体	盘活过程	利益分配
农用地	土地股份合作社	86 户农民以 34 亩农用地入股合作社，用于规模化种植和田园景观打造	保底分红[400 元/(亩·年)]＋合作社纯收益按亩产值分配＋返聘工资
集体经营性建设用地	旅游合作社	用于打造标志性建筑	—
宅基地		出租给新村民，用于培育新产业业态	户均年租金 1.5 万元

在集体建设用地方面，竹艺村运用集体经营性建设用地打造了竹里、竹编博物馆等标志性建筑。在宅基地方面，竹艺村秉承“保留原生态乡村风貌”的理念，村内未进行大拆大建，宅基地资源的盘活是通过院落出租、自营方式实现的。由于一户多宅或进城居住等现象，竹艺村内有多处闲置宅院，为盘活这部分资源，村内成立了旅游合作社。村民按照自愿的原则，在保证住有所居的前提下，与旅游合作社签订《农村宅基地（房屋）租赁协议》，将闲置院落出租，旅游合作社获得《农村宅基地（房屋）租赁使用权证》。旅游合作社再通过中瑞锦业文化旅游有限公司平台，将院落出租给想要到竹艺村发展的新村民。院落租赁时，由村民与新村民直接协商，租赁期限为 10～20 年，租金由双方自主协商确定，旅游合作社作为见证方参与协商过程。截至 2019 年 10 月，共有 20 余座院落流转到旅游合作社，其中有 18 户已经成功流转给新村民，每座院落平均年租金为 1.5 万元。除房屋出租以外，竹艺村旅游业的发展也激励部分村民效仿新村民，改造自家院落用于经营餐饮等服务业。据统计，2018 年全村实现文化和旅游收入 1.2 亿元，竹艺村村民人均年收入中有 20%以上来自餐饮、住宿等旅游服务业。

利用农用地和川西林盘打造休闲农田体验区，用集体经营性建设用地打造竹艺村标志性建筑，用宅基地发展民宿、餐饮等休闲旅游基地。竹艺村的土地综合整治，没有大规模的拆建工程，而用科学的规划营造出多元化的乡村产业业态，这更像是艺术家用细腻的手法打造了一件独具特色的艺术品。

第三阶段：挖掘道明竹艺，文化价值变现。“山上清泉山下流，家家户户编花篼”，这是竹艺村长期以来村民生活的景象。“道明竹编”作为传统手工艺品，因其历史悠久、工艺独特，被列为国家级非物质文化遗产及中国地理标志保护产品。对竹编文化的深入挖掘，是竹艺村活化乡村价值的重要一环。

首先，将竹编艺术融入建筑设计。以竹艺村标志性建筑竹里为例，“竹里房栊一径深，静愔愔。乱红飞尽绿成阴，有鸣禽。临罢兰亭无一事，自修琴。铜炉袅袅海南沉，洗尘襟。”它的设计灵感来源于诗人陆游描绘的田园意境。建筑内外到处是用竹编工艺打造的装饰物，紧密结合当地竹编文化，与当地自然融合。其次，将竹编文化融入产业发展。一是成立竹编文创合作社，按照“业态重塑、高端发展”的原则，吸引 3 个大户 + 20 个小户入社，打破行政村限制，将道明镇所有的竹编艺人纳入社，共谋发展之道。二是引进中央美院等技术助力，指导竹编商家改进工艺技术，抱团提升品牌认知度和知名度，增加产品附加值，实现二产高端化。最后，将竹编文化融入乡村旅游。竹艺村依托“道明竹编”非物质文化遗产这一招牌，承办多场非遗文化节，吸引大量游客前来参观游玩，带动当地旅游业的发展。

竹艺村将建筑、产业与竹编文化相融合，既是对文化的尊重，更是对文化的传承。竹编文化深入挖掘与创新发展不仅实现了产品附加值的提升，更吸引了众多游客前来，让村民“鼓了钱袋子”，这是将文化价值转化为经济价值的成功案例。

8.7.3　项目实施效果

竹艺村通过川西林盘整治、林盘文化挖掘，在严守生态红线的基础上助推乡村振兴战略实施。一是激活土地要素助力一二三产业共兴。以农用地入股、“农业共营制”组织模式推动农业规模化种植；以竹编联社聚集全镇竹编艺人共谋竹编手工业传承之道；以闲置宅基地盘活助力乡村旅游发展。竹艺村通过土地综合整治，激活了乡村内生发展动力。二是成功打造了生态宜居乡村。“以前的龙黄村都是泥巴路，现在村里的路已经修成了水泥路，通到家家户户门口，这是以前想都不敢想的。”竹艺村村民李女士发自肺腑的一席话道出竹艺村土地综合整治项目对乡村振兴的意义。三是有效的社区治理方式推动新老村民的自然融合。低矮的围墙等原生态乡村氛围营造，加上社区管委会搭建新老村民沟通的桥梁，“园内有鸿儒谈笑风生，围墙边有村民耳濡目染”的生活场景是竹艺村社区治理效果的呈现。四是文化价值变现助推农民增收。深入挖掘当地竹编文化，2018 年，竹艺村村民人均纯收入超过 20000 元，完成了从一个贫困村到“网红村”的华丽变身。

8.7.4 简要评价

以川西林盘保护为主线，以规划设计为引领，以土地整治为起点，以乡村价值挖掘为手段，在道明镇，政府、企业、新老村民共同用传统手工艺编织了一个“网红村”，为乡村振兴战略实施提供了一条别具一格的路径。

（1）川西林盘保护与乡村振兴的统一。乡村振兴的最终目标是实现“农业强、农村美、农民富”，川西林盘作为西南地区独有的生态聚落，是美丽乡村的一道天然景观；另外，川西林盘作为千百年来西南地区农耕文明的载体，对其文化价值的深入挖掘对于打造原生态乡村风貌，发展乡村旅游，促进农民增收意义重大。竹艺村在乡村建设过程中，对川西林盘的保护和修复，促进了“农村美、农民富”目标的实现。

（2）科学规划指导乡村建设。竹艺村没有大规模的土地整治工程，却成为成都市乡村振兴的亮点工程。它不是大拆大建重造出的美丽新村，而在是保留原生态乡村风貌的同时，叠加现代化服务的美丽乡村。这种原生态与现代化有机融合的乡村美景，离不开前期的科学规划。在打造“竹编韵、川西味、国际范”的新中式林盘理念指引下，竹艺村对全村土地空间布局进行合理规划，再以规划指导乡村建设。这种“先规划，后建设”的乡村发展理念值得广大农村地区学习借鉴。

（3）深入挖掘当地文化内涵，创新发展转化为经济价值。竹艺村不仅拥有以川西林盘为载体的农耕文化，还有独具特色的“道明竹编”这一国家非物质文化遗产。将川西林盘保护融入乡村景观塑造中，将竹编文化融入乡村建筑设计、产业发展中，竹艺村在文化与旅游、传统手工业与旅游的融合中，实现了文化价值向经济价值的转化。

（4）新老村民的自然融合。乡村振兴离不开土地、资金、人才等要素的支撑，人才是挖掘乡村价值、增强乡村造血功能的主体。在竹艺村，企业家、艺术家等新村民的到来为村庄的发展带来了先进的理念与客流量，其经营模式、理念成为老村民学习模仿的样本。低矮的围墙下，在“园内有鸿儒谈笑风生，围墙边有村民耳濡目染”的生活场景中，村民融合不仅让村民物质财富增值，更让村民精神同步富裕。

8.8 崇州五星村自主实施土地整治以抵押赋能筹资金

8.8.1 五星村基本情况

五星村位于崇州市白头镇东南部，东与崇阳镇、南与隆兴镇、西与白头镇甘泉村接壤，北面紧临成温邛高速公路。2019 年，该村面积 3.6km^2，耕地 3486 亩，村民小组 26 个，农户 1115 户，人口 3055 人，人均宅基地面积约 155m^2。当地地势平坦，土地肥沃，水资源丰富，林盘众多，河流沟渠纵横交错，桤木河从该村东侧穿过，生态本底良好。过去因交通极度不便、产业结构单一，一直无法摘掉“贫困村”的帽子。直到 2013 年，五星村被纳入扶贫对象，在成都市、崇州市的全力支持下，采用“小组微生”模式建设新村。两年时间里，五星村把土地整治、产业发展和生态建设紧密结合起来，如今已成为崇州市十万亩粮食高产稳产高效综合示范区组成部分、桤木河湿地公园、闲来民宿等众多闪光点的幸福美丽新村，更是“成都市统筹城乡综合改革示范片”和成都市打造“小组微生”的示范点。

8.8.2　土地综合整治情况

五星村的土地综合整治大致可分为以下三个阶段。

第一阶段：因地制宜，规划建设“小组微生”式新村。项目实施前，五星村村民主要以小聚居的方式分散居住在六七个林盘中，而当时的土地利用规划并未预留足够的有条件建设区作为新村选址。为解决新村建设选址问题，同时传承川西林盘文化，在广泛征求群众意愿的基础上，五星村整合了原有的五六个林盘，按照“小规模、组团式、生态化、微田园”要求，秉承形态、业态、文态、生态融合发展思路，着眼“景农一体村庄、产村相融单元”的规划定位，以 AAAA 级旅游小村的标准设计房屋，按照“1 + 28”标准配置基础设施，规划修建“五星逸居”“五星福居”“五星闲居”三大组团，新建 800 多套川西民居风格的房子，共有 1～5 人户的户型供村民自主选择。

“小组微生”式新村共吸引全村 751 户 2825 人参与，参与度达 90%以上，这部分村民应如何进行安置补偿呢？五星村新村建设充分利用农村产权改革成果，将农村产权改革中确权颁证的宅基地和集体建设用地使用权，同建新区内房屋建筑面积、基础设施配套和建房补贴相置换。经统计，项目区内农户人均旧宅基地面积为 155m^2，人均新宅基地面积为 60m^2，平均每人可节余宅基地面积 95m^2。

为了充分满足村民的建房需求，五星村制定了统规自建、统规统建和货币安置三种补偿安置方式，供村民自由选择。选择货币安置的，按照 18 万元/亩的价格予以一次性补偿，不享受其他安置补贴和搬迁奖励（需要强调的是，选择货币化安置必须提供合法有效居住地的房产证明）。选择房屋安置的，不考虑旧房结构的差异，首先按照人均 3.2 万元给予安置补助（其中 1.2 万元用于搬迁安置补贴，2 万元用于基础设施配套），然后按照人均 60m^2（其中 30m^2 为公摊面积）的标准进行房屋面积置换，超出的按照 80 元/m^2 对农户进行补偿，不足的按照 320 元/m^2 由农户补齐，最后农户再按照 820 元/m^2 的价格购买新房，即先补偿，后购买，实行收支两条线。同时，如果在合同约定时间内完成搬迁和复垦的，予以人均 2000 元的奖励（图 8-3）。

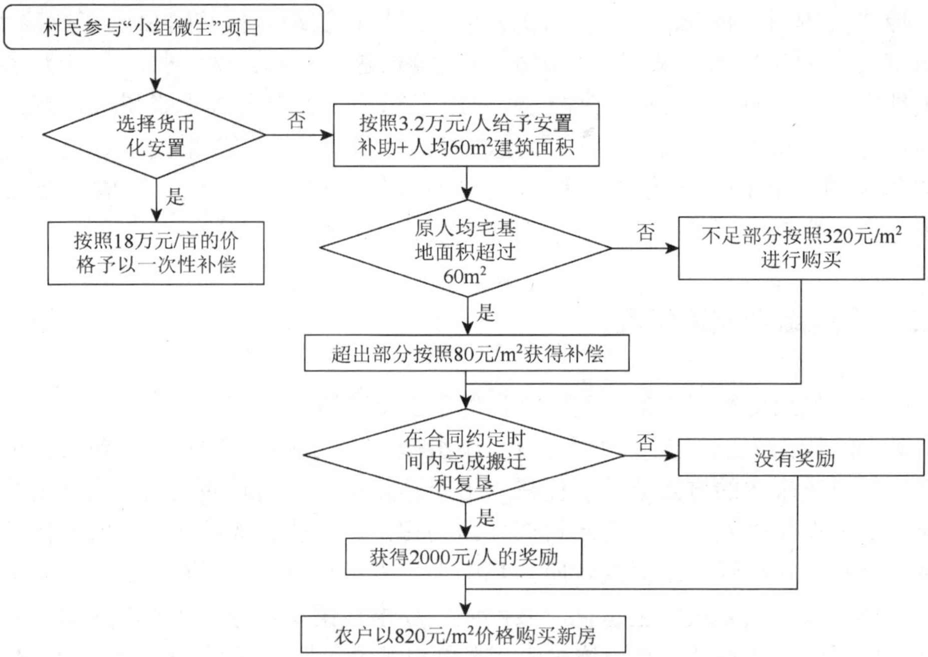

图 8-3　五星村“小组微生”项目补偿安置流程

第二阶段：农民集资，自主实施土地整治。2013 年 4 月，五星村在成都市委市政府的关心支持下，依托城乡建设用地增减挂钩项目，正式启动了“小组微生”幸福美丽新村建设。然而，项目实施面临的首要问题是钱从哪里来。五星村在充分征求群众意愿的基础上，运用农村产权制度改革确权颁证的成果，以集体经济组织——崇州市白头镇星达土地股份合作社为主体，整合农户、银行贷款等资金来推进项目的实施。

一方面，在报名参加新村建设的同时，要求村民按照人均 1 万元的标准缴纳建房保证金，既可敦促村民按时履约，又可以作为项目的启动资金。参与新村建设的村民共计 2825 人，共筹集 2825 万元启动资金。另一方面，在村委会的倡导下，于 2013 年 5 月 29 日召开社员大会，由 36 人共同出资 535.1869 万元（集体建设用地折资入股方式）发起成立崇州市白头镇星达土地股份合作社。2013 年 10 月 18 日由于新入股社员的加入，合作社成员大会由 306 人组成，新增资本 4004.47 万元，资产达到成都农商银行规定借贷 5500 万元的要求。

2013 年下半年，五星村将 751 本农户宅基地证与 69 本集体林盘地证书流转至星达土地股份合作社，进行了集体建设用地的变更登记和流转（俗称“小证变大证”）。完成集体土地变更登记之后，合作社以土地为担保向成都农商银行提出贷款申请，并于 2014 年 6 月 9 日成功贷款 5500 万元。通过复垦还耕，项目结束后五星村共节余建设用地指标 298 亩，除本村预留 70 亩以外，剩余指标在成都市农交所挂牌出让，由蜀兴公司（崇州市政府平台公司）摘牌，支付的资金用来偿还这 5500 万元的银行贷款（图 8-4）。

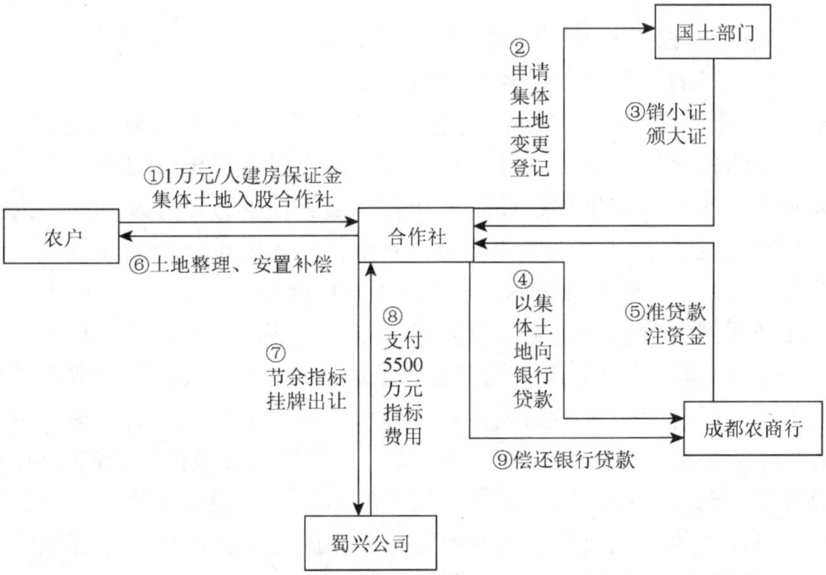

图 8-4　农民自主实施土地整理过程

第三阶段：调田撵地，耕地权属调整。解决资金难题后，随之而来的是第二个难题：土地如何利用？为更好集约利用土地，五星村以组为单位，按照总量控制、占补平衡、调田撵地的基本原则，在确定参与建房人数、组团范围以及实际占地面积的基础上进行土地权属调整。在公摊面积确定上，宽在 6m 以上（含 6m）的内部道路、外联通道、村委会（含村委会广场）为全村参与建房人员公摊的面积；民俗广场、荷塘面积为小区建房人员公摊的面积（分为铁路上下两个小区）；以组为单位划分组团，宽 6m 以下的道路、共用通道、绿化带、停车场、节点广场等为组团建房人员公摊的面积。此外，以新村建设安置点为中心，按照各组相对地理位置，由远及近逐组开展权属调整。即相对地理位置较远的组按该组实际占地面积数量落实到相应田块（相应田块必须是集中的整块区域，不得分散落地），就近调整到相对地理位置较近的相邻组，再由相对地理位置较近的组调整到安置点内的相邻组。组内集体成员以户为单位逐户进行权属调整，调整面积＝该户实际参与建房人数×该组人均实际占地面积。调整方式以该组实际情况自行协商拟定，如湿地区域可以调整湿地流转面积、十万亩区域可以重新分配土地，安置点内除去建房面积和公摊面积后剩余的农用地原则上归原生产小组自主分配，确实不利于耕种的田地可以统一规划为菜地，允许点内住户参与流转。

8.8.3 项目实施效果

五星村先后被评为“中国最美休闲乡村”、四川省“四好”村等，一举实现了从贫困村到示范村的华丽转变，乡村振兴效果显著。

首先，“一行三社”提升乡村自我生长能力，助力一三产业融合发展。五星村先后成立了崇州白头镇星达土地股份合作社、崇州市五星土地股份合作社以及崇州市五星旅游合作社，对集体建设用地和农用地进行全方位开发利用，为扶贫开发和产业发展奠定了基础。2012 年 4 月，五星村将村民承包地的承包权和经营权分离，成立“五星土地股份合作社”，对村民的承包地以 300 斤大米/亩的价格进行流转，此外根据经营情况，年底再分红。截至目前，五星村所有村民都加入了该合作社，经营面积 951.81 亩，统一经营率达到 100%。合作社采取多种经营模式，分为粮食规模种植、种养循环、立体养殖、育秧中心、农机、粮食烘干加工中心等数个经营小组。同时，土地股份合作社成立“粮食银行”，借鉴银行存储功能和经营管理理念及运作方法，农户将自己的口粮、余粮以实物形式寄存到粮食银行，随时可以出售、兑换粮食或其他商品，由此为农民提供一个存粮的服务机构。崇州市五星旅游合作社通过集中化统一招商引资，品质化统一规划设计，区域化统一包装营销，先后储备了 36 幢民居，通过“互联网＋乡村旅游＋农产品销售”的模式，实现产业化企业带动集体经济的壮大，一批文化创作室、科研工作室、餐饮、民宿等产业也相继入驻。“互联网＋乡村旅游＋农产品销售”的模式，打通了乡村与城市之间的流通通道，将城市旅游人群带进农村，在旅游消费的同时，将农村“绿色无公害农副土特产品”带出去，让更多人享受原生态的安全绿色农产品，既打响乡村旅游品牌又起到拓宽农产品销售渠道的作用。同时，五星村还鼓励村民参与一三产业融合发展。一方面，村民可通过“粮食＋经济作物”复合高效模式，即“粮＋草莓/食用菌/蔬菜”“稻与蟹、鱼、虾、鳖共生”，发展现代农业。另一方面，村民可结合第一产业项目设置特色餐饮、休闲度假、娱乐体验项目，从事民宿客栈、农家一桌餐、湿地旅游服务配套等乡村旅游业。

其次，按照“景农一体村庄、产村相融单位”的设计理念，打造生态宜居乡村。五星村建成 3 个区、26 个组团，建筑面积 12 万 km^2，入住农户 751 户、2825 人的新村。五星村的 3 个片区都设有包括医疗服务、老年居家服务、青少年中心、法律援助服务、党建活动、红白事场所等在内的“一站式”公共服务站，卫生站、学校、停车场、天然气、自来水、雨（污）水管网、通信网络、智能监控等基础设施更加完善。此外，五星村围绕建设“亮点镇、精品村”的目标，修建了崇王路中段和重庆路延伸段两条骨架道路，与 10 万亩乡村旅游环线、重庆路相互贯通，形成外连干线道路、内接农民新村的交通网络，极大地方便了村民的出行和产业的快速发展。2019 年国庆节期间，五星村客流量达 3 万人次，平时周末为 2000～3000 人次，乡村旅游业发展势头较好。

再次，按照“政府引导、农民主体、市场运作”的思路，充分发挥村民自治作用，建设文明新村。新村建成之后，五星村建立了文明公约制度，实行民主化公共管理，并成立业主管理机构，运行“$1+3+N$”管理机制，“1”以村支部委员会为核心，“3”个议事机构（议事会、监事会、业委会），“N”支服务队伍（百姓智囊团、专业化社工、专业化物管、文艺宣传队、调解委员会、志愿者服务队）。

最后，一三产业融合发展，集体经济组织日益壮大、农民收入稳步提升。在项目实施前，五星村属典型纯农业村，农业生产一直以水稻、小麦、油菜籽等为主，养殖业以家禽为主。过去全村主导产业产值不高，种植模式单一，村民增收难度较大。2012 年，全村农民人均纯收入仅 4800 元，低于成都市的平均水平。截至 2018 年，五星村已实现了全村土地 100%流转，建成高标准农田 2000 余亩、高端草莓设施种植基地 200 亩、稻田养蟹养鱼示范基地 100 亩、种养循环示范场 1 个，成立“五星土地股份合作社”，以优质粮油为主要产业，大力发展认养农业、观光农业、体验农业等创意农业，并成功打造了“五星品牌”。围绕农业生产，五星村设立了农业服务基地，下设育秧中心、农机中心、烘储中心、加工中心 4 个服务中心。其中，育秧中心每年收入约 200 万元、农机中心收入约 150 万元、烘储中心收入约 400 万元、加工中心收入约 300 万元，循环农业养殖场和公建用房年收入约 280 万元。2018 年，五星村集体经济收入超 200 万元，全村人均可支配收入为 23360 元，高于成都市农村人均收入水平（22135 元）。

8.8.4　简要评价

五星村以集体建设用地抵押贷款、自主实施土地综合整治助推乡村振兴，其破茧成蝶之路，有许多值得学习借鉴的经验。

首先，编制村庄规划，高效利用土地。五星村总用地 4545 亩，2013 年进行新村建设之前村庄建设用地 750 亩，建设用地布局分散，耕地 3195 亩。2013 年五星村对现状条件及发展定位进行了综合分析，对土地利用进行了新一轮的科学规划。五星村住宅用地原为 627.45 亩，规划后为 141.6 亩，在总用地比例中下降了 10.74%；村庄产业用地原为 56.1 亩，规划后为 554.1 亩，在总用地比例中上升了 10.96%。五星村高效地集约了土地，在保证居住质量的前提下，将土地用于发展经济，建设家乡，基础设施用地、对外交通设施用地分别扩大为原来的 2.06 倍、2.55 倍。由于科学规划各类用地，村庄建设用地总体只增长了 10%，但各类土地的使用更加高效合理。

其次，建设用地抵押贷款，自主筹集建设资金。乡村振兴工作的推进，离不开土地、资金、劳动力等要素的支撑。对于传统农村，在长期的城乡二元经济结构拉大收入差距的情况下，最紧缺的就是资金。钱从哪里来？大部分农村都是通过政府资金注入、社会资本下乡的方式解决这一问题，而在这些方式下进行的乡村建设，农民话语权可能越来越弱，最后丧失主导地位。五星村则另辟蹊径——以建设用地抵押贷款，自主筹集建设资金，将乡村建设主导权牢牢握在自己手中。这种创新性的筹资方式，既能缓解政府乡村振兴注资压力，又能提升农民主体的话语权，是五星村脱贫致富的核心驱动力。

再次，耕地保护与风景塑造并举，生态保护与社区整治并重。一方面，作为崇州市十万亩粮食高产稳产高效综合示范区的组成部分，五星村将复垦还耕的土地全部建设成为高标准基本农田，同时把种水稻变成种风景，不仅卖粮食，还要卖风景，让普通稻田变成百里稻花香海。另一方面，五星村的新村建设，一直贯穿着“生态湿地，健康食地”的理念，在进行新村建设选址布局和规划时，注重利用和保护当地林盘、在房前屋后留有“微田园”，真正实现了“田在园中，园在田中”。同时将生态保护融入社区治理，以“值周制”和专业保洁两种模式抓环境治理。

最后，力促一三产业联动发展，拓宽农民增收渠道。五星村项目区产业配套方面，坚持“一三互动”，大力培育支撑产业。结合白头镇产业现状、资源条件，依托崇州市十万亩粮食高产稳产高效综合示范项目核心区、桤木河湿地、重庆路旅游带，以培育做强粮经产业、发展特色乡村旅游为主导产业，适度发展农产品加工为辅助产业。一方面，在农业共营制引领下，由土地股份合作社统一经营全村耕地，建成了粮食烘干、仓储、加工中心，引进了“盘古”“柏翠”两大农业产业公司投资农业项目，形成特色亮点。另一方面，积极引进社会资本打造附加值更高的第三产业。2018 年 3 月 28 日，由四川国弘崇展投资公司打造的天府国际慢城项目正式启动，并于 2019 年 8 月开始运营。作为中国西部首个国际慢城项目，天府国际慢城将重点建设现代农业区、缤纷果园区、锦绣田园区、慢城风情园、酒店民宿群落、湿地休憩公园、运动健身设施、生态治理系统、资源整合类 9 大项目，目前已吸纳当地就业 100 多人。通过一三产业联动发展，五星村引导农民自主创业、居家就业、园区就业、就地就业，实现群众就近就业、自主创业，持续增收致富。

五星村以抵押赋能，推进土地综合整治，营造了“田在园中，园在田中”的生活图景，留住了“生态湿地、稻花香海”的生态美景，实现了“产业联动，多业共兴”的生产场景。在守住生态底线的同时，充分利用当地资源，自主筹资建设乡村，为乡村振兴提供了一条新的路径。

8.9　天府新区新兴街道村企合作小挂钩共建田园综合体

8.9.1　新兴街道基本情况

新兴街道位于四川天府新区北部，距离成都市中心城区 10km，距离双流国际机场 25km，连接旅游快速通道，东西紧邻产业园区、物流园区，区域位置优越。资本进入之前，当地农民主要收入来源是外出务工，老年人则以种植蔬菜为生，农民依靠农业经营收入只能勉强糊口，工资收入除去开销所剩不多，几乎没有财产性收入。

2012 年，和盛公司认为紧邻新兴街道的柏杨村、凉水村地理位置有优势，有很大的开发潜力，遂决心在此打造集“观光农业 + 文创旅游 + 田园社区”一体的田园综合体项目，项目占地约 1700 亩，其中产业区占地约 1100 亩、田园社区占地约 200 亩、场镇配套发展区占地约 400 亩，预计总投资 24 亿元。

8.9.2　土地综合整治情况

1. 前期准备阶段

2012 年，和盛公司负责人首先找到了新兴镇负责人，取得了镇政府的支持，柏杨村村干部也有谋求发展的想法，于是一个月内就和和盛公司签订了框架协议。当时新兴镇没有乡镇规划，也没有出台相关的政策，于是和盛公司主动帮助该镇做了乡镇总体规划和乡村规划。通过制定规划，和盛公司获得了部分土地综合整治工作的权利并参与了《成都市天府新区直管区农村土地综合整治项目实施办法》的编写。和盛公司在这一过程中将柏杨村乃至整个场镇的情况了解得十分透彻，尤其是土地、村庄、人口的分布情况，为后来项目的开展打下了坚实基础。

2. 土地整治阶段

在和盛公司投资的和盛家园的组织下，农户每家派出一个代表到邛崃夹关镇、蒲江白马社区参观学习。最终和盛家园和农户决定建设别墅型带有微田园的户型。在设计新居时，和盛家园共设计了上百种户型供农户选择，目前建成的社区户型共有 13 种。在设计理念上，以生态、生产、生活相融合的绿色环保休闲生态经营项目为核心。采用“街园式”布局，“街”主要使得每个农民新居底商互相呼应更易形成特有的商业氛围。“园”指每户新居按一定比例分配的微田园，可用于商业休闲、种植、生态体验等。

目前，在建设用地性质上整理的农户共 58 户，主要涉及柏杨村 5 组、7 组，凉水村 2 组、8 组，在项目第一期已搬迁至新店子社区。共占用宅基地 65 亩，其中新建的农户社区占地 27.75 亩，社区建筑面积人均 $60m^2$，涉及 58 户农民，安置 252 人。和盛家园的运作方式是“小挂钩”，与“增减挂钩”类似。区别在于农民集体仍保有对整理出的建设用地的所有权，由投资方和盛公司取得集体建设用地使用权。

在农用地的整理上，目前涉及 200 户左右，共流转土地 580 亩，每年支付农户租金，其中耕地按照 1000 斤大米/亩、非耕地按照 500 斤大米/亩的标准支付。耕地流转给和盛公司后，按照田园综合体建设规划，一是用于发展景观农业，包括建设儿童乐园、农业嘉年华；二是以返租抵扣的方式用于布局农户新居的微田园；三是发展观光农业，这一部分面积较大；四是修建道路，建设公共设施。

3. 产业重构阶段

和盛公司打造的田园综合体，包含了现代农业、文创旅游、田园社区三大板块。

在现代农业方面，和盛公司通过“统一农地流转、统一建设规划、统一基础设施、统一技术服务、统一营销推广、独立生产管理”的“公司 + 家庭农场”模式，发展现代农业经济。项目计划通过科学化分布种植农、林、果、蔬等经济作物，构建自然、精致、和谐的大地景观，为绿色农产品搭建线上电子商务和线下旅游商业平台。

在文创旅游方面，项目分为创智田园、爱尚田园和乐活田园部分。其中，创智田园部分，和盛公司计划依托自身近十年的本土土地整理行业经验，整合乡村开发的全产业链企业，并依托北京大学国家发展研究院与格润创新研究院和相关土地交易机构为研发核心，搭建从事乡村开发建设、政策研发、策划规划、产业运营、农业科创、农业培训、农村金融、产权流转等乡村振兴、城乡发展现代服务业集群，建设全国乡村振兴全产业科研智慧文化高地，以田园式、低密度的工作和生活环境吸引成都本地文创、科创、农创企业及人群。爱尚田园主要功能为开展会晤交流、学术论坛、文化艺展、时尚秀场、婚庆婚礼等文艺活动，主要包括和盛城乡书院、田园生活馆、田园咖啡、水上宴会厅、田园大讲堂、特色餐饮街。乐活田园以成都最具人气的田园共享教育、亲子活动场所为定位，引入动漫主题形象 IP，打造以共享教育、亲子游乐、田园拓展、田园观光、娱乐集市、主题餐厅、特色商业街为核心功能的亲子主题乐园。

田园社区即农民新居，紧邻新兴场镇，分布在现状道路通达性良好的区域，共享城镇医疗教育等基础配套功能，重点发展乡村旅游、乡村美食、特色民俗等产业，打造实现“三生融合的产业型社区”。其中，田园美食街规划业态经营面积 $4000m^2$，餐饮业占比 80%，休闲娱乐业占比 20%，已经引入农香土鹅馆、西蜀一绝烤全羊、高家庄和桃园食府等独具成都特色的餐馆。田园民宿方面规划业态经营面积 $1500m^2$，打造以商务、住宿、交流为主的休闲居住空间，引入知名品牌隐居乡里运营，通过聘请当地居民作为管家，打造空中院子等特色民宿，形成特色田园风格民宿集群。

按照和盛公司的规划，各个商业板块主要业态不同，功能定位也不相同。项目前期爱尚田园、乐活田园以及田园社区的主要目标是吸引成都市大都市圈的消费者群体，起到集聚人气的作用。正如和盛公司老板胡林所说：“这几个商业板块其实本质上属于配套设施，关键是要先把人气搞起来，让成都市民知道有这么个地方，周末节假日就过来消费。只有这些配套设施运行好了，创智田园才能吸引到企业。”天府新兴田园综合体项目内各商业板块互相支撑，形成了一个综合性的整体空间。

8.9.3　机制建设

1. 共建机制

和盛公司作为投资方和重要的建设主体，目前已出资 2 亿元。一方面，和盛公司主导了整个农民集中建房整理项目，根据编制的项目投资实施方案进行拆旧建新，包括项目基本情况、农户拆旧建新补助方案、农民集中居住区规划建设方案、基础设施和公建配套建设方案、拆旧区整理复垦方案、土地权属调整方案、项目投资实施计划等。另一方面，和盛公司主导了项目区内的产业重构，从产业项目的设计规划到具体修建、招商引资，具体项目包括创智田园、爱尚田园、乐活田园等。

柏杨村的村民也积极参与到建设过程中。在集中建房整理项目实施过程中，参与农民自主选举产生了项目议事小组和项目监督小组，代表参与农户开展相关工作。项目议事小组负责讨论议定农民集中居住区意向选址、项目实施方式、权属调整、选房入住方案等重大事项。项目监督小组负责对项目实施全过程进行监督。在产业重构中，有大量适合村民的工作，60 余人就近就业，在和盛公司内负责安保、清洁、运营、会计等工作。

政府在这一过程中是第三方，不再是直接参与建设的主体，主要作用是提供服务和市场监督。2015 年，天府新区成都管理委员会出台的《成都天府新区直管区农村土地综合整治项目实施办法》，对农民集中建房整理类项目的立项范围和条件、实施方式、实施流程、项目整理成本、节余指标使用以及农户权益保障方面都做出了十分详细的规定。这些规定涉及前期工作阶段、规划设计阶段、项目实施阶段、后续管理阶段，充分协调了农民和投资方的利益诉求，有效限制了资本的无限扩张，如规定农民集中建房整理项目投资年回报率不超过实际投资额的 12%、引进的农村招商项目不得牺牲生态环境等。

2. 共治机制

在社区治理上，柏杨村以党群服务中心为阵地，联动柏杨村农民新居党支部和和盛公司党支部，融合业委会、土地合作社、物业公司三个组织，共同参与社区治理（图 8-5）。一方面，通过党群服务中心这个阵地，和盛公司、农民集体、农民个体之间有了表达诉求的平台，各主体之间联结在一起。另一方面，各个组织方向不同，矛盾协调各有侧重点。

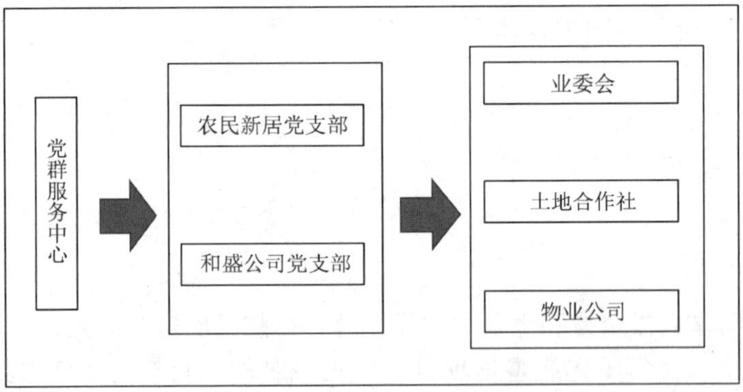

图 8-5 柏杨社区管理机构

农民新居党支部和和盛公司党支部以党建为引领，联结了企业和农民中的党员，通过党支部大会、党小组会和支部委员会参与到社区治理中。业委会是由参与项目的两个村共 58 户农民成立的自治组织，主要职责是农民新居社区成员集体活动的组织、社区成员矛盾纠纷调解。土地合作社主要作为农民承包地和集体公用土地流转、入股到和盛公司的平台，以柏杨村村民代表为项目公司监事。物业公司由企业和参与农户联合成立，主要负责对农户空余房屋经营项目进行统一租赁、统一装修、统一收银、统一营销管理、统一提供生态原材料。通过上述组织机制，企业和农民都能深入参与到社区治理中。

3. 共享机制

（1）农民收益。根据《成都天府新区直管区农村土地综合整治项目实施办法》，土地综合整治项目区必须已完成农村产权制度改革确权颁证，这保障了农民土地财产权益的充分表达。农民在其中能够分享到的收益见表 8-5。通过引入社会资本，农民以部分宅基地换取到了修建新房的大部分资金，根据政策规定，新房面积在人均 35m^2 内的农民不需要任何购房费用，超出部分，35～50m^2 按照 1800 元/m^2、50～60m^2 按照 2800 元/m^2 的价格购买。农用地的流转给农民带来每年 1000 斤大米/亩的稳定租金收益。另外，农民在项目区内就业，既解决了工作问题获得工资性收入，又能兼顾家庭，减少生活成本。随着项目区的土地租金增值，农民保有的宅基地也会增值。到目前为止，柏杨村村民人均年收入比和盛公司开发前提高了 3～5 倍。

表 8-5　农民收益情况表

新建住宅	人均 35m^2 内由公司承担；超出部分农民低价购买
地面附着物赔付	按照 6000 元/亩据实赔付
土地租金	农户以土地经营权入股成立土地合作社，享受每年 1000 斤大米/亩（即 2600 元/年保底租金），还享受项目每年 5%的纯利润分红
项目用工	优先满足当地农户，项目区安保、保洁、服务员等合同工按 3000～4000 元/月计算；临时工按技工 200 元/天、男工 120 元/天、女工 100 元/天计算
集体资产	项目区范围内原道路、沟渠、鱼塘等集体土地面积 75.9 亩，年收入 197340 元；集体经营性用房 11 套
物业收入	农户家中多余闲置房屋，由物业公司按照每月 15 元/m^2 进行反租，农户享受保底租金，反租的房屋由物业公司统一规划、统一装修、统一招商发展庭院经济和民宿酒店，运营利润按照房屋租赁户 24%、住户集体 25%、物业公司 51%的比例分配

（2）政府收益。地方政府在这一过程中不再依靠“卖地财政”，而是分享了相关税费，主要有项目报建费（含特大城市市政基础设施配套费、文物勘探发掘费、新建房屋白蚁防治费）、新型墙体材料专项基金、散装水泥专项资金、防空地下室易地建设费；水、电、气、光纤开户费；建筑营业税（建安税）；项目挂牌交易服务费，按投资人项目总投资估算价的千分之五缴纳。在后续产业发展并实现盈利阶段，地方政府可分享相关单位增值税。

（3）资本收益。和盛公司资金回收来源有以下几种。首先是乐活田园和爱尚田园的场地使用费和门票等收益，预期成熟期分别实现年客流量 50 万人次和 35 万人次；然后是对入驻经营商家的利润提成。和盛公司采取了一种新型共生合作模式，免收项目入驻商家的店铺租金，根据不同商业形态和经营需求面积，在商家营业额的基础上收取一定提点来实现收益，提取比例按时间逐步增加；最后也是最重要的收入来源，即向创智田园板块引入的企业收取综合性服务费用。

8.10 简阳贾家镇小挂钩与林盘整治合力推进运动休闲产业

8.10.1 久隆村基本情况

简阳市贾家镇久隆村地处龙泉山老成渝 G321 国道上，为城乡接合区，与王家岩村、快乐村、大山村、车厂村等相邻。2018 年户籍人口 1758 人，其中常住人口为 1413 人，耕地面积 440.8 亩，园地面积 2570.9 亩，村内主要从事水蜜桃种植，主要农产品有菠菜、干梅子、青花菜等，2018 年人均纯收入为 14500 元。村境属中亚热带湿润气候，年均气温 17.7℃，年均降雨量 882.9mm，年日照时数为 1250.9 小时，年均无霜期 300 天。

久隆村依托水蜜桃特色产业，借助自身区位和交通优势，积极发展观光旅游文化产业，属于贾家镇投资打造的“东来桃源”国家 AAA 级景区规划范围内的重点村之一。该村桃产业近年还带动了交通运输、餐饮娱乐、农资生产与配送等相关产业的发展，形成了多元化发展格局。久隆村产业和旅游的互动发展，不仅助推了产业基地发展，探索出了城郊型、生态型、观光型的都市特色农业路子，也延伸了产业链，夯实了农民持续增收的产业基础。

8.10.2 土地综合整治过程

2018 年 5 月，新希望集团响应成都市“东进”策略，与简阳市人民政府签订正式投资协议，在简阳市贾家镇久隆村打造“东进新希望”项目。该项目以运动休闲为主题，充分发挥龙泉山城市森林公园的“东进桥头堡”和“城市绿心”作用，以成为“天府雄州乡村振兴的永续典范”为使命，以提升成都休闲格局为目标，打造成为“全年龄运动产品、全季候运动休闲、全科技运动体验”的国际运动休闲旅游度假区，成为“世界级旅游目的地城市”的运动休闲新名片。项目计划对简阳市贾家镇久隆村等 6 个村进行连片综合打造，总规划范围为 8km^2，一期项目占地约 4800 亩，大部分位于久隆村。

“东进新希望”项目计划通过农用地整理、宅基地原址开发利用、小挂钩项目指标覆盖等方式，充分利用当地土地资源，分期建成“田园 • 种子乐园”“乐园 • 潮动乐园”“庄园 • 赤足公园”“家园 • 桃源小镇”4 个项目。根据项目实施情况以及未来规划，“东进新希望”项目将分三个阶段实施，分期进行打造。

第一阶段：农用地整理，打造大地景观。一期项目——种子乐园规划使用久隆村农用地 595.29 亩，已全部完成流转。其中，农用地流转租金为每年 750kg 黄谷/亩（黄谷按照国家三级甲等籼稻价格计算），租金按年预付，流转期限为 9.3 年（2019 年 3 月 1 日至 2028 年 7 月 31 日）。项目流转的农用地，将全部用于农业种植，同时具备塑造大地景观功能。

如图 8-6 所示，从成都出发，经 318 国道至项目地，从入口处开始呈现精致的乡村场景。在大地景观塑造上，A 区、B 区位于园区入口处，设计打造为水稻与油菜轮作的乡村场景，使得乡村意象首先映入游客眼帘，稻田采用有机种植方式，放养青蛙，营造稻香蛙鸣的生态图景。C 区位于乐园内部，设计打造为丰富多彩的蔬菜种植场地，并把蔬菜以线条或块状形式合理栽植，进行大地景观绘图，营造多样的蔬美可餐场景。D 区位于乐园后部区域，地处典型的丘陵地带，设计打造一个小型精致农场，引入国外优良的桃、李等果树品种集中种植，营造生产

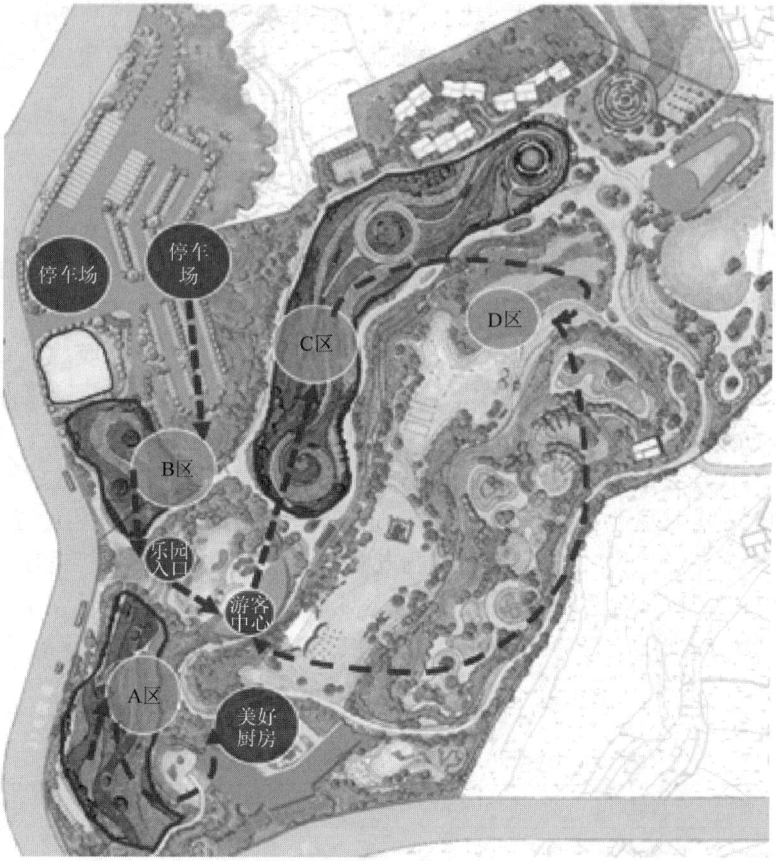

图 8-6　一期项目规划布局图

生活经营一体化场景（表 8-6）。园区内 A 区重点发挥农用地的生产性功能，C 区、D 区重点突出农用地的大地景观塑造、观赏性功能，实现了农用地生产性、观赏性功能的有机融合。以景观塑造的方式经营农业生产，既体现了该项目的生态农业理念，又推动了农业的发展。

表 8-6　一期项目分区介绍

区域	面积/亩	要求
A 区（美好厨房）	10	相对静谧的美丽乡村场景
B 区（停车场）	5	美丽乡村场景代入
C 区（游客中心）	15	游客穿梭其中，好看好玩，流连忘返
D 区	9	生产、生活、经营一体化的示范农场

第二阶段：宅基地原址重建与小挂钩项目结合，保障项目建设用地。一期项目园区内共有 395.5 亩建设用地，其中 20 亩宅基地将用于原址重建，261.35 亩将通过小挂钩项目用于修建农民集中居住区和保障项目区建设用地。贾家镇小挂钩项目于 2019 年 1 月 17 日立项，拟参与项目村民共 375 户、955 人，占久隆村全村人数的 54%。该挂钩项目拟拆旧面积为 261.35 亩，农民集中安置区拟利用指标 66.75 亩，预计节余指标 194.59 亩。根据目前实际实施情况，预计节余集体建设用地指标 120 亩，其中村上预留 24 亩用于村集体发展，剩余 96 亩指标将通过挂牌交易后落入项目区。

在拆旧补偿方面，参照增减挂钩项目进行补偿。根据《简阳市城乡建设用地增减挂钩试点项目实施政策指导意见（暂行）》（简府发〔2017〕23 号），对拆旧地块按房屋的不同结构和建筑面积给予一次性经济补偿（表 8-7）。同时，原宅基地用于土地复垦的，按其宅基地证载面积给予 120 元/m^2 的奖励。在过渡安置方面，农户房屋拆除后，按 1200 元/人的标准给予宅基地共有使用权人一次性房屋过渡安置补助。在永久放弃宅基地使用权补偿方面，农户拆除房屋后，自愿永久放弃新占宅基地权利的，按其宅基地共有使用权人依法应享有的法定宅基地面积给予 200 元/m^2 的补偿，具体补偿基数见表 8-8。在奖励方面，对在规定时间内签订拆除农房安置协议或货币安置协议（含暂时或永久放弃宅基地使用权的）、交回土地使用证和房屋所有权证、将房屋交由施工单位拆除的农户，按其拆除房屋的建筑面积给予 80 元/m^2 的奖励。

表 8-7　简阳市增减挂钩项目拆旧区房屋补偿标准

房屋结构	补偿标准(按建筑面积计算)/(元/m^2)
砖混结构	400
砖木、砖瓦结构	360

续表

房屋结构	补偿标准(按建筑面积计算)/(元/m^2)
穿斗结构	320
土瓦、土草结构	280
其他类结构	200

表 8-8　简阳市永久放弃新占宅基地补偿基数

户口类型	法定宅基地面积/m^2
1 人户	50
2 人户	60
3 人户	90
4 人户	120
5 人及以上户	150

在农民集中居住区建设方面，同样参照增减挂钩项目执行。在基础设施配套上，按照“$1+8+N$”标准配置，同时规划建设农具用房 6336.64m^2、幼儿园 2236.33m^2、综合服务用房 2077.42m^2。在居住方面，农民集中居住区人均综合占地面积为 50m^2，其中人均建筑面积为 35m^2。农民购买新房时，若人均建筑面积不超过 35m^2，则购买价格为 480 元/m^2；若超过 35m^2，则超出部分购买价格为 1650 元/m^2。

第三阶段：建设用地指标覆盖，项目分期建设。通过宅基地原址重建、小挂钩项目获取建设用地指标，充分保障项目用地。根据规划，该项目将分三期进行建设。如图 8-7 所示，一期项目定位为“田园·种子天堂”亲子运动田园，其中封闭运营园区——种子乐园占地面积为 216 亩；一期将依托新希望集团自有产业优势，打造田园生活体验馆、绿领学院、精致农场、四季果园、智慧菜园、种子学院、鲜花牧场、种子乐园、美好厨房、欢乐草坪、房车营地等项目。二期定位为针对中青年运动主题的潮动乐园。二期新希望集团联合国际知名 IP，打造美好大食堂、主题商业街、山地卡丁车、机车游憩园、风洞飞行、魔幻森林等项目。三期定位为针对 40～70 岁年龄段的运动养生公园。三期将整合优势康养资源，引入知名酒店品牌，打造赤足公园、温泉民宿、水疗中心、健康管理中心等项目。

8.10.3　简要评价

“东进新希望”项目在发展目标、规划设计、后期运营等多方面亮点纷呈，有值得借鉴之处。

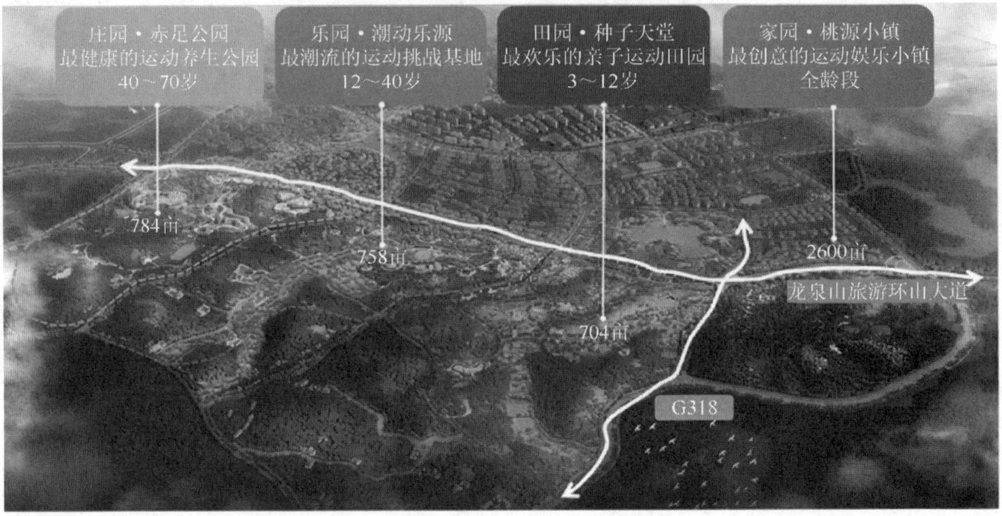

图 8-7　新希望项目分期建设示意图

（1）项目立意新颖。该项目在充分发挥龙泉山城市森林公园“东进桥头堡”和“城市绿心”作用的同时，充分考虑全年龄段游客的旅游体验，分期打造成为“全年龄运动产品、全季候运动休闲、全科技运动体验”的国际运动休闲旅游度假区。以一期项目为例，种子乐园以中国亲子家庭为核心客群，围绕亲子家庭的两大痛点——高品质陪伴及各得其乐，以寓意着希望和成长的种子为主题，在乡村自然区域，打造一个集亲子游乐、自然教育、田园观光、美食休闲等功能于一体的亲子文旅项目。其规划理念既符合当代旅游群体的需求，同时又与农村、农业的背景相融合，成为项目的吸睛点。

（2）以农用地的景观塑造模式实现了经营现代农业和打造大地景观的双重目标。一方面，采用现代有机方式进行特色农业种植，在使农业具有观赏性的同时，也增加其附加值，实现了农业生产性、观赏性的有效融合。另一方面，现代化农业经营与大地景观打造的结合，使大地景观打造成本降低了 70%，同时每年还能获得大量的生态农产品。这种“以产出养土地”的运营模式，一定程度上降低了乐园的运营支出。另外，乐园修建过程中注重对表层土壤的保护，通过精心策划，使后期呈现效果大放异彩。

（3）林盘保护与项目规划相结合。从项目规划到实施建设，全过程注重对林盘的保护。项目动工前，设计单位现场勘查、标记林盘位置，针对现状林盘做融入设计和动工避开规划；项目实施中，现场有内业岗位专职负责对林盘的保护做监理；在现场总平施工完毕、景观施工单位入场后，针对原始林盘进行整理，清理破败枝干和具有安全隐患的荆棘。由此可见，从项目规划到后期运营，林盘保护贯穿始终。

（4）支持当地集体经济发展。久隆村通过实施农民集中建房整理项目后在节余的指标中，预留 30%用于镇、村自主招商或打造。期望以新希望项目为中心、聚集人气，辐射带动村内一三产业互动发展。

（5）建立“企业-农户”利益联结机制。在农用地流转上，新希望与村委会协商，确定了“以租赁保底为主，以盈余分红为辅”的利益联结方式。保底租赁以实物计价，每亩每年按 750kg 早籼稻谷计算租赁费用，按该品种当年国家公布的最低收购价格折算现金；分红根据示范区每年的生产经营状况，按净收益的 3%作为红利计算。在吸纳就业方面，为促进合作开发，项目公司对于参与本项目的农户，在产业开业后，每户给予 1 个工作岗位名额。主要安排产业发展中的农业维护、保洁、保安等工作，薪酬水平不低于当地同种工种水平，并按当地水平购买社保。

（6）社区运营构想，充分体现“农民是农村的主体”理念。企业计划开展社区资源调查，挖掘社区内部资源，转化为社区活力。借鉴中国台湾的社区营造模式，重视社区居民参与性和社区主体性“自下而上”的模式转变：项目公司只在营造初期提供各种诱因和示范计划，着力于理念的推广、经验的交流、技术的提供以及部分经费的支持，围绕居民关心的公共事务，争取大部分居民的认同和支持。

新希望项目落地贾家镇，在项目理念、规划设计、运营构想等方面存在诸多亮点，但在具体实施过程中，仍然存在一些困难。

（1）国道退距影响农民集中居住区建设。受 312 国道影响，在国道退距（50m）区域内，包含部分 2014 年土地利用总体规划中用于修建久隆村农民集中居住区的区域，导致目前农民集中居住区有条件建设面积不足，目前正在向市规划和自然资源局请示占用一般农田进行修建。

（2）多部门对土地属性认定存在差异。在简阳市产权制度改革过程中，简阳市林业局、农村经营管理局，在贾家镇 2014 年土地利用总体规划认定的集体建设用地（地类 203）图斑内确权了部分林权、承包经营权，导致图斑内具有多种权属，无法按集体经营性建设用地入市流程通过农交所进行挂牌出让。同时，由于土地属性认定不一致，前期项目依据国土资料做规划，目前遇到林业部门将其认定为林业用地图斑问题，需要进行规划调整。

（3）农民参与小挂钩项目积极性较低。这一问题主要源于农民对拆旧补偿的怨声较大。项目区南侧的龙泉山旅游环线项目、西北侧的久隆水库项目，均采用征地拆迁标准（简府发〔2017〕26 号）文件进行补偿，本项目参照增减挂钩项目（简府发〔2017〕23 号）文件进行补偿，两个文件补偿标准差异较大。例如，对于砖混房屋，简府发〔2017〕26 号文件规定的补偿标准为 1065 元/m^2，而简府发〔2017〕23 号文件规定的补偿标准为 400 元/m^2，大部分农户表示无法接受此差异。

农用地流转，将现代化农业经营与大地景观打造融为一体，促进农业生产性、观赏性功能的有效融合；小挂钩项目，充分激活农村土地要素，为建成“全年龄运动产品、全季候运动休闲、全科技运动体验”的国际运动休闲旅游度假区提供用地保障。“东进新希望”项目从设计理念、发展目标，到实施过程、运营管理，每一处都亮点纷呈，但千里之行，始于足下，要完成打造“天府雄州乡村振兴的永续典范”使命，还需着力解决当下面临的困难，稳步向前推进。

第 9 章　土地综合整治助推乡村振兴的机制创新与路径

9.1　以集成创新为基本思路推进土地综合整治

9.1.1　集成创新的内涵与要求

“集成”在《现代汉语词典》中解释为集大成，意思是指将某类事物中各个好的、精华的部分集中、组合在一起，达到整体最优的效果。李宝山和刘志伟[197]认为:“集成是一种创造性的融合过程，其作用是将组成企业的要素通过主动优化和选择搭配，使得相互之间以最合理的结构形式结合在一起，从而形成由适宜要素组成的、优势互补和相互匹配的一个有机整体。”集成的要义是着眼整体功能之增强，立足有机关联性之提高，把握过程变化之方向，重在匹配协调之功力。从广义角度看，集成包含人员的集成、内部组织的集成、各种生产和管理要素的集成、各种技术上的集成和各类信息的集成等；从狭义角度看，集成的主要对象和内容包括人员的集成、硬件的集成、软件的集成、信息的集成等。

学术界对集成创新的内涵界定尚无统一定论。朱孔来和乐菲菲[198]的研究较有代表性，他们认为，“将集成创新简单理解为技术集成创新是狭隘的，在实践中仅组织技术集成创新远远不够，必须开展融技术、市场、环境、制度等多要素于一体的综合性集成创新。”基于此，他们认为，“集成创新是指围绕创新目标，以系统论思想和系统工程理论方法为指导，运用适宜的管理技术和信息技术，创造性地将诸创新主体的知识、技术、市场、管理、文化及制度等要素进行优化配置，以最合理的结构方式使之组合在一起，从而形成功能倍增性和适应进化性的有机整体的创新实践过程。”与传统创新方法相比，实现集成创新有以下 4 个基本要求。

（1）创造性强。集成并不是将系统中的诸要素进行简单集中，而是注入了创造性思维，为了创造才集成。只有能够产生创造性的要素组合才能称为集成创新。如果集成过程中缺乏创造性，就不能称为集成创新。

（2）融合性强。集成创新是创新要素的有机融合。要素间一般性地结合在一起不能称为集成创新。只有当要素经过主动增强其关联性和协调性的优化，选择搭配，相互之间以最合理的结构形式组合在一起，实现有机融合，形成一个由适宜要素组成的、优势互补、匹配的有机整体，这样的过程才能称为集成创新，因而集成创新是一个主动寻优过程。

（3）系统性强。集成创新是复杂的系统工程。集成创新要实现对各种创新主体、创新要素、创新环节的有机集成，工程量大，操作复杂，必须以系统思想为指导和起点，以系统的创新结果为落脚点。系统是开放的，与外界始终进行着物质、能量和信息等的交换，使系统内各要素之间的关系不断发生变化，并由此造成系统功能的不断变化。要使创新系统具有良好功能，必须遵循系统性思想和协同性原理，不断重整系统要素间的关系。

（4）功能倍增性强。集成创新能够产生集成放大效应。集成创新系统是一个由适宜要素组成、相互优势互补、相互匹配的有机体，不仅强调在集成过程中要素之间相互融合，而且强调与外部环境相互融合，系统会主动寻求优化，形成独特的创新能力和竞争优势，必然会促进创新系统整体功能的提升，带来 1＋1＞2 的集成放大效应。

综上，集成创新的理论与实践意义，在于它能够最大限度地提高整个系统和结构的有机构成、效率、完整性和灵活性等，尽量简化系统的复杂性，并最终为相关实体提供一整套切实可行的解决方案。

9.1.2　土地综合整治集成创新的必要性

我国近 20 年的土地综合整治实践表明：若不动土地而只动其他方面，乡村建设与发展的效果通常比较有限；若只动土地而不动其他方面，乡村建设与发展就会出现严重的问题，如农民“被上楼”、大拆大建，甚至沦为单纯攫取农村建设用地指标的“拆村运动”；只有既动土地又联动其他相关配套改革，乡村建设与发展才能取得良好效果。土地综合整治犹如投入平静湖面的一颗“石子”，能够荡起涟漪，引发乡村发生一系列连锁反应。土地综合整治运用得当，它就能够起到激活要素、激活主体、激活市场，从而激活乡村的重要作用；运用失当，它也极可能给乡村发展带来一系列灾难或难以估量的后果。因此，土地综合整治对乡村发展而言是一把“双刃剑”，最终效果如何，将取决于其对乡村各要素资源的整合及相关的制度设计，或者说取决于集成创新的情况。

如图 9-1 所示，从积极的意义看，土地综合整治可以通过 4 个层面助推乡村转型成功。

（1）产业转型。通过山水田路林村的综合整治，建设高标准基本农田，实现“田成方、树成行、路相通、渠相连、旱能灌、涝能排”，有利于提升土地的生产力，治理土壤污染和退化等问题，促进农业的规模化、生态化和现代化改造；通过对废弃工矿用地和闲置宅基地等的整治，可以将腾退的部分建设用地指标留在

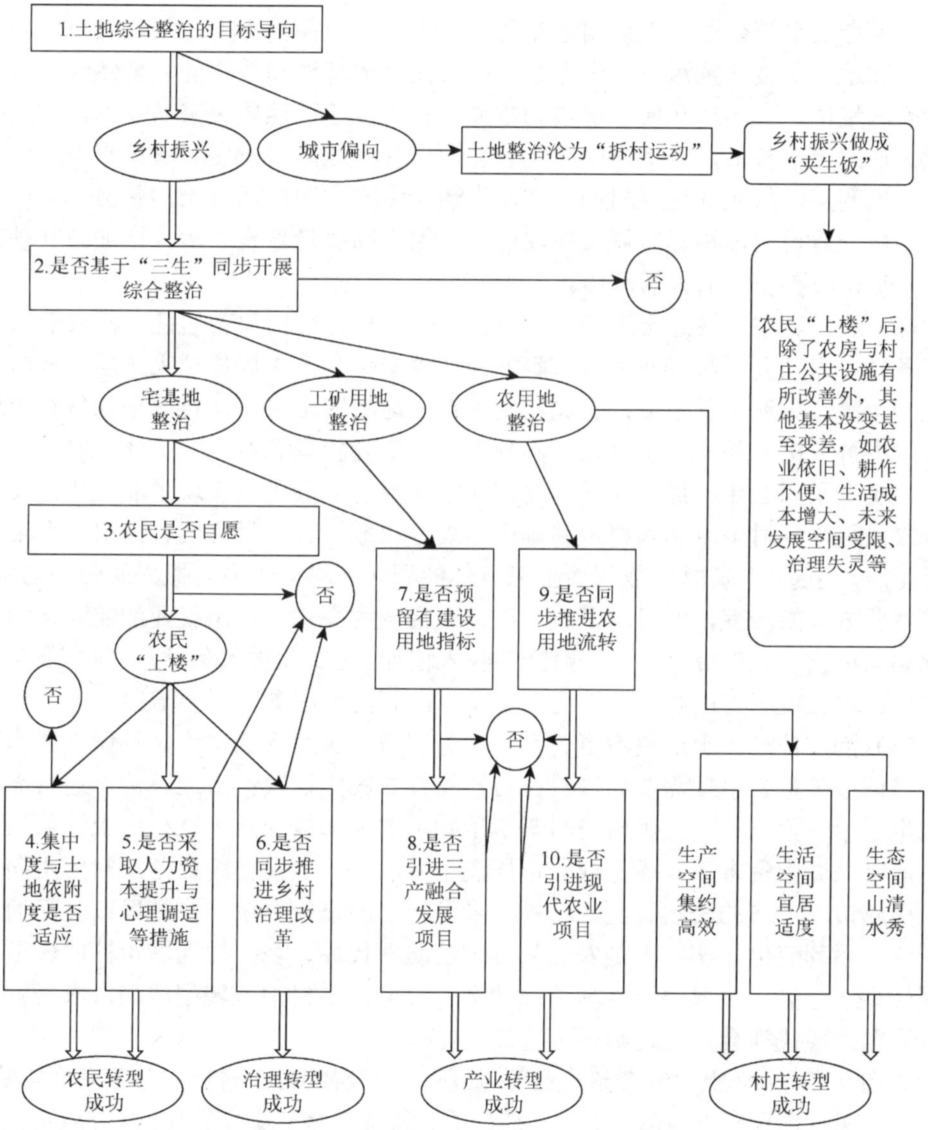

图 9-1　土地综合整治对乡村振兴的作用机理

当地，用于满足一二三产业融合发展用地需求。受传统观念影响，乡村的功能主要定位在农业生产，各地在编制土地利用规划时很少预留新增建设用地指标，导致乡村产业转型遭遇建设用地不足瓶颈，三产融合项目动辄触碰基本农田红线。通过土地整治来挖掘存量，优化布局，成为解决这一问题的关键。否则，三产融合项目难以落地，乡村振兴很可能沦为口号。

（2）村庄转型。村庄的“散小乱”问题，导致公共基础设施供给不足、难以共享；早期的乡镇企业、工矿用地布局无序，且环境保护不力，导致农村土壤、地表水和地下水被严重污染，生态恶化；农民的宅基地和住房面积虽然较大，但质量普遍堪忧，土坯房和砖木房最为常见，且不少建在地质灾害易发点，安全隐患大。通过土地整治，合理进行功能分区，引导产业集聚发展、农民集中居住、资源集约利用，从而优化乡村的生产、生活和生态空间。通过土地整治，可以将腾退的部分建设用地指标从城市换取资金，用于高质量建设农房，增加公共基础设施供给，改善乡村的人居环境。

（3）农民转型。通过土地整治，农民从分散居住转向集中居住，不仅能改善住房条件，而且会引起就业和收入等方面发生变化。集中居住拉大了居住地与承包地的距离，导致耕种不便，农民倾向于把土地流转出去，使传统小农从对土地的依附中解放出来并发生了分化。部分农民转变为新型农业经营主体、农业雇佣工人，实现了职业化；部分农民通过兼业经营或进城务工，实现了非农化；还有部分农民抓住乡村旅游和农村电商等机遇兴办农家乐、乡村酒店、民宿、淘宝店甚至工厂，当起了“老板”，农民企业家群体的崛起必将成为乡村振兴的强劲动力。随着就业方式的转变，农民家庭收支结构也会发生变化。农民就业的兼业化和非农化倾向可能导致工资性收入和财产性收入增加，而农业收入和经营性收入减少；相应地，农业生产支出和经营性支出会减少，而消费性支出则会增加。

（4）治理转型。土地整治事关农民切身利益，农房规划建设、补偿安置和土地权属调整等重要事项需要通过村民自治的方式民主议决；土地整治，通常需要跨村组集中安置农民，打破传统村落基于姻亲关系形成的熟人社会；土地整治，还可能带来城市资本下乡投资或城市居民下乡旅居，促使传统村落从封闭走向开放，引起市场经济的法治、契约精神与乡土社会的宗族礼法、乡规民约之间的冲突。这一系列变化，实质上是农民从传统性向现代性、乡土性向城市性的转型。农民转型适应的程度取决于乡村治理转型的程度，乡村治理转型成功，农民就可能顺利融入现代社会，反之则很可能被“边缘化”。

如图 9-1 所示，土地综合整治也可以通过 6 个层面对乡村振兴带来负面影响。第一，如果目标导向出现偏差，主要是为了保障城市建设发展用地需求，就可能沦为“拆村运动”，过度攫取农村建设用地指标，乡村振兴可能做成“夹生饭”，农民“上楼”后，除了农房与村庄公共设施有所改善外，其他基本没变甚至变差，如农业依旧、耕作不便、生活成本增大、未来发展空间受限、治理失灵等。第二，如果只是单一地开展宅基地整治、农用地整治或工矿废弃地整治，不从乡村振兴的整体空间布局优化出发进行综合整治，就难以达到乡村生产、生活与生态空间同步优化的目标。第三，如果土地综合整治不尊重农民意愿，强迫农民“上楼”集中居住，就会降低农民的满意度和获得感。第四，如果农民集中居住的程度与农民对土地的依附度不匹配，如农民仍主要以农业谋生，而集中居住程度过高，就会对农民的生产生活带来严重影响；如果农民已经不以务农谋生，就可以适度提高集中居住程度，“宜聚则聚、宜散则散”。第五，如果不同步推进农用地流转、不预留足够的建设用地指标，未来乡村产业发展就会受到制约，农民就会缺乏就业增收的机会，在集中居住导致生活成本增加的情况下，不能增加家庭经济收入，将使农民生活水平不升反降。第六，如果土地综合整治后端措施（如农民就业技能培训、农民集中居住的心理调适干预以及乡村治理改革）不及时跟进，则可能造成一系列集中居住“后遗症”。

综上所述，要确保土地综合整治对乡村振兴发挥积极的作用，避免出现负面效应，就需要摒弃狭隘的部门主义，站在乡村振兴的全局高度，运用集成创新的思想和方法，整合乡村各要素资源，进行优化配置和组合，跳出“土地整治”来解决以往土地整治中出现的问题，实现功能倍增效应。

9.1.3　土地综合整治集成创新的基本思路

1. *以开展新时代全域土地综合整治试点为契机推进集成创新*

2018 年 8 月，浙江省颁布《浙江省人民政府办公厅关于实施全域土地综合整治与生态修复工程的意见》，之后印发了《全域土地综合整治与生态修复工程三年行动计划（2018—2020 年）》，提出用三年时间在全省实施全域土地综合整治与生态修复工程 500 个，覆盖 300 个乡镇、2000 个行政村，其中建成 100 个示范工程。浙江省尤其是安吉和桐庐积极开展全域土地综合整治与生态修复，并取得了明显成效，有力助推了乡村振兴战略和“两山”理论在浙江的深入实施，得到了党中央和自然资源部等国家相关部委的肯定。2019 年 12 月，自然资源部在总结浙江等地经验基础上印发了《自然资源部关于开展全域土地综合整治试点工作的通知》（自然资发〔2019〕194 号），提出要在全国组织开展全域土地综合整治试点工作，到 2020 年全国试点不少于 300 个，各省（区、市）试点原则上不超过 20 个。基于浙江安吉等试点经验以及自然资源部相关文件要求，本书认为，新时代全域土地综合整治的实质就是集成创新，是在科学规划的前提下，以乡镇为基本实施单元，整体开展农用地、建设用地整理和乡村生态保护修复等，对闲置、利用低效、生态退化及环境破坏的区域实施国土空间综合治理的活动。与以往开展的土地综合整治相比，新时代全域土地综合整治在内涵上有以下几方面的新拓展。

（1）全域性。从整镇的生产、生活、生态用地空间进行全域规划、全域设计、全域整治。但需要注意的是，全域性只是要求在规划、设计与整治中要有全域视野，并非整镇所有村庄和农户必须全部整治，农民自愿仍是基本原则。

（2）综合性。全域土地综合整治在内容上既包括农用地综合整治（高标准农田建设、旱改水、耕地质量提升、表土剥离等），又包括建设用地复垦整治（宅基地、工矿废弃地等），还包括生态保护修复、文化保护修复、人居环境整治等。全域土地综合整治不只是狭义的土地整治，而是对区域内山水林田湖草路村等全资源、全要素的整治，是村庄所有自然资源与生态环境的整治。某种意义上，全域土地综合整治已经升级为全域自然资源整治。

（3）生态性。全域土地综合整治与时俱进地吸收了习近平生态文明思想，既有推动乡村振兴战略的实施，也有推动生态文明战略的落实。与以往相比，全域土地综合整治特别突出了生态保护修复（林盘与湿地等保护、生物多样性保护、再造土壤污染治理、垃圾与污水处理、河道整治等）。在试点遴选中，四川省明确要求选择那些生态环境问题比较突出的乡镇，要制定全域土地综合整治的负面清单，严格控制未利用地开垦，严格保护具有历史文化价值的建筑，禁止违背农民意愿搞大拆大建，禁止破坏生态环境砍树挖山填湖、占用耕地搞人造景观、破坏乡村风貌和历史文脉等。

（4）统筹性。全域土地综合整治既要“立足土地”又要“跳出土地”来进行整治，既要发挥自然资源部门的牵头作用又要善于在党委政府领导下调动相关职能部门的积极性和整合相关资金、项目和政策，形成汇聚各方力量、合力推进全域土地综合整治的工作格局。在项目实施中，要坚持做到“规划一张图、实施一盘棋、资金一本账、管理一张网”，要把产业发展、生态保护修复、乡风文明培育、乡村治理、农民人力资本投资等嵌入全域土地综合整治的平台系统，统筹协调推进。

（5）共享性。要始终把握好全域土地综合整治的民生工程性质，把全域土地综合整治当作最大的惠民工程来实施，要让农民共享全域土地综合整治与乡村振兴的成果，真正实现生活富裕。需要指出的是，产业兴旺不等于生活富裕，只有建立起小农户与现代农业发展有机衔接的机制，探索形成有效的农户与产业资本利益联结机制，才能提高农民对全域土地综合整治的满意度。

（6）激励性。自然资源部部署开展的全域土地综合整治试点具有很强的政策激励效应，明确可以适度调整永久基本农田布局，节余的建设用地指标可以在省域范围内流转，并给予一定的计划指标支持。这三项支持政策无疑能够有效地调动基层政府开展全域土地综合整治的积极性。浙江省还规定项目优质可奖，根据项目区涉及村的土地利用规划编制和批准情况，依申请予以每个村土地利用规划3 万元的编制资金奖励；根据年度综合成效评估结果，对考评绩效高的项目给予一定的资金奖励。以“激励相容”的方式，将满足基层需求与达到上级要求相结合，是全域土地综合整治政策创新的重要特点。

2. 以各地土地综合整治实践探索因地制宜推进集成创新

乡村振兴战略包括五个目标：一是产业兴旺，通过重新定义乡村功能，包括零售、旅游、休闲与环保，探寻乡村经济的多样化发展路径；二是生态宜居，通过土地合理配置，实现生产空间集约高效、生活空间宜居适度、生态空间山清水秀；三是乡风文明，通过文化教育、示范和引导等营造活动，革除陈规陋习，传承优秀文化，嵌入先进文化，实现传统文明与现代文明有机融合；四是治理有效，通过改变政府对乡村的行政管控，赋予农民权利，激活农民主体，让多主体协同共治，实现法治、德治与自治有机统一；五是生活富裕，通过人力资本投资，促使传统小农转变为有文化、懂技术、会经营的现代职业农民，让农民有能力融入现代产业分工体系，拓宽就业增收渠道。

为全面实现乡村振兴战略目标，各地区应紧密结合自身资源禀赋，以土地综合整治实践探索为基准，因地制宜推进集成创新工作。以成都市为例，成都市提出了“十大工程”举措：全域乡村规划提升工程、特色镇（街区）建设工程、川西林盘保护修复工程、大地景观再造工程、农村人居环境整治工程、农业品牌建设工程、乡村人才培育集聚工程、农民增收促进工程、农村文化现代化建设工程、城乡社区发展治理工程。其中，全域乡村规划提升工程，为科学开展土地综合整治、实现全域乡村空间布局优化提供规划引领；特色镇（街区）建设工程、川西林盘保护修复工程、大地景观再造工程、农村人居环境整治工程，需要以土地综合整治为平台，实现有机融合，共同支撑乡村振兴之生态宜居目标；农业品牌建设工程与乡村人才培育集聚工程的推进，需要以土地综合整治为前提，通过土地综合整治提高农业规模化经营的综合生产条件，为农村一二三产业融合发展提供建设用地保障，共同支撑乡村振兴之产业兴旺目标；农民增收促进过程，一方面需要通过土地综合整治显化土地等资源资产价值，增加财产性收入，另一方面需要通过土地综合整治促进产业兴旺，增加农民就业增收机会，共同支撑乡村振兴之生活富裕目标；农村文化现代化建设工程和城乡社区发展治理工程，需要在实施土地综合整治项目后及时跟进并有机叠加，共同支撑乡村振兴之乡风文明与治理有效目标。

另外，成都市还提出了“五大改革”举措：深化农业供给侧结构性改革、深化农村集体产权制度改革、深化农村金融服务综合改革、深化公共产品服务生产供给机制改革、深化农村行政管理体制改革。破除城乡二元体制机制的约束，是实现乡村振兴的必由之路。深化农业供给侧结构性改革，要求推进农地适度集中、顺畅流转、农业规模经营，实现传统农业向生态有机农业转型，促进农村一二三产业融合发展，从而提高产业附加值，实现乡村产业兴旺，土地综合整治为深化农业供给侧结构性改革创造了土地条件。土地综合整治是一项复杂的系统工程，牵涉广大农民群众切身利益，需要与农村集体产权制度改革协同推进，一方面通过确权颁证、明晰产权，为开展土地综合整治奠定产权基础，便于制定科学合理的拆旧补偿安置方案、土地权属调整方案以及收益分配方案；另一方面通过承包地“三权分置”改革、集体经营性建设用地入市改革和宅基地有偿退出与有条件入市改革，显化农村集体土地价值，增加农民财产性收入，而通过土地综合整治可以将闲置宅基地转化为集体经营性建设用地入市，使农村集体土地连片成规模并可开发利用。因此，土地综合整治与农村集体产权制度改革是相互依存、相辅相成的关系。资本短缺始终是乡村振兴面临的一大难题，通过深化农村金融服务综合改革，赋予农村集体土地用益物权属性，可以抵押融资和担保，甚至赋予建设用地指标质押融资功能，将会大大提升农民自主实施土地综合整治的金融能力，使得土地综合整治的收益更多倾向于农民，同时也能缓解社会资本投资实施土地综合整治项目的融资压力。因此，深化农村金融服务综合改革，有利于推动土地综合整治健康快速开展。深化公共产品服务生产供给机制改革和农村行政管理体制改革，是促进公共资源在城乡之间均衡配置、缩小城乡差距以及促进农业与农村现代化的重要举措。这两项改革举措与土地综合整治协同推进，无疑会产生乡村振兴的集成放大效应。

综上所述，从土地综合整治全生命周期看，土地综合整治与乡村规划、大地景观再造、生态保护修复等“十大工程”以及农村集体产权制度改革、乡村基层治理、农业供给侧结构性改革等“五大改革”有着内在的有机联系。土地综合整治集成创新的基本思路，就是以乡村振兴为目标，以土地综合整治为平台，整合乡村各要素资源，形成最合理的结构-功能组合和方向一致的合力矢量，激发实现乡村振兴与城乡融合发展的推动力。

9.2 以乡村振兴为目标导向推进土地综合整治

9.2.1 从支持城市建设发展转向服务乡村振兴战略

国内与国际经济形势表明，加快经济增长动力转换，摆脱依赖土地谋发展的模式，走创新驱动发展之路，是当今中国面临的最紧迫任务。应通过土地制度改革，一方面倒逼城市经济走高质量发展之路，另一方面助推乡村平稳有序转型从而实现乡村振兴。

过去，我国实施土地综合整治的目的主要是为了解决城市化快速推进中的“双保”（保经济增长和保耕地红线）矛盾，同时兼顾解决“三农”难题，土地综合整治腾退的建设用地指标几乎都调剂给了城市使用，农村用低廉的指标价格换得必要的资金用于农房建设与基础设施建设，其本质是"用资源换资金"，且在某种意义上是一种城乡之间的不平等交换，根本上还是农村支持城市，保障城市优先发展。

党的十九大把乡村振兴作为一项国家战略，明确提出要坚持农业农村优先发展的方针。土地不仅以其生产支持功能和空间承载功能支撑着农村一二三产业的发展，也以其生态调节功能和文化传承功能影响着农村生活品质的提升，更以其自然增值和资本增值决定着农民家庭财产的增长，在乡村振兴中承担着举足轻重的作用。开展全域土地综合整治，正是实施乡村振兴战略的关键之举。

基于上述考虑，建议如下：一方面，实行"增存挂钩"，将存量建设用地盘活利用与新增建设用地规模挂钩，城市只有首先盘活用好自身的存量建设用地，才有资格从农村获取土地指标，避免城市继续走土地扩张、外延增长的道路。另一方面，调整土地综合整治的目标导向，从保障城市建设发展转向服务乡村振兴战略，土地综合整治的目标并不仅仅限于为农民修建新房子和改善基础设施与公共服务设施，而是要通过集成创新、制度整体优化，助推乡村产业兴旺、生态宜居、乡风文明、治理有效和生活富裕五大目标的全面实现。

概括来讲，土地综合整治要在助推乡村振兴中发挥好五大作用。

（1）筹集建设资金。乡村常见的问题是"散小脏乱"，公共设施供给不足，农房面积大但质量堪忧。通过土地综合整治，用指标换取资金，能够改善农民的居住条件。

（2）重塑空间形态。通过土地综合整治，引导农民集中居住、产业合理布局、资源集约利用，能够实现生产空间集约高效、生活空间宜居适度、生态空间山清水秀。

（3）提供要素保障。缺乏连片成规模的建设用地是乡村产业融合发展的瓶颈问题。通过土地综合整治，预留建设用地指标给农民集体，转换为集体经营性建设用地入市，能够为产业融合发展提供保障。

（4）激活资产功能。通过土地综合整治，能够激活土地的资产功能，增加农民财产性收入，助推农民转变为新型农业经营主体或农业雇佣工人，增加农民就业增收机会。

（5）诱发连锁效应。土地综合整治不仅需要农民参与补偿安置、规划建设和收益分配等事务治理，而且还可能因资本下乡促使乡村从封闭走向开放，引起市场经济的法治、契约精神与乡土社会的宗族礼法、乡规民约之间的冲突，这必然要求协同推进乡村治理与乡风文明建设。

9.2.2　从为乡村建设筹集资金转向保障乡村发展用地需求

产业兴旺是乡村振兴的重点。长期以来，受诸多因素的影响，乡村的产业功能弱化为农业生产，传统农业的弱质性决定其比工商业的回报率更低，而在市场经济条件下，要素总是向高回报率的区域流动。因此，新中国成立70年来城乡结构的一个显著变化，就是生产要素从乡村向城市单向流动，导致了农业粗放化、村庄空心化、人口贫困化、生态脆弱化等问题，乡村发展面临着资本与人才双重不足的困扰。谁来振兴乡村成了一个问题。要解决乡村发展农民主体缺位、内生能力不足的难题，就必须突破传统观念束缚，赋予乡村与城市平等的发展权，促进乡村的多功能转型，通过生产方式变革，推动农业革命、产业重组和乡村经济多样化发展，大幅度提高产业回报率。唯有这样，才能吸引城市资本与人才下乡，重振乡村。

但是，随着乡村振兴战略的深入实施，乡村发展用地需求得不到保障的问题日益突出。长期以来，受“重城轻乡”的观念影响，国土部门在编制土地利用总体规划时，新增建设用地指标基本配置给了城市，耕地与基本农田保护任务留给了农村，农村除了居民点用地及少量工矿废弃地外，很少有连片、成规模的建设用地。乡村建设与产业发展难有“立锥之地”，经常遭遇占用永久基本农田的尴尬，形成大量违法违规用地，但又“法不责众”。如何保障乡村建设与产业发展的用地需求，成为新时代乡村振兴战略迫切需要破解的新问题。

因应时代的新变化和新要求，改变过去土地综合整治腾退的建设用地指标全部调剂给城市使用的做法，尽管成都市有政策规定预留不低于5%的建设用地指标用于发展农村集体经济，但我们在调研中了解到，很多区县并没有真正落实这一政策规定，即使有预留，也只是按照最低标准5%执行。因此，建议：土地综合整治腾退的建设用地指标首先要满足乡村发展的用地需求，若确需用土地指标换取发展资金，再将土地指标交易到城市，而且应当坚持等价交换的原则，甚至真正实现“城市反哺农村”，加大土地指标等收益向农村倾斜的力度。

至于具体预留多大比例的建设用地指标给农村，则不宜由政策“一刀切”地加以硬性规定。例如，有的村庄人口持续流出与减少，长期看都不会有产业项目引入及资本投入，这类村庄即使预留5%的指标，可能都是多余的；而另一些村庄人口持续流入与增加，可能成为产业资本投资的热土，这些村庄即使预留30%的指标，可能也不够使用。所以，无论如何确定预留比例，都宽严有误。解决问题的关键有两点：一是将预留比例的决策权赋予农村集体经济组织，由农民集体及农户依据村庄规划、乡村发展形势研判、土地综合整治成本收益分析以及与社会投资者的协商谈判来决定；二是探索开展跨区域“村村挂钩”，针对乡村发展的不均衡性，允许经济发展快速的村庄通过指标交易方式购买经济发展缓慢村庄的土地指标，在总量严控前提下推动乡村存量建设用地空间布局的优化。

9.2.3　从注重基础设施建设转向注重农民人力资本投资

2018年3月8日，习近平总书记在“两会”期间参加山东代表团审议时提出，要把人力资本开发放在首要位置，强化乡村振兴人才支撑，加快培育新型农业经营主体，打造一支强大的乡村振兴人才队伍。新经济增长理论表明，人力资本投资是促进一个国家或地区经济增长的重要因素。加大农民人力资本投资，对促进乡村经济振兴与可持续发展具有长期性、基础性、战略性影响。长期以来，农村人力资本投资严重不足，农民文化素质普遍较低，教育与医疗卫生条件十分落后，加之人才严重流失，留守乡村的农民多为老弱病残者，这与推进农业农村现代化的要求严重不符。因此，注重农民人力资本投资，加快培育新型乡村经营主体，是实施乡村振兴战略的迫切要求。

当前，通过土地综合整治腾退的建设用地指标交易换来的资金，主要用于农房与基础设施等“硬件”建设。土地综合整治的重心还停留在“房子是否修得漂亮”等外在的东西，没有把农民就业培训与素质提升问题摆在突出位置。我们通过调研发现，花费巨大人力物力财力建成的美丽新村依然是“空心村”，青壮年劳动力依然外出务工，在农村日常居住着的仍是老人妇女儿童，资源闲置浪费现象依然比较严重，未来很可能面临二次拆建。农民虽然享受到与城镇居民基本同质的居住和生活条件，但他们的思想观念、生活习惯、劳动技能等并未同步现代化。农民的现代化转型完成不了，农业农村现代化必将沦为一句口号。基于此，建议：优化土地综合整治的资金使用方向与结构，“把钱花在刀刃上”，资金用途“软硬结合”——既要重农户新房与基础设施建设，又要注重学校、医院、健康与文化设施建设，还要重视师资队伍与医疗卫生人才培养，重视农民就业技能培训、文化素质提升等“软件”投资，真正使用资源换来的资金起到“四两拨千斤”的效果。同时，农房与基础设施建设等外在的东西，看得见、摸得着、见效快，容易成为基层政府的政绩表现，因而在政绩考核的指挥棒下，基层政府更热衷于把农房与基础设施建设做好，而忽略看不见、摸不着、需要长期才能显出效果的农民人力资本投资。因此，需要调整土地综合整治的考核目标，把对农民的人力资本投资作为一项重要指标纳入绩效考核目标，农房与基础设施等“硬件”建设也不是越美越好、标准越高越好，而是要从乡村长远发展出发，以适度为原则，平衡好“硬件”与“软件”的投资关系。

9.2.4　从偏重新农村建设转向兼顾生态保护与文化传承

过去，土地综合整治偏重大拆大建，对于纳入拆旧区的农房通常采取拆除复垦，然后又占用一块农用地修建农民集中居住区，有的投资者为了整治出更多的建设用地指标，不惜代价破坏了川西地区房前屋后特有的林盘与古树名木，以及一些有历史文化传承价值的农房与建（构）筑物。这严重违背了乡村振兴战略的要求。

生态宜居和乡风文明是乡村振兴的内在要求。乡村最珍贵的东西是其优良的生态环境和特有的历史文化传统，乡村振兴不是建设一个和城市一模一样的空间区域，而是深入发掘乡村特有的文化价值、凸显乡村优良的生态优势，并将乡村特色发扬光大。因此，相比偏重新建设施，土地综合整治更应注重乡村生态环境的保护和历史文化的传承。随着农村土地“三权分置”改革深入推进，土地经营权流转的情况日益普遍，土地经营权人不会对土地产生所有感，更不会产生履行生态环境保护与历史文化传承义务的内在动力。因此，随着城市要素向乡村的流动，乡村从封闭走向开放，在改善物质生活条件的同时，极有可能对乡村的生态本底和文化底蕴带来负面冲击。

基于上述考虑，建议：一是丰富土地综合整治的手段，新建、改造与保护手段并重，因地制宜选择使用，更加注重在原有村庄基础上的微改造与有机更新，强化对川西林盘、古树名木等生态环境以及有历史文化价值的房屋与建（构）筑物的保护力度，而不是一味地推倒重来。二是将生态保护与文化传承纳入土地综合整治与土地经营权流转的全过程监管体系，实施全过程、立体式监管，通过环境影响评价、土壤质量评价、文化传承评价等制度，提高准入门槛，注重过程监督，强化竣工验收，确保乡村生态不被破坏、文化能传承。

9.2.5 从“小组微生”模式转向“村镇联动、三产融合”模式

农民新居规模一直是土地综合整治的焦点。从节约集约用地、共享基础设施和公共服务设施的角度看，农民新居应具备一定的规模；从维护农民权益、方便农民生产生活的角度看，农民新居不宜过度集中。成都市在这个问题上曾出现过摇摆。刚开始探索“三个集中”时，一些区县提出“大流转、大集中”。2008 年，发现个别农民新居半径较大，楼层较高，农民种地需要走很远的路，没有养猪喂鸡晒谷的地方，生活成本也有所增加，就提出“宜聚则聚、宜散则散”。2010 年，又发现一些农民新居规模太小、点位过于分散，不够经济、集约，再提出只要农民自愿，与农民生产生活方式相适应（居住点靠近场镇、购买了社保、解决了就业、不再依赖土地谋生），农民新居点位可以集中一些，达到适度规模。2012 年，针对媒体关于农民被上楼、大拆大建等问题的炒作，为贯彻党中央和省委的精神，成都市提出“小规模、组团式、微田园、生态化”建设模式，再次在农民新居规模的认识上实现了升华。但根据本书课题组的实地走访与农户调查，多数“小组

微生”项目因规模太小、点位分散导致项目实施成本太高，不少参与的农户需要净出几万甚至几十万元贴补新房，从而增加了农民的经济负担，降低了农民的满意度；更具长远影响的是，因规模太小、点位分散导致人口与产业集聚度不够，一二三产业融合发展的态势难以形成，缺乏产业发展的支撑，农民就业增收的机会难以拓展，青壮年劳动力依然选择外出务工，花费巨大人力物力财力建成的美丽新村依然是“空心村”，乡村别墅里住着的依然是“穷人”。因此，评判农民新居的规模是否合理，不宜采取“一刀切”的做法，最重要的是给农民自主选择权。农民根据自身家庭情况，可以选择不参与集中居住，可以选择在本村内就近参与“小组微生”项目实现小规模聚居，也可以选择到场镇实现大规模集中居住，还可以选择货币化补偿方式到城市购置商品房居住。

例如，青白江区福洪镇通过引入社会资本，以全域土地综合整治为切入点，将村庄整理与乡镇改造结合起来协同推进，在短短几年内从一个纯农业乡镇升级为三产融合发展的经济强镇。2017年，福洪镇农民人均纯收入达20572元，6年增长了400%，堪称乡村建设发展的奇迹。一方面，注重村镇联动发展，统筹布局镇域内产业发展、新场镇与新村建设、基础设施与公共服务配套，构建了由一个场镇中心、两个新型社区、若干“小组微生”新农村综合体和散居院落组成的特色小镇空间体系；另一方面，注重三产融合发展，在村域内规划布局现代都市农文旅融合项目，在推动农业规模经营的同时，通过业主购买建设用地指标落地，解决了农业＋文化＋旅游产业链延伸所面临的建设用地需求问题，在新场镇周围规划布局以“前店后厂”为特色的手工加工、农副产品加工等加工业，成功引进了多多食品、麦奇香食品、彩塑文创、锦宏工艺等小微企业20余家，实现了农民就地就近就业和三产并进，极大地改善了镇域居民的生产生活条件。在开展土地综合整治过程中，始终尊重农民意愿，农民对居住、生活和生产方式有了更大选择权，不参与集中居住可以，在本村小规模聚居可以，到场镇大规模集中居住也可以。在发展思路上，开展全域土地综合整治，改善场镇基础设施和公共服务条件，吸引本镇和周边乡镇的农村人口以及在本镇企业务工的人员向场镇聚居，当人口聚居达到一定规模时，产业发展就因人的生产生活需求倍增而具备了坚实的根基，产业的繁荣，反过来会支撑城镇基础设施和公共服务条件的进一步改善，从而吸引更多的人口流入，由此形成了人口、土地、镇村与产业之间的良性互动。我们将福洪镇的这种模式称为“村镇联动、三产融合”模式。

综上所述，建议：正确看待农民新居规模大小的问题，赋予农民自主选择权，倡导土地综合整治从“小组微生”模式向“村镇联动、三产融合”模式转型，改变以往镇村建设中政府“唱主角”的做法，由企业作为镇村投资、建设和运营主体，以开展全域土地综合整治为切入点，在市场驱动下实现人口、土地、镇村与产业之间的良性互动发展。

9.3　以国土空间规划为科学引领推进土地综合整治

9.3.1　强化规划管控：无策划不规划，无规划不整治

乡村振兴，不是在自由市场中的野蛮生长、低水平重复建设，更不是重现当年的家家点火、户户冒烟场景。规划科学，是最有效的节约集约用地。实施乡村振兴战略、开展土地综合整治，都必须坚持科学规划引领，以国土空间规划为根本遵循。必须加大规划宣传力度，强化规划管控意识，各项建设活动必须依法依规开展，形成乡村振兴“无策划、不规划；无规划、不整治”的共识。具体来讲，强化规划管控应做好以下六个方面工作：一是坚持乡村振兴战略策划在先、规划跟进的原则。要组织科研力量，依托乡村特有的资源禀赋，深入挖掘乡村的文化、美学、生态等多样化价值，找准乡村振兴战略定位，进行切合实际的科学策划，然后依据策划进行科学规划，明确乡村功能空间布局优化。二是以机构改革为契机，加快建立“多规合一”的规划管理体制机制，以国土空间规划保障土地综合整治项目的高效审批与实施效率。三是破除以单个项目为载体的整治思路，在规划编制中有机融入村镇联动、城乡融合的理念，统筹镇村各项资源要素，促进人口、土地、镇村与产业的协调发展。四是重视土地综合整治宏观层面的规划编制。从全域的宏观视野出发，按照人口流动、产业发展和市场经济的内在规律科学合理地区分乡村类型，确定不同乡村类型的振兴或整治路径，再依据规划开展土地综合整治。五是同步营造乡村的生产、生活与生态空间。开展土地综合整治，不仅要对宅基地进行整治，营造生活空间，而且要对农用地和工矿废弃地进行整治，对房前屋后的林盘、树木和草地等进行生态修复保护，营造集约的生产空间和宜人的生态空间。六是建立公众参与规划编制与实施的机制。要扩大规划编制的公众参与，认真听取和充分尊重农民群众的意见，以听证、公示等形式增强规划的公开性和透明度，实现科学民主规划。

9.3.2　以编制国土空间规划为契机，优化全域乡村振兴空间格局

当前，国家正在部署开展国土空间规划编制。各地应以此为契机，在宏观层面上坚持把乡村和城市全域统一规划，建立健全“多规合一”的规划管理体制机制。比如，成都市在国土空间规划中确立“东进、南拓、西控、北改、中优”的差异化发展策略。通过落实五大功能区战略，重塑城乡空间布局和经济地理，同时把公园城市理念体现在国土空间规划中，以水定人、以

地定城、以能定业、以气定形，确立城乡四级规划体系。在此基础上，以“乡村振兴走廊 + 城乡融合发展单元”的全域乡村振兴空间格局为纲领（图 9-2），以土地综合整治集成创新为抓手，打破城乡规划的行政藩篱，强化区域间的功能统筹。

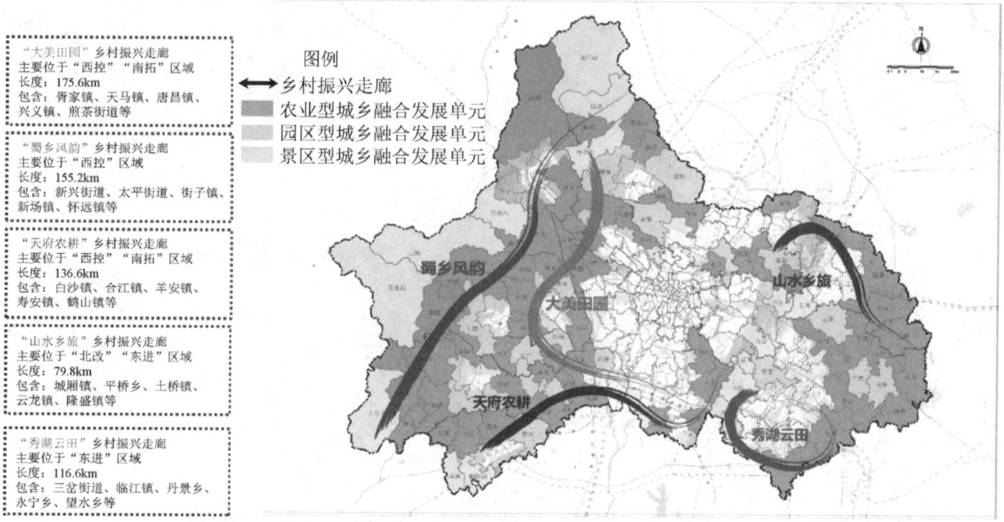

图 9-2　“乡村振兴走廊 + 城乡融合发展单元”全域乡村振兴空间格局

（成都市规划设计研究院提供）

9.3.3　打破城乡规划的行政藩篱，探索划定城乡融合发展单元

城乡融合是经济社会发展的必然趋势。在中微观层面，全域探索以城乡融合单元为基本单元进行土地综合整治的模式。要基于地域相邻、人缘相亲、资源禀赋相近、经济社会发展水平相当等因子，打破行政区域边界和传统镇村定位，划定城乡融合发展基本单元，作为城乡统一规划、统一管理的基本单位；要注重城乡之间与村庄之间人口流动的规律与趋势研判，通过合村并镇、经济手段引导等方式，整合小而弱的村镇资源，适度扩大城镇和社区规模，提升要素集聚力、人口承载力、辐射带动力，促进产镇相融、城田相融、产村相融。城乡融合单元的划定，可采取“特色镇 + 林盘 + 现代化农场”“特色镇 + 景区 + 景点”“特色镇 + 产业园 + 林盘”等模式，以主要交通路径和配套设施为依托，带动周边农村新型社区、林盘聚落建设，实现乡村振兴目标（图 9-3）。

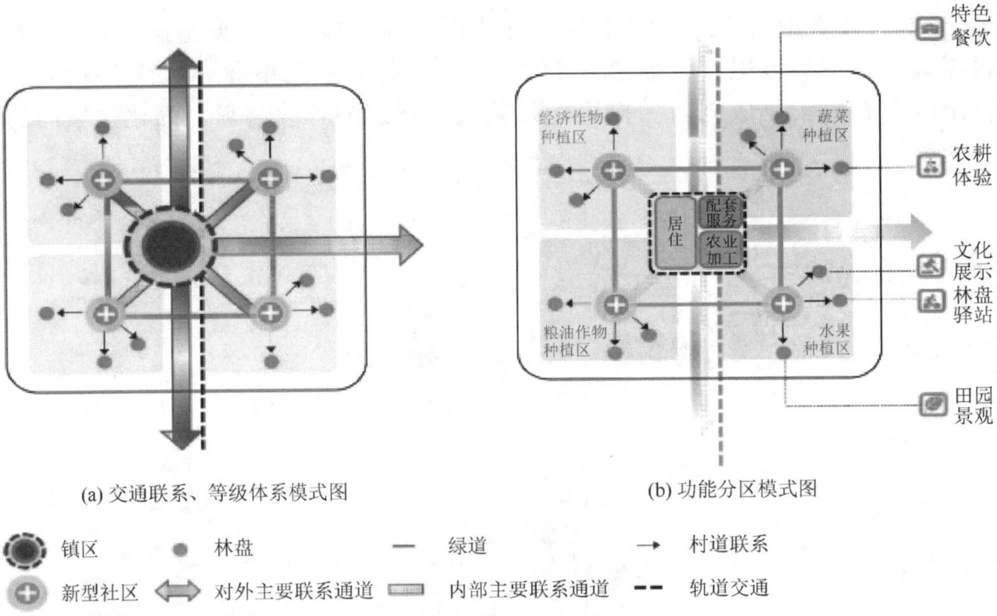

图 9-3　农业型城乡融合发展单元模式图

（成都市规划设计研究院提供）

城乡融合单元是突破成都现阶段发展局限和重塑城乡经济地理的重要功能节点。首先，城乡融合单元的构建利于融入区域格局，构建多中心、组团式、网络化的联城带乡格局，实现城乡联动发展；其次，城乡融合单元能够打破城乡圈层结构，进一步疏解城市功能，促进人口导入、资源要素高效流动，提高中心城区辐射能力，带动全域均衡发展；再次，城乡融合单元能够明确城乡网络化功能体系的层级与定位，重塑城乡空间布局和形态，调整优化产业布局，实现产城融合发展；最后，城乡融合单元创新提出了将乡村振兴战略与国土空间规划相结合，以城乡融合发展为指导形成土地综合整治方案，从而将城乡融合落实落地。

9.3.4　编制“多规合一”的村庄规划，实现与土地综合整治有机衔接

通盘考虑土地利用、产业发展、居民点布局、环境整治、生态保护、文化传承等因素，是新时代村庄规划实现“多规合一”的基本要求。村庄规划作为国土空间五级三类规划体系中的详细规划，是开展国土空间保护活动、实施国土空间用途管制、核发乡村建设项目许可证、进行各项乡村建设的法定依据。成都市在编制村庄规划时，应坚持以“策划定方向、规划定空间、设计定场景”的思路，在产业方面以多村联合策划为起点，尊重村庄地域特色及人员需求，逐级谋划产业定位，在空间方面积极探索“点状供地”“留白机制”的引导管控，推动农商文

旅体的融合发展，以乡村社区生活圈为单元，构建乡村社区生活场景的指标体系，推动乡村统筹配套建设，实现公园城市生活价值的转化。成都市应通过编制“多规合一”的实用性村庄规划，落实乡村资源配置与空间整治。这是在国土空间规划体系重构的背景下，形成乡村振兴战略实施保障的重要手段。

开展土地综合整治，应当在以下三个方面与村庄规划无缝衔接：一是定位衔接。新时期土地综合整治与国土空间保护、开发、利用共同构成了空间规划格局，其中土地综合整治重点针对利用失序、功能退化的国土空间，通过资源改造、格局优化、功能提升等途径实现国土空间利用优化。二是目标衔接。土地综合整治应以解决资源环境承载能力和国土空间开发适宜性评价明确的国土空间利用问题、实现空间发展蓝图为目标，共同支撑乡村振兴战略。三是对象衔接。土地综合整治分类与国土空间规划中空间类型划分（如生态空间、农业空间、城镇空间等）及空间边界划定（如“三线划定”）相衔接，但也应符合土地综合整治具体实施的要求。随着条件成熟，可在“一张图”的框架下探索以村庄规划替代土地综合整治专项规划的工作机制与办法，提高行政效能。

在编制村庄规划并以规划为依据实施土地综合整治时，要秉持科学发展是硬道理的思想，从满足乡村发展用地需求的角度出发，发挥好市场和政府两只手的作用，创新乡村土地要素供给方式，推动乡村功能空间重构，强化乡村振兴的土地保障。具体来讲，主要有四点要求：一是叠加土地制度改革的红利，把集体建设用地租赁性住房改革试点、集体经营性建设用地入市改革试点、宅基地制度改革试点等放在要素聚集支撑节点，如特色镇、林盘社区、产业园区等。二是顺应农村土地的自然肌理推进精细化利用，按照宜小不宜大的原则分块出让建设用地，因地制宜构建和谐邻里空间。三是树立新型资源利用观，既要充分发挥市场配置土地资源的作用，充分赋权农民集体及农户对土地的处置与收益权利，由其依据规划自主决定土地的开发利用方式，又要发挥好政府的引导、调节与监管作用，确保农村集体经营性建设用地有序入市与规范开发利用，最大限度显化农村土地资源的价值，实现经济效益、社会效益与生态效益的有机统一。四是培育城乡融合发展单元并筑牢基础，应安排预留发展基础设施和公共服务设施的配套空间。

9.3.5　融合大地景观再造与生态修复规划，探索开展生态型土地综合整治

大地景观再造，最早可追溯到 1647 年在英国发现的“麦田怪圈”，这是一种人为对大片农作物进行图案设计并用于游历观光的图案景观。早期的大地景观再造主要是以小麦、玉米等农作物成熟后进行“作画”的一种方式，而后在美国出现的“玉米迷宫”是这一时期的代表，在玉米成熟阶段，根据设计迷宫线路形成

错综复杂的路线及迷幻的视觉感受可给人们提供一个休闲娱乐的处所。直到日本青森县田舍馆村利用紫稻、白稻等不同色彩的水稻在田间“作画”，以水稻为种植作物的稻田画才逐渐发展起来。随着水稻不断地生长，色彩随之变化，形成大面积彩色稻田的震撼场景，稻田画的创作素材十分广泛，取材与时俱进，内容丰富多样，并且具有浓浓的乡土风情，自诞生以来，作为一种艺术农田景观吸引了无数游客前往观赏。随着农业与乡村的多功能转型理论形成与大量实践，大地景观再造作为一门学问开始进入大众视野。概括来讲，大地景观规划设计需要兼顾土地三个层次的功能：一是农产品生产的生产性功能，二是保护农田生态环境的生态功能，三是作为休闲旅游资源的景观性功能。大地景观再造想要成为一个可持续、具有生命力的项目，不仅需要从宏观上规划整个乡村区域，而且需要按照一定的规律进行组合协调，运用点、线、面、体、色彩、肌理、图案等元素进行设计，最终呈现自然美、高产美、形式美、时段美的完美结合。大地景观再造能够为乡村发展带来诸多收益：作为旅游资源，能够增加乡村的吸引力，促进乡村旅游业发展，可以通过可看、可赏、可玩的模式满足游客对乡村生活的体验需求；在开发与保护、农业与旅游之间维持良好的平衡，发展相关的农旅产业，增加农民收入，有利于农旅产业的可持续发展[199]。

从景观生态学的角度看，土地综合整治的过程也是项目区景观格局改变的过程，在这个过程中，项目区内原有土地资源的景观格局和原位状态将被打破，从而对项目区内土壤、植被、水文、生物甚至地形等环境要素及其生态过程产生影响。因此，土地综合整治实质上就是对土地生态系统的重塑。但长期以来，由于缺乏对景观生态学的理论认知与技术指导，各地在开展土地综合整治与新农村建设的过程中，并没有把大地景观再造、生态修复保护与可持续发展等纳入土地综合整治的目标系统与实施过程，导致一些地方的土地综合整治与新农村建设出现了诸多问题。例如，新农村建设千篇一律，毫无特色；部分农民安置点俨然城市小区，高层、多层兵营式分布，文化、体量和色彩严重不协调；生硬理解和追求“田成方、路成网、渠相通、树成行”的标准化建设，以“推土机”式对土地进行过分改造，忽视循环共生理念，大量需生态化的沟渠路被过度硬化、多样化的小树林被砍掉、水塘被填埋、河流被拉直，导致孕育地域文化的生物、生态和生活的乡土风貌严重受损[200]。因此，开展生态型土地综合整治势在必行。

比如，成都市探索开展生态型土地综合整治的工作要点：①以景观生态学和可持续发展理论为指导，全面统筹、综合协调土地综合整治活动与自然环境、经济社会的关系，通过研究景观格局及其演变规律，在对景观格局调查、分析、评价的基础上，提出合理的景观格局调整方案和优化的景观单元内部结构，维护自然-经济-社会系统的平衡；②尊重自然规律，维持自然生态系统的连续性和完整性，减少人工雕琢的痕迹，尽量不破坏原有的生态景观及其生态要素，避免大拆大建；③充分发挥生物多样性保护与乡土物种保护的功能，鼓励环境友好型产业发展，约束超出环境承载力的污染型产业，在必要情况下采取客流与车辆管理措施，避免过度干扰生物栖息地与生物群落；④注重土地的多功能复合利用，在农业生产功能的基础上，通过大地景观再造与生态修复保护，叠加休闲、旅游、观光、生态、度假、养生等功能，促进农商文旅体融合发展，提升产业附加值与土地利用效率；⑤按照山水林田湖草生命共同体整体保护、系统修复、综合治理的理念，以整乡整村为对象，进行全域规划、全域设计、全域整治，建成农田集中连片、建设用地集中集聚、空间形态集约高效的美丽乡村新格局。

9.3.6　整合乡镇国土所与乡村规划师职能，为土地综合整治提供人才保障

中国最初的乡村规划，基本是借鉴城市规划的理念而来。在新的时代背景下，加快农业农村现代化，不能生搬硬套城市规划的理念，乡村要有自己独特的规划方式，也需要有思维的转变。目前，乡村规划存在人才匮乏、标准缺失、脱离乡情、管理薄弱等问题，需要招募一批优秀人才作为乡村规划师，打通乡村与规划之间的桥梁。比如，成都市早已提出实施乡村规划师制度，并明确了乡村规划师的 7 项职责，即规划决策的参与者、规划编制的组织者、规划初审的把关者、规划实施过程的指导员、乡镇规划的建议人，以及基层矛盾的协调员、乡村规划的研究员。随着国土部门与规划部门的职能整合与机构改革，应顺势而为，积极探索整合乡镇国土所与乡村规划师职能的办法，破除体制机制障碍，实现乡镇国土所行政管理职能与乡村规划师技术指导职能有机融合，做到业务融合、职责融合、人员融合，确保乡村地区国土空间规划管理高质量、满覆盖。同时，加大乡村规划师招募力度，充实力量，提高薪酬待遇，增强职业吸引力，加大职业教育培训力度，为农村土地综合整治与乡村振兴战略实施提供雄厚的人才保障。

在机构与职能整合的基础上，充分发挥好乡村规划师在全域土地综合整治中的作用。乡村规划师是专门面向乡村的国土空间规划专业人才，最了解所负责区域的乡土人情与地质风貌等情况，是实现国土空间规划在村庄落地以及反映农民群众规划建设意愿的中坚力量。因此，乡村规划师应当介入全域土地综合整治的全过程，包括项目前期策划与立项、项目实施规划审核、农民安置点选址与规划建设方案论证、建筑外观风貌设计、项目竣工验收等。通过全程参与，提供技术指导、服务与监督管理，协调处理政府规划管控与农民规划建设意愿的关系，确保国土空间规划落到实处，实现“大美乡村”。

9.4　以政策制度创新为重要动力推进土地综合整治

9.4.1　优化建设用地指标交易政策

建设用地指标交易是通过引入市场机制，调动农民集体及农户以及社会资本参与土地综合整治的有力杠杆，应当坚持和完善建设用地指标交易政策，形成新时代的政策优势和在全国的示范引领作用。

（1）全面推行农村集体建设用地拆旧复垦政策，项目立项只确定拆旧区。过去，增减挂钩项目立项要捆绑拆旧区和建新区，在项目竣工验收后，才能把指标拿到农交所交易，然后做一次建新区变更，增加了审批环节，延长了项目实施周期。为缩短项目实施周期，提高行政效能，建议依据增减挂钩工作机制，项目立项时仅确定拆旧区，待完成农民旧房拆除与新房建设、集体建设用地复垦验收合格后，节余建设用地指标即可上市交易，指标持证准用后其权利人变更为相应区县政府，并由区县政府将指标安排在符合规划的有条件建设区落地报征。落地报征情况报批准立项的自然资源部门备案，防止发生占多补少、占优补劣问题。

（2）争取将建设用地指标交易范围扩大到省域或更大范围。目前，重庆、河南、广东、浙江等多省市的建设用地指标都可以在全省范围内交易，而成都市的建设用地指标交易仅局限在成都市范围内。将指标交易范围扩展至省域，不仅可以放大指标的供给和需求总量，而且能够更好地发挥市场发现价格与配置资源的功能，有利于促进全省范围内的土地资源优化配置，提高土地资源利用效率，还可以支持乡村振兴，提高中心城市的资源承载能力与成渝地区双城经济圈的高度，积极争取国家政策支持，允许将建设用地指标交易范围扩大至省域，并在条件成熟时实现成渝地区顺畅流通。

（3）健全农民集体及农户在土地综合整治中的主体地位保障机制。过去，虽然强调发挥农民集体及农户的主体作用，但从实际运行看，因缺乏更加细化的权利保障机制，导致农民集体及农户的主体作用体现不充分，甚至还有损害农民利益的现象发生。因此，需要从农民的知情权、决策权、监督权与收益权四个方面，对土地综合整治的全过程进行更加细化、精准的权利保障机制设计，真正确保由农民集体及农户自主决定是否参与、采取何种方式参与、如何筹资、是否引进社会投资者、如何建房、如何进行土地权属调整以及如何确定土地指标的归属、交易价格与收益分配等重要事项。

（4）允许开展零星集体建设用地整理复垦。只要农户自愿，确保住有所居并承诺不再申请新的宅基地，就允许单个农户提出零星集体建设用地整理复垦申请。

这种情况适合于那些已经进城落户、住有所居的农户。对他们，不再需要修建新房，仅需要允许其将通过整理复垦形成的建设用地指标上市交易变现为进城资本即可。

（5）建立由政府调控并反映市场供求的指标交易价格形成机制。比如，成都市从 2011 年市政府将指标交易价格确定为 30 万元/亩至今，一直没有调整指标价格，真正的市场机制还没有建立。近年来，随着土地综合整治成本的逐步上升，许多区县的项目实施成本已远超 30 万元/亩。因项目实施成本和收益难以平衡，许多已经立项的项目无法按期完成或进展缓慢，不少社会投资者还陷入经营困境。因价格固定不变，不能反映整治成本与市场供求变化，社会投资者对投资土地综合整治项目的前景不太看好。因此，建议，在科学评估土地综合整治平均成本的基础上，考虑社会投资平均利润率等因素，设置建设用地指标交易价格的最高限价和最低保护价，实行价格区间管制，确保土地指标市场平稳运行，而在价格区间内，则允许指标交易价格在市场供求机制作用下自由浮动，反映价值规律和提高经济运行效率。

（6）按照经济运行的内在逻辑完善指标持证准用制度。实行持证准用制度的必要性在于，年度用地计划指标与通过集体建设用地整理复垦形成的建设用地指标的内在价值不同，年度用地计划指标是由国家自上而下划拨的，仅需支付征地拆迁的成本，而建设用地指标的形成不仅要支付建新区的征地拆迁成本，而且要支付拆旧区的土地综合整治成本。因此，使用年度用地计划指标报征形成的建设用地出让成本与使用建设用地指标报征形成的建设用地出让成本不同，购买后者理应多支付一笔费用。另外，指标蕴含的土地发展权不同。本来土地发展权属于指标输出区，交易到指标输入区后，意味着指标输入区获得了土地发展权，指标输入区理应向指标输出区支付土地发展权损失的代价。因此，按照经济运行的基本逻辑，使用建设用地指标报征的建设用地出让，才需要实行持证准用，这样才能保证逻辑上的一致性以及供求关系的平衡。而成都市在设计持证准用制度时则考虑了更多的因素，如三圈层区县因经济发展水平低国有经营性建设用地首次出让不需要实行持证准用，而是按照 18 万元/亩的最低保护价缴纳，这就人为地缩小了建设用地指标的交易需求；首次出让的国有经营性建设用地不一定是使用建设用地指标报征的，可能是使用年度用地计划指标报征的，这又人为地扩大了建设用地指标的交易需求；还有一些非商住经营性质的国有建设用地出让，也不需要实行持证准用，也人为地缩小了建设用地指标的交易需求；随着集体经营性建设用地入市的开展，一些集体经营性建设用地也是通过建设用地指标落地覆盖农用地形成的，因而在逻辑上也应该实行持证准用。这种掺杂了诸多因素的制度设计，使得持证准用制度这个新生事物显得十分复杂，很难获得社会的普遍认可和接受。因此，建议：还原事物的本来面目，复杂问题简单化，国土空间规划确定的有条件建设区，均使用土地综合整治腾退形成的建设用地指标报征转为国有建设用地或落地转为集体建设用地，这类地块的出让均须实行持证准用制度；通过年度用地计划指标报征的国有建设用地或现状存量的集体建设用地出让，不实行持证准用制度。

有不少人担心，实行持证准用制度，会影响城市土地市场健康运行。相反，我们认为实行持证准用制度，将农村土地指标市场与城市土地市场联系起来，农村土地指标的供给制约着城市土地的供给，不通过土地综合整治把乡村振兴起来，城市就不能通过土地扩张进行外延式粗放增长，城市土地的需求也影响着农村土地指标的需求，没有高度的城市化，就没有充足的指标需求与更高的指标价格，由此促进城乡协同发展、共生共荣。

（7）建立健全社会资本参与土地综合整治的激励约束机制。一方面，要充分调动社会资本参与土地综合整治的积极性，稳定政策预期，增加政策透明度，简化行政审批事项，提高行政审批效率，增强政务服务意识，及时发布土地综合整治信息，规范信息披露规则，平等保护社会投资者的合法权益。另一方面，要健全资本下乡参与土地综合整治的规制，系统梳理过去实践中已经出现过的问题和风险，建立风险防范机制，对关键环节与重要事项进行有效监管，确保土地综合整治规范有序运行。总之，土地储备中心与其他政府代理机构要逐步减少土地综合整治项目投资，降低市场占有率，发挥好市场调节与“蓄水池”的作用，只要农民集体及农户和社会投资者愿意投资实施的土地综合整治项目，就交给农民集体及农户和社会投资者。

9.4.2　探索开展跨区域“村村挂钩”

乡村的异质性，决定了乡村振兴实现路径的多样性，进而决定了土地综合整治政策的差别性，绝不能全域政策“一刀切”。在过去的实践中，成都市已经在城乡建设用地增减挂钩政策（大挂钩）的基础上，探索形成了农民集中建房整理政策（小挂钩）、灾后住房联建政策以及以林盘为中心、原址利用为特点的生态修复整治政策，应认真梳理和完善这些政策，并进一步丰富土地综合整治政策类型，更有针对性地满足当前乡村振兴的多样化需求。为此，建议探索开展跨区域“村村挂钩”。

所谓跨区域“村村挂钩”，是对“小挂钩”政策的再创新或“小挂钩”的升级版，即不同区域村庄之间的集体建设用地增加与减少相挂钩，是指在产权明晰和符合规划的前提下，农民自愿对破旧房屋进行拆除，将废弃宅基地等集体建设用地复垦为耕地，节余建设用地指标流转给有发展需求的村庄使用的土地整治活动。跨区域“村村挂钩”与“小挂钩”的区别在于，“小挂钩”的拆旧区与建新区要求在本乡镇范围内，而跨区域“村村挂钩”的拆旧区与建新区可以跨越乡镇在市域甚至省域范围内进行设置。跨区域“村村挂钩”“小挂钩”的运作机理与城乡建设用地增减挂钩相似，都是在满足项目区内耕地面积不减少、建设用地规模不增加、建设用地布局优化、土地节约集约利用前提下进行的存量土地盘活利用；都强调在农民自愿前提下，完成农房拆除、复垦还耕与新居建设，经验收合格，方可将节余建设用地指标流转给建新区使用。不同之处在于建新区的用地性质不同，城乡建设用地增减挂钩的建新区布局在城镇，指标落地区要征收为国有建设用地，跨区域“村村挂钩”“小挂钩”的建新区可以布局在村庄，指标落地区可以不用征收而保留为集体建设用地。

跨区域“村村挂钩”有利于解决乡村发展不平衡的用地矛盾。随着乡村振兴战略的深入实施，资本下乡、农民工返乡创业的现象日渐增多。在中美贸易战的影响下，大城市里一些传统行业的企业升级无望，为降低要素成本，开始呈现出向小城镇和乡村转移的趋势。种种迹象表明，大城市郊区的乡村、交通区位优势明显的乡村，以及拥有生态、旅游等资源禀赋的乡村将迎来产业振兴的机遇，用地需求必将愈来愈旺盛。如何保障乡村建设与产业发展用地，成为新时代实施乡村振兴战略过程中迫切需要破解的新问题。另外，传统农区以及自然生态条件恶劣区域的乡村，依然面临着要素单向流出与“空心化”的难题，更谈不上资本下乡投资，宅基地闲置浪费现象十分普遍。通过宅基地退出，用土地指标换取资金，用于改善农村人居环境，是这些乡村的迫切需求。跨区域“村村挂钩”为满足这两类乡村的现实需求提供了政策保障。

跨区域“村村挂钩”能够更好地适应乡村投资的特点与需求。“小挂钩”政策存在两个弊端：一是受农用地转用审批权限制，项目区设置只能在本乡镇范围内，土地指标的级差收益难以显化；二是项目实施周期长，投资者用地的时间与投资成本高。在乡村投资的多为小微企业，资金实力有限，从银行贷款困难，很多时候需要通过民间借贷融资。通常是先立项实施整理项目取得土地，然后进行产业开发，整个投资回报周期短则 5 年，长则 10 年以上。据调查，部分企业因政策不明、规划调整和土地办证等，导致项目实施周期过长、资金链断裂而陷入经营困境。不少基层干部反映，一些想到乡村投资的企业因为找不到现成的建设用地，又担心通过实施整理项目取得土地的方式会延误发展机遇，最终放弃了投资。跨区域“村村挂钩”，通过扩大项目区范围至市域甚至省域并以市场方式交易指标，不仅释放了指标的级差收益，提高了反哺传统农区的能力，而且避免了投资者立项实施整理项目，节约了用地时间和投资成本，能够快速启动产业项目建设。显然，跨区域“村村挂钩”更能适应乡村投资的特点与需求。

基于上述分析，建议：应积极争取政策支持，规范有序开展跨区域“村村挂钩”试点。在试点过程中，注意处理好以下三方面的关系：一是处理好尊重产权与规划管控的关系。尊重产权，即是说，是否开展跨区域“村村挂钩”、指标价格怎样确定、收益如何分配等重大事项均应村民代表会议同意，确保指标产出区与接收区的农民利益都不受损，防止基层干部或投资者单边操纵牟取不合理利益的问题出现；规划管控，即把符合国土空间规划作为前置条件，由本地自然资源部门出具规划意见后方可立项实施跨区域“村村挂钩”项目。二是处理好地方保护与市场开放的关系。站在地方政府的立场，可能担心允许外地的指标卖到本地会影响本地土地综合整治项目的实施。但是，建立统一开放的市场体系是市场经济发展的必然要求。我国改革开放40多年的历程，也是一个逐步破除地方保护主义、形成全国统一市场体系并不断融入全球化的过程。因此，允许跨区域“村村挂钩”的指标在市域甚至省域交易，从全市或全省的立场看增进了整体利益，是利大于弊的。三是处理好政府主导与市场运作的关系。开展跨区域“村村挂钩”，离不开政府的支持，包括省级自然资源管理部门的政策支持，以及指标产出区和接收区所在市及县（区、市）两级政府的支持。应由政府牵头搭建农村产权交易服务平台，制定跨区域“村村挂钩”项目管理办法，建立宅基地复垦验收机制、指标交易台账监管机制、指标交易价格调控机制、指标炒卖等市场风险防范机制，引导指标产出区与接收区在平台上公开交易，既充分发挥市场机制的作用来提高交易效率，又更好地发挥政府作用来确保市场平稳有序运行。

9.4.3　建立土地综合整治项目组合立项与顺畅转换的管理新机制

随着乡村振兴战略的实施，田园综合体作为一种新型业态呈井喷之势。通过调研了解到，其用地需求的一个显著特点是综合性。比如，新希望集团在简阳贾家镇的项目，既需要立项“小挂钩”项目，将建设用地指标留在本乡镇用于产业发展，又需要立项“林盘整治”项目，对一些零星宅基地进行整理后原址开发利用；和盛公司在青白江区福洪镇的项目，一开始立项为“小挂钩”项目，但后因形势变化导致政策不明朗，项目实施周期大大延长，企业遭遇资金链紧张与经营困境，需要将一部分整理区转换为“大挂钩”项目，进行指标交易后变现一部分现金流以渡过难关；华侨城在双流黄龙溪镇的项目，拆旧区所在地东岳村因增减挂钩、“小挂钩”项目的实施使村内建设用地资源转移到了建新区所在的川江村和大河村，现在因乡村振兴有了发展机遇，不少投资者纷至沓来，但已经没有了发展空间，非常希望能通过“村村挂钩”这样的政策获取新的发展空间。因此，建议：尽快建立“大挂钩”“小挂钩”“村村挂钩”以及林盘整治等不同类型土地综合整治项目的组合立项与顺畅转换的管理新机制，以“大挂钩”解决项目资金问题，以“小挂钩”解决产业集中用地问题，以林盘整治解决产业零星用地问题，以“村村挂钩”解决失去发展空间村庄的用地问题，通过项目的组合立项与顺畅转换解决多目标需求问题。

9.4.4　畅通土地综合整治与集体经营性建设用地入市的衔接机制

2019 年修订的《中华人民共和国土地管理法》已允许集体经营性建设用地入市，但宅基地入市的法律通道并未开启。从成都市的实际情况看，现成的存量集体经营性建设用地很少，而闲置的宅基地资源则比较多，这就造成一个问题，即法律允许入市的土地没有，法律不允许入市的土地较多，获取新一轮土地改革红利的机会有可能再次错失。解决这个问题的办法就是，尽快建立起土地综合整治与集体经营性建设用地入市的无缝衔接机制，推动闲置宅基地转换成集体经营性建设用地，通过迂回入市保障乡村振兴的用地需求。这就要求尽快出台政策，对以下三个问题加以明确：一是规划调整问题，土地综合整治项目竣工验收后，根据实际需要及时调整指标落地区的国土空间规划，将其从集体农用地转换成集体经营性建设用地；二是指标落地问题，应参照增减挂钩项目建新区的审批方式，取消占用审批程序，不用缴纳新增建设用地有偿使用费和耕地占用税，并明确指标落地区的补偿安置与产权归属问题，因为指标落地区的占用时间长久，应参照征地补偿安置政策为被占地农民购买社保；三是集体经营性建设用地入市问题，应尽快出台《集体经营性建设用地出让与转让管理暂行办法》及相关配套政策，保障投资者便捷高效开发利用土地。其中，特别要研究集体经营性建设用地的入市用途与颁证问题，有效应对农民集中居住区一楼为商铺或手工作坊、二三楼为农民自住、四五楼为民宿甚至对外出售的问题，以及集体经营性建设用地作为商住综合用地与分割办证的问题。对于这些新现象、新诉求，既不要简单否决，也不应随意迎合，而是本着实事求是以创新的态度认真研究解决。

9.4.5　完善土地综合整治的政策支持体系

为调动基层政府推进土地综合整治与乡村振兴的积极性，应进一步完善土地综合整治的政策支持体系。应重点做好以下政策支持。

（1）实行永久基本农田整备区制度，允许适度优化永久基本农田布局。借鉴浙江经验，将土地综合整治项目区永久基本农田周边的农用地、零散耕地和零星建设用地复垦后纳入永久基本农田整备区，通过土地整治和耕地质量提升等措施，逐步形成与永久基本农田连通连片、设施完善、质量相当的优质耕地。对达到永久基本农田标准的，纳入永久基本农田储备库，探索永久基本农田数据库年度更新与零星永久基本农田调整相挂钩制度。按照总体稳定、布局优化、严格管控的要求，在确保耕地数量有增加、质量有提高、生态有改善的前提下，允许适度优化土地综合整治项目区永久基本农田布局。永久基本农田布局优化方案，与土地综合整治项目同步实施，规范管理，严格监管。

（2）在不减少林地面积和不破坏生态环境的前提下，允许零散耕地、园地、林地、其他农用地之间进行空间置换和布局优化。按照宜耕则耕、宜林则林、宜草则草的原则，允许农村集体建设用地实事求是地复垦为耕地、林地或草地，探索开展生态用地指标的占补平衡。

（3）对现状建设用地规模确实无法满足乡村发展需要的，允许使用规划新增建设用地预留指标。土地综合整治项目区通过提留一定比例的建设用地复垦面积，作为规划新增建设用地预留指标，适当扩大村庄建设用地规模，保障项目区内农村基础设施和新产业新业态发展用地。

（4）实行新增建设用地计划指标奖励。土地综合整治项目验收后，按建设用地复垦面积的一定比例奖励新增建设用地计划指标，由县级政府统筹，优先保障新农村建设和产业融合发展用地。

（5）创新金融支持土地综合整治政策。加强与金融机构的沟通协调，按照同地同权同价的原则，赋予农村土地融资功能，畅通建设用地指标质押贷款、集体建设用地使用权抵押贷款、土地承包经营权抵押贷款等渠道。可尝试建立“农村土地银行”。首先，政府担任组织者，把同一区域的承包地经营权、集体建设用地使用权以及有偿退出的宅基地使用权等归集到一起，进行分类组合，做到“零存整贷”；其次，“土地银行”以类似于“土地存款利息”的形式付给农民一定价格水平的租金；再次，“土地银行”按照功能进行土地的条块划分，再贷给一些农户或者企业，以供他们进行租赁经营，收取相应价格水平的租金，作为“土地贷款利息”；最后，担当客户角色、租赁土地的农户或企业，依照政府规划以及“土地银行”的相关要求进行生产经营，而作为媒介的“土地银行”则赚取土地存贷一定的差额利息，维持经营运转和发展，并建立相应的行业风险联保基金等。

（6）积极研究“三调”对土地综合整治的影响及应对策略。与“二调”相比，“三调”对地类认定等相关政策有了新的变化，如规定房前屋后的林盘地不能作为集体建设用地认定、耕地与基本农田保护状况要如实上报。据反映，很多省市的耕地与基本农田保护情况不容乐观，这必然会影响到国家对土地综合整治的政策走向；林盘不能作为建设用地认定的政策要求，也必然会增大土地综合整治的成本；耕地数量、质量与生态“三位一体”保护、占优补优的政策规定，同样将增大土地综合整治的成本和影响土地综合整治的政策走向，是否应未雨绸缪将“旱地改水田”纳入土地综合整治政策需要权衡决策。因此，建议：在“三调”数据能够公开使用后，及时组织科研力量，专题开展“三调”对土地综合整治的影响及应对策略研究。

9.4.6　健全集成高效推进土地综合整治的工作机制

过去，很多地方如成都市成立了农村土地综合整治与农房建设领导小组，下设农村土地综合整治与农房建设领导小组办公室，办公室设在国土局，从相关部门抽调人员组成，相关部门的职责在成办发〔2010〕59 号文件中做了明确界定。这一工作机制对推动土地综合整治工作发挥了重要作用。我们调查了解到，蒲江县土地综合整治的工作机制最为有效，政务服务效能高，几乎每一个项目都有专人跟踪服务，项目尽量并联审批，所以蒲江县的社会投资者基本都盈利，土地综合整治工作开展颇有成效；相反，有些区县因土地整治工作机制不健全，部门之间相互推诿的现象严重，导致不少社会投资者陷入经营困境，土地综合整治形成诸多遗留问题。更为遗憾的是，因政府工作重心的转移等，这一工作机制并没有长期坚持下来，从全市来看基本处于半瘫痪状态。相反，浙江省开展全域土地综合整治与生态修复工程的重要经验之一，就是从省级政府层面开始自上而下成立了“保护耕地和全域土地综合整治与生态修复领导小组及办公室”，并且结合放管服改革，按照“最多跑一次”的要求，积极探索项目审批集成提效的办法。如嘉兴市探索实行统一规划、统一设计、一次立项、同步审批、分别入库的整合精简审批形式，通过将原来建设用地复垦、耕地垦造、耕地质量提升、旱改水等涉及的土地整治七大类子项目材料进行整合，重组的审批材料从 108 项减到 48 项，简化事项 60 项，大幅提高了审批效率，缩短了项目投资实施周期。因此，建议：为了解决政策碎片化和项目投资周期长等问题，借鉴浙江“最多跑一次”的经验，总结蒲江经验，重新构建起集成高效的土地综合整治推进工作机制。

（1）强化组织领导。把全域土地综合整治升级为“一把手工程”，成立由市委书记担任组长的全域土地综合整治与生态修复领导小组，负责统一领导协调实施全域土地综合整治与生态修复工作，领导小组下设办公室（仍简称为“市土整办”），办公室设在市规划与自然资源局，从相关部门抽调人员组成，夯实组织机构与人员工作力量，负责全域土地综合整治与生态修复的日常工作，建立工作协调机制，加强政策研究制定与技术指导，进一步明确相关部门的职责，及时解决土地综合整治工作中遇到的困难与问题。相应地，各区县也要匹配建立健全土地综合整治的集成高效工作机制。

（2）强化资源统筹。以土地综合整治为平台载体，以镇村规划为依据，按照

“由规划安排引领项目安排，由项目实施推动规划实施”的思路，聚合乡村振兴所有的涉农政策、项目和资金，在“一张蓝图”的指引下，进行高质量、高效率的统筹和整合，共同推进、同步实施、相辅相成，实现由单一的土地整治向国土空间综合治理的转变。

（3）强化审批统筹。系统梳理全域土地综合整治项目实施涉及的政府部门审批事项与审批流程，按照放管服改革的要求，进一步优化项目审批流程，大幅度精简项目审批事项，能并联审批的实行并联审批，能归并审批或办证办公场所的实行一起办公，能实行备案的采取备案方式，同时加强“一站式”“专人式”等政策服务指导，大幅度提高项目审批效率，缩短项目投资实施周期，形成良好的土地综合整治营商环境。

（4）强化实施监管。因地制宜，算好土地、民生、生态、经济、社会与政治“六本账”，严格把握好目标关、选址关、规划关、质量关、权利关和政策关“六道关”，严守土地公有制性质不能变、耕地红线不突破、粮食生产能力不下降、农民利益不受损“四条红线”，不搞政绩工程、形象工程，打造更多的示范工程、精品工程。要充分利用国土资源“一张图”、卫星遥感监测等各类监管手段，对土地综合整治项目实施情况进行全程监管。

（5）强化考核宣传。把土地综合整治工作成效纳入全市各区县与相关部门的绩效考核目标，研究制定“全域土地综合整治与生态修复项目绩效考评办法”，每年进行绩效考评，并与奖惩及职务晋升相挂钩。加强宣传报道，通过相关媒体及时通报全市土地综合整治工作推进情况，鼓励基层首创，总结宣传各地好的经验和做法。

9.4.7　形成土地综合整治的多元主体共建共治共享机制

全域土地综合整治是一项复杂的系统工程，涉及政府、村集体、农户、投资者四方，仅靠任何一方都力所不逮，因此，必须形成土地综合整治多元主体共建共治共享机制。首先，政府是规划者。政府推进土地综合整治的目标是实现乡村振兴与城乡融合发展，主要通过对土地综合整治施以规划目标引导、政策标准调控、监督管理、行政服务等方式来达成目标，并在基础设施与公共服务供给方面给予必要的资金与项目支持。其次，村集体是协调者。村集体需要领会和执行政府的各项政策、协调农户与投资者之间的各种利益关系，并具体监督和控制土地综合整治项目建设等，承担协调和整治项目实施主体的管理功能。再次，农户是供给者。农户是土地的实际使用者，要坚持村民主体地位，建立和完善村级组织自主管理、自主服务、自主教育、自主监督的农村土地民主管理机制，涉及建设用地规划选址、新农村建设、整治工程实施、土地权属调整、土地指标调剂和收益分配等事项，必须听取农民意见、尊重农民意愿和维护农民权益。最后，投资者是建设者。投资者为了实现自身利益的最大化，需要根据市场规律对土地综合整治项目建设的全过程进行有效的计划、组织、控制、协调等一系列管理活动来实现目标。最重要的是处理好相关主体的利益关系，实现共享发展。

在建设用地指标的收益分配方面可借鉴重庆的做法，量化分配所有权与使用权，并采取价款直拨的方式，防止发生中间环节截留等问题。农户或集体经济组织自行实施整治项目，收益按农户 85%、农村集体经济组织 15%进行分配，农户之间按照土地入股份额进行分配，指标价款采取直拨的方式划到各自的账户。农户或集体经济组织委托社会投资者、政府土地整治专业机构实施整治项目的，节余建设用地指标的收益由双方按投资协议约定分享，应制定投资协议示范文本，引导投资者和农户、农村集体经济组织以及乡镇政府等相关利益主体规范签订投资协议，明确各方的角色和权利义务，保护各方的合法权益，增强诚信意识和契约精神。

9.4.8　强化土地综合整治的后端措施及时跟进

土地综合整治不是乡村振兴的终点，而是乡村振兴迈上新台阶的起点，不能把土地综合整治看作乡村振兴唯一需要做的事，更不能在土地综合整治项目竣工验收后任由乡村自由发展。

（1）及时完成土地权属调整。经调查了解，许多土地综合整治项目对农民新居采取“下清”、支付租金的方式进行占地补偿，有的是由投资者一次性或按年支付，有的是由政府一次性或按年支付，采取调田撵地方式的很少，还有些项目迟迟没有完成土地权属调整，这都可能埋下隐患，应及时研究解决。

（2）强化产业发展支撑。产业兴旺是乡村振兴的关键，是实现农民就业增收的重要途径，是决定项目区农民满意度的主要因素。产业发展不是土地综合整治可有可无的任选项，而应作为土地综合整治的前置条件嵌入制度系统。在项目立项时，应当把产业发展规划与措施作为审核要件；项目竣工后，应当及时跟进产业发展。

（3）抓好社区治理、乡风文明与农民人力资本投资。许多土地综合整治项目是跨村组安置农民，农民从熟人社会进入陌生社会、从分散居住转向集中居住、从农耕文明迈向城镇文明，在身体上、心理上、习惯上与能力素质上都面临诸多的不适应，由此产生不满情绪与各种纠纷矛盾，这就要求及时跟进社区治理建设、乡风文明建设与必要的教育培训活动，研究解决包括小区物业收费、治安与保洁、厕所改造和村容村貌等一系列问题。

（4）研究解决“新村民”认证管理等新问题。随着乡村振兴战略的深入实施，乡村对城市居民的吸引力大大增强，如蒲江县明月村吸引了 100 多位艺术家与乡村创客入驻，郫都区棋田村通过“共享田园”方式吸引城市居民下乡，这就需要及时研究解决“新村民”认证管理以及新老村民利益协调等问题。

第10章　丘区欠发达乡村土地综合整治助推乡村振兴的应用示范

10.1　区 域 概 况

10.1.1　区位条件

金源乡[①]隶属于西充县，西充县是南充市卫星城、四川省文化名县、四川省十大宜居城市、全国生态文明示范县、闻名全国的生态绿色有机农业大县。金源乡位于西充县东北部，北连南部县流马镇和窑场乡、东南接南部县八尔湖风景区、西南邻古楼镇、西抵李桥乡。巴南高速从乡境南侧东西向穿过，金源乡距西充县城区32km、南充市城区40km、成都市城区200km（图10-1）。

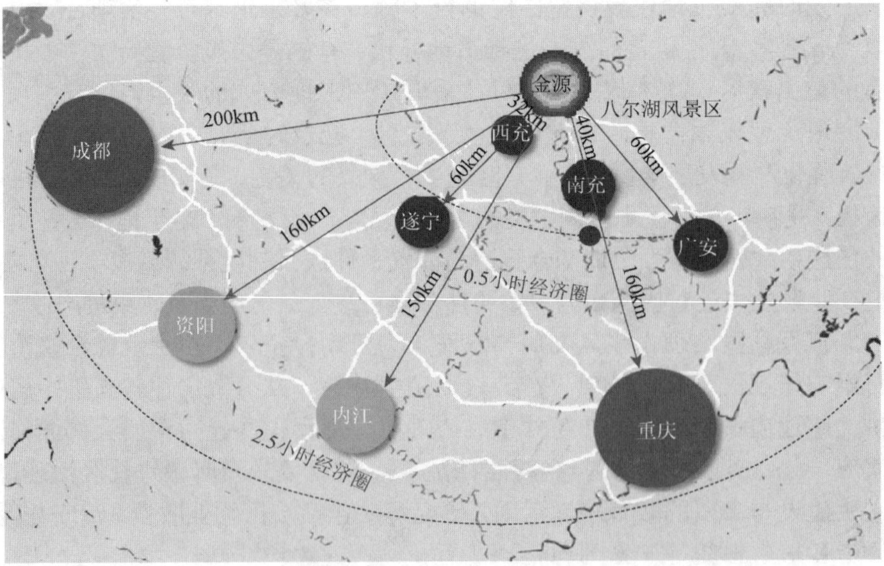

图10-1　金源乡地理区位

① 现已撤消，将其所属行政区域划归古楼镇管辖。

10.1.2　自然条件

1. 地形地貌

金源乡属于浅丘地貌，最高海拔 511.1m，最低海拔 302.5m，平均海拔 361.2m，相对高差约 150m（图 10-2）。

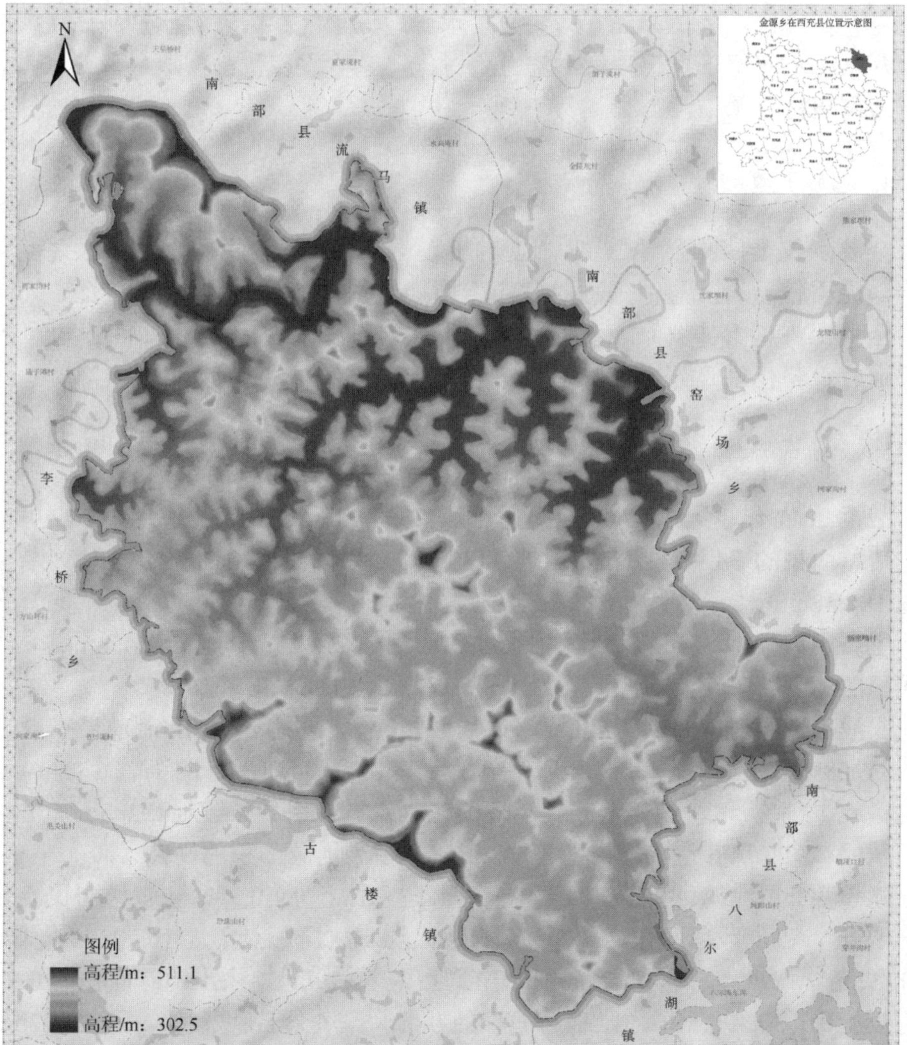

图 10-2　金源乡地形地貌

扫一扫　看彩图

2. 气候条件

金源乡属亚热带湿润季风气候区，年平均气温 16.9℃，年降水量 980.8mm，无霜期 330 天以上，四季分明，气候温和，适宜人居和农业生产。

3. 水资源

金源乡属于嘉陵江流域，境内刀尖河（李家河金源乡段）流经三清庙村、刀尖河村、新民村，全长 8km。刀尖河是水源地保护区、国家级水产种质资源保护区。八尔滩水库位于冉氏祠村、骑龙庵村，毕家湾水库位于玉成村，谢家坡水库位于席家庙村（图 10-3）。

4. 地质土壤

金源乡位于四川盆地腹部，地质构造平缓不发育，底层为侏罗系蓬莱镇组泥岩与泥质粉砂岩互层（俗称“红层”），稳定性好。地震烈度 6 度区，可不设防。全乡土壤属于侏罗系上统蓬莱镇组母质，有棕紫色水稻土和泥土两个土属，砂黏适宜、耕作性良好，宜种性广。

5. 土地资源

截至 2017 年，金源乡全乡土地总面积 2038.74hm^2，其中生态用地 712.98hm^2，占土地总面积的 34.97%；农业用地 1139.18hm^2，占土地总面积的 55.88%；建设用地 186.58hm^2，占土地总面积的 9.15%。

生态用地中水域 44.22hm^2，占土地总面积的 2.17%；林地 663.45hm^2，占土地总面积的 32.54%；自然保留地 5.31hm^2，占土地总面积的 0.26%。

农业用地中耕地 939.54hm^2（水田 308.13hm^2、旱地 631.41hm^2），占土地总面积的 46.08%，人均耕地 0.09hm^2，耕地撂荒率高达 34.30%（图 10-4、图 10-5）。户均耕地 12 块，地块细碎，不利于规模化、机械化耕种；园地 0.28hm^2，占土地总面积的 0.01%；其他农业用地 199.36hm^2，占土地总面积的 9.78%。

建设用地中城镇用地 8.04hm^2，占土地总面积的 0.39%；农村居民点用地 157.75hm^2，占土地总面积的 7.74%，户籍人均农村居民点用地 167.71m^2；采矿用地 0.89hm^2，占土地总面积的 0.04%；交通用地 19.19hm^2，占土地总面积的 0.94%；水利设施用地 0.39hm^2，占土地总面积的 0.02%；风景名胜及特殊用地 0.32hm^2，占土地总面积的 0.02%。村庄人均用地超国家标准，闲置土地多，用地粗放不节约。

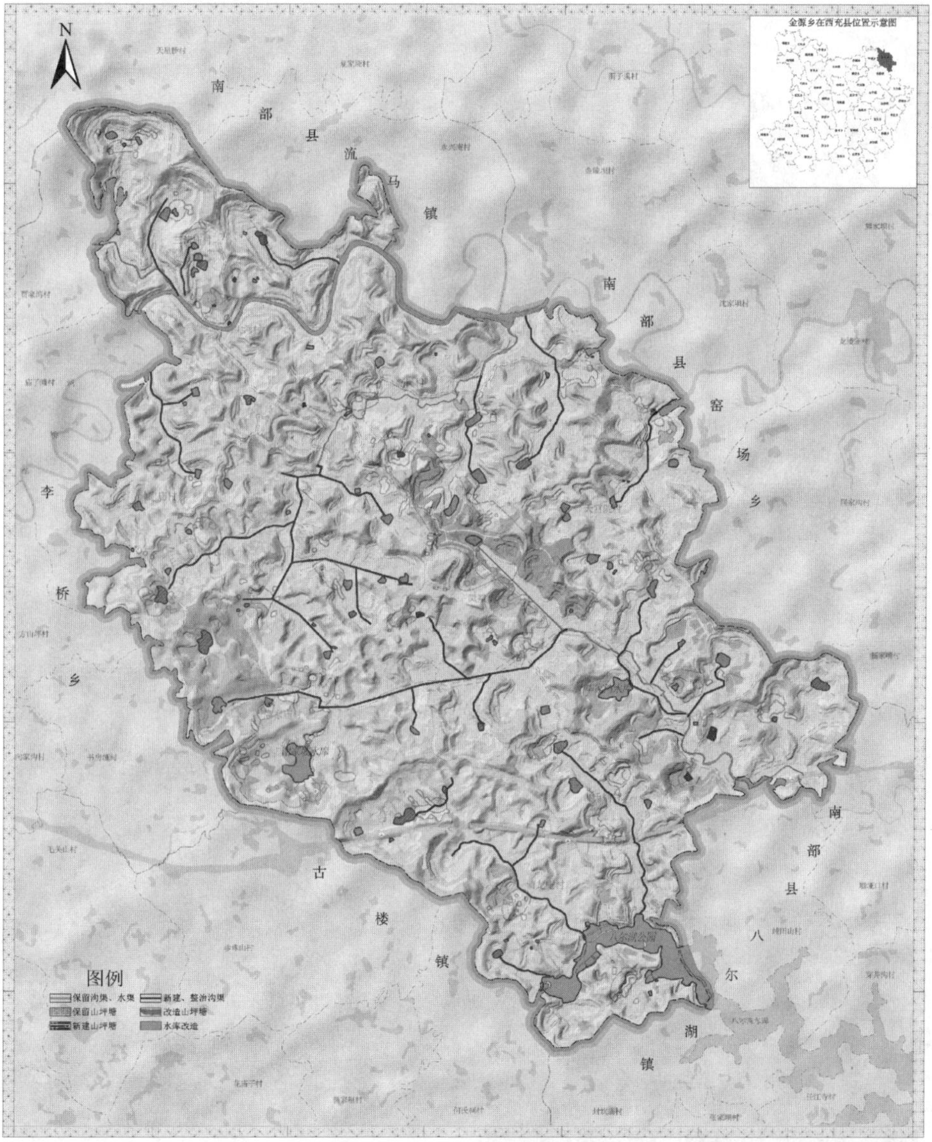

图 10-3　金源乡水资源分布情况

扫一扫　看彩图

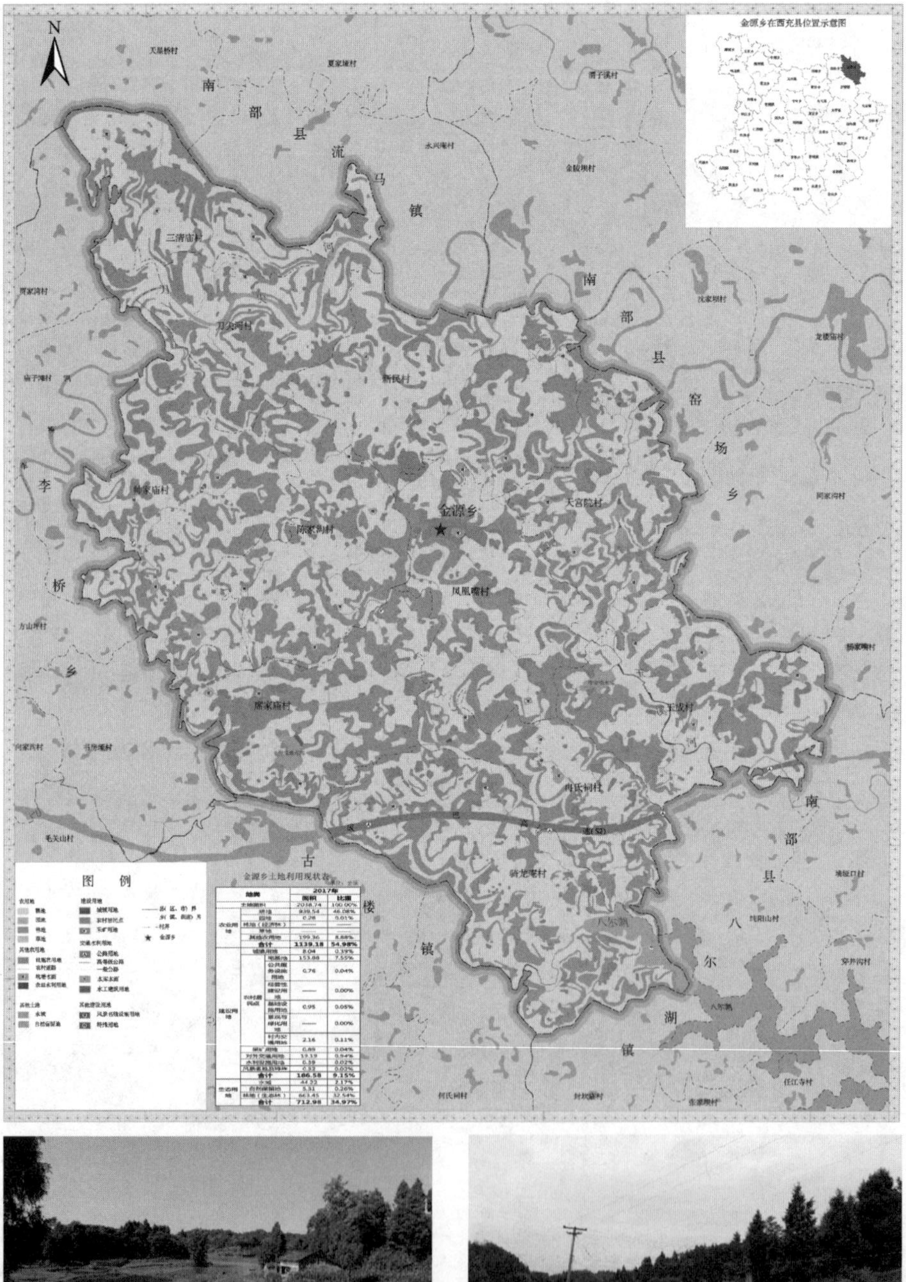

图 10-4　金源乡土地利用现状图（2017 年）

扫一扫　看彩图

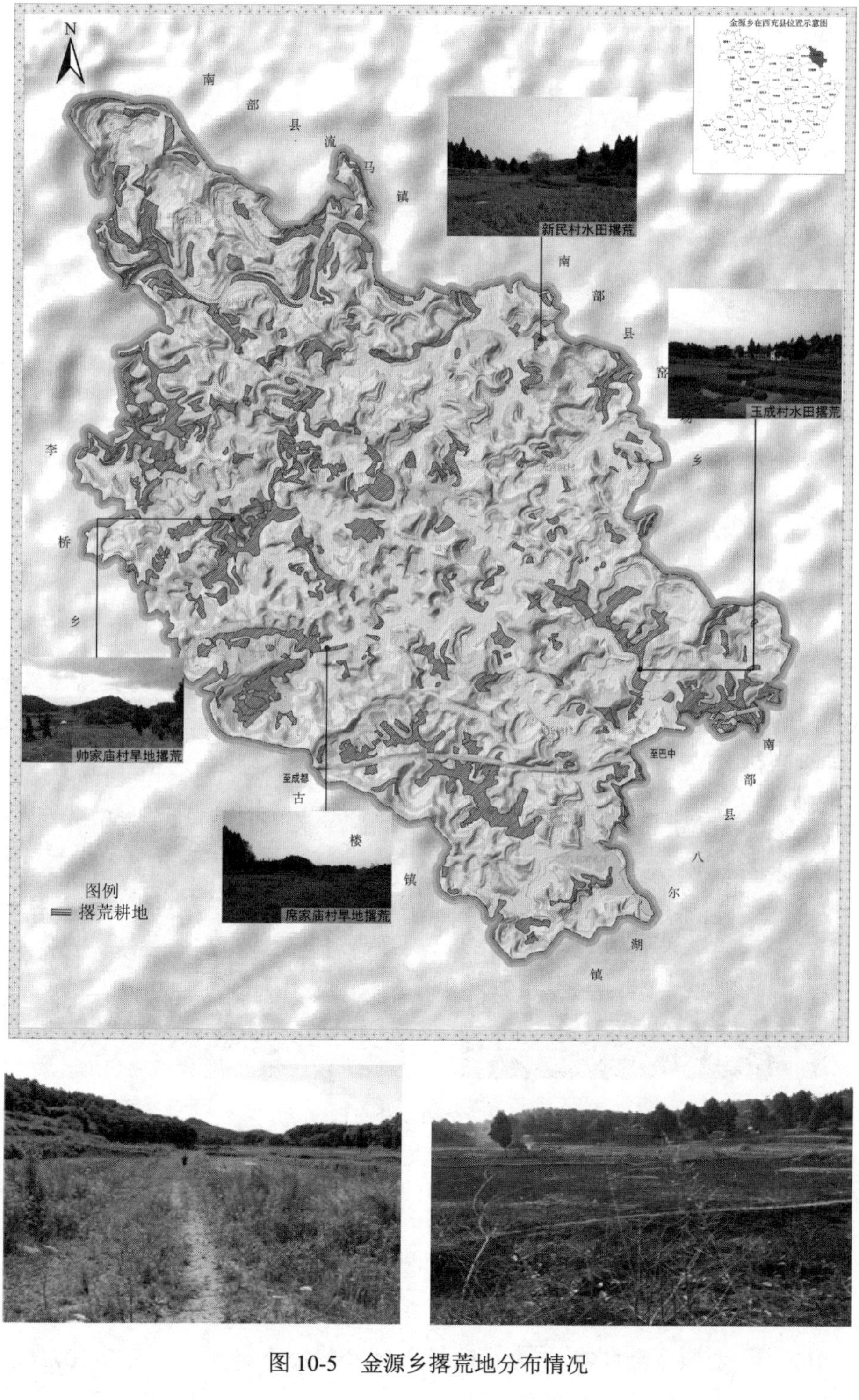

图 10-5　金源乡撂荒地分布情况

扫一扫　看彩图

金源乡土地资源结构如图 10-6 所示。

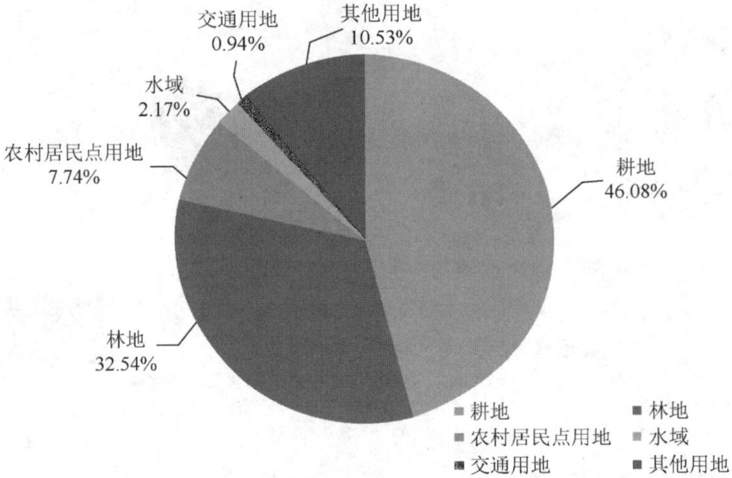

图 10-6　金源乡土地资源结构

6. *矿产资源*

金源乡主要的矿产资源为建筑用砂岩、砖瓦用页岩。有一处历史盐卤矿位于玉成村，可为温泉康养开发利用（图 10-7）。有 4 处天然气采气井，分别位于玉成村、帅家庙村、席家庙村、刀尖河村，属于川中油田区。

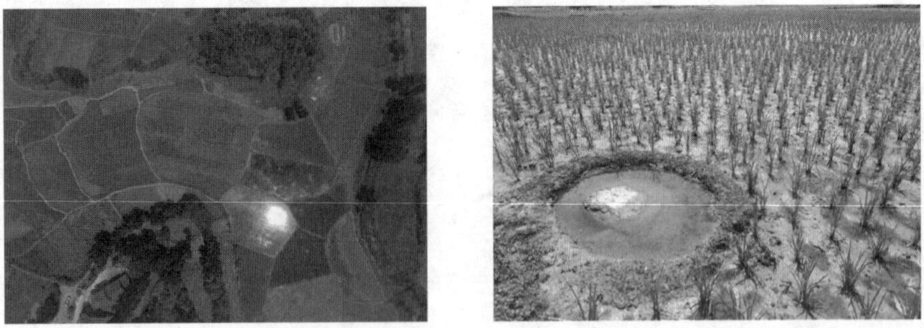

图 10-7　金源乡盐卤资源

10.1.3　经济与社会

1. *人口*

2017 年，金源乡全乡辖 11 个行政村，44 个村民小组，户籍人口 10716 人，

2945 户。其中常住人口 3301 人，占金源乡户籍人口的 30.80%；农村户籍人口 9406 人，其中常住人口 1525 人，占农村户籍人口的 16.21%；农村常住人口以老人为主，60 岁以上老人占常住总人口的 68.50%，呈典型的“99 部队”现象，乡村空心化、人口老龄化严重。

2. 人居环境

2017 年，金源乡农村居民点 815 个，居民点密度为 40 个/km^2，平均居民点规模为 0.19hm^2，最大居民点图斑面积 7.98hm^2，最小的仅 0.01hm^2，居民点用地规模小、不节约，居住分散。房屋以土坯房、破损房屋为主，占房屋总数的 68.59%。其中空闲和废弃房屋占房屋总数的 66.70%（图 10-8）。村庄和绿化缺乏整体规划设计，房屋建筑文化风貌保护和传承不够。各村虽然设有垃圾收集池，但未做到日清日运。居民点生产生活垃圾随意堆放，污水直排，人居环境脏乱差现象需要治理。

3. 经济发展

2017 年，金源乡全乡工农业总产值 8560 万元，其中一产产值 6460 万元、二产产值 2100 万元。全乡财政收入 763 万元，农民人均可支配收入 12100 元。农民进城务工收入占总收入的 85.20%，来自政府财政补贴收入占总收入的 9.10%。农业以农作物种植为主，有水稻、小麦、油菜、红薯、玉米、黄豆，优质粮油种植面积 133.33hm^2，有机“充国香桃”种植面积 213.33hm^2，九叶青花椒种植面积 200.0hm^2（图 10-9）。养殖业以猪、牛、羊、家禽、水产为主，生猪年出栏量 1358 头，年末存栏量 1568 头。羊年出栏量 68 只，年末存栏量 85 只。牛年出栏量 70 头，年末存栏量 132 头。家禽年出笼量 2.74 万羽，年末存笼量 1.75 万羽。养殖水面面积 6.3hm^2，以养殖草鱼、鲤鱼、鲫鱼为主，年总产量 8.5t。工业仅有位于集镇附近的烟花爆竹厂，目前经营状况良好。产业发展方面，一产不突出，二产体量小，三产缺失，产业发展不足。

4. 交通条件

成巴高速乡境内长 3.0km，从玉成村、骑龙庵村、冉氏祠村东西向穿过，其中高速公路古楼出入口距集镇仅 2.5km、八尔湖出入口距集镇仅 3.5km，但是缺乏干道公路连接两个出入口。309 乡道从乡域中部穿过连接古楼镇和南部县的八尔湖镇，乡境内长 6.5km，但路面仅有 5m 宽。全乡实现“村村通”，但是路面狭窄、不成路网、农业生产道路通达率低，通往居民点道路硬化率较低，缺少乡村旅游景观绿道（图 10-10）。全乡急需打通高速公路出入口，建成涵盖主次干道、机耕道与绿道的道路系统。

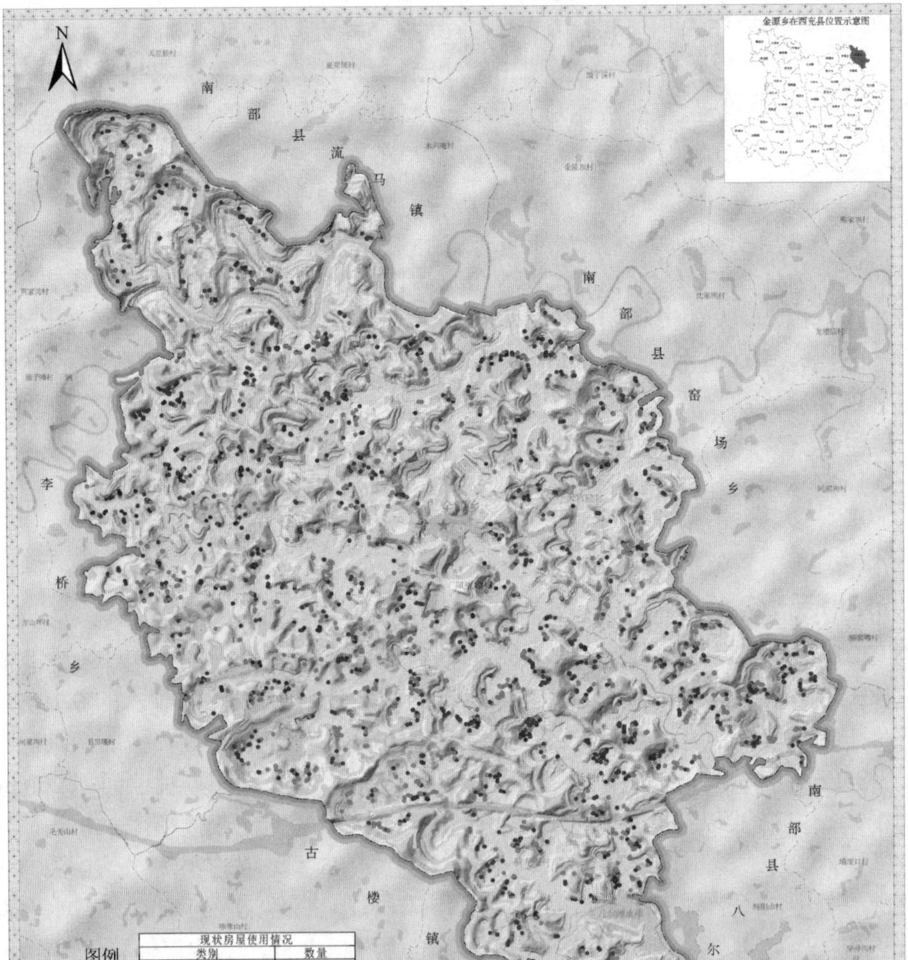

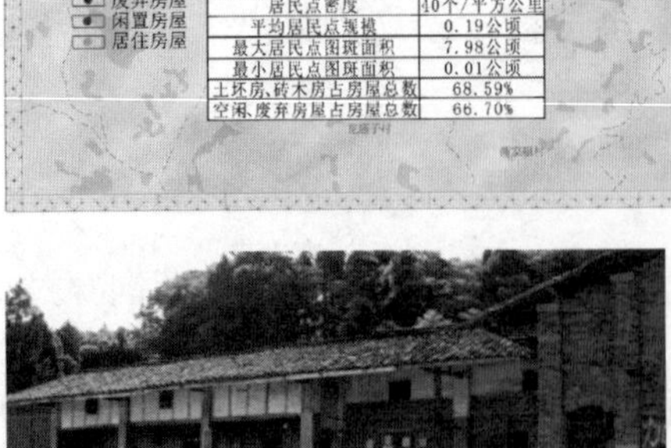

扫一扫　看彩图

图 10-8　金源乡房屋建筑情况

图 10-9　金源乡农作物种植情况

图 10-10　金源乡道路交通现状

5. 基础设施与公共服务设施

（1）基础设施。给水：集镇居民和凤凰嘴村、新民村部分居民点依靠集镇自来水厂供水，其他居民点都依靠井水。排水：仅有集镇东侧一处污水处理厂收集集镇周边污水进行处理，其他居民点生产生活污水未经处理直接排放到沟渠，给地表水、地下水以及农田带来污染。电力电信：全乡的电网供给来自西充县城 110kV 变电站，通信网络已全覆盖，电力电信设施能满足乡村生产生活需求。燃气：集镇和凤凰嘴村、新民村少数居民点接通天然气管道，使用输送压缩天然气；其他居民点生活燃料仍以烧柴为主，用电为辅。

（2）公共服务设施。全乡每个行政村均有配置党群服务中心，由于进城务工和生活的村民较多，服务中心作用发挥不够。全日制小学有一所，位于集镇，部分学龄儿童上学距离较远。乡卫生院位于集镇，是全乡居民唯一就医的地方，各村卫生室闲置。文化、体育、娱乐、休闲等公共服务设施主要集中在集镇，缺少商业和交通物流设施，乡村基本公共服务需要健全完善（图 10-11）。

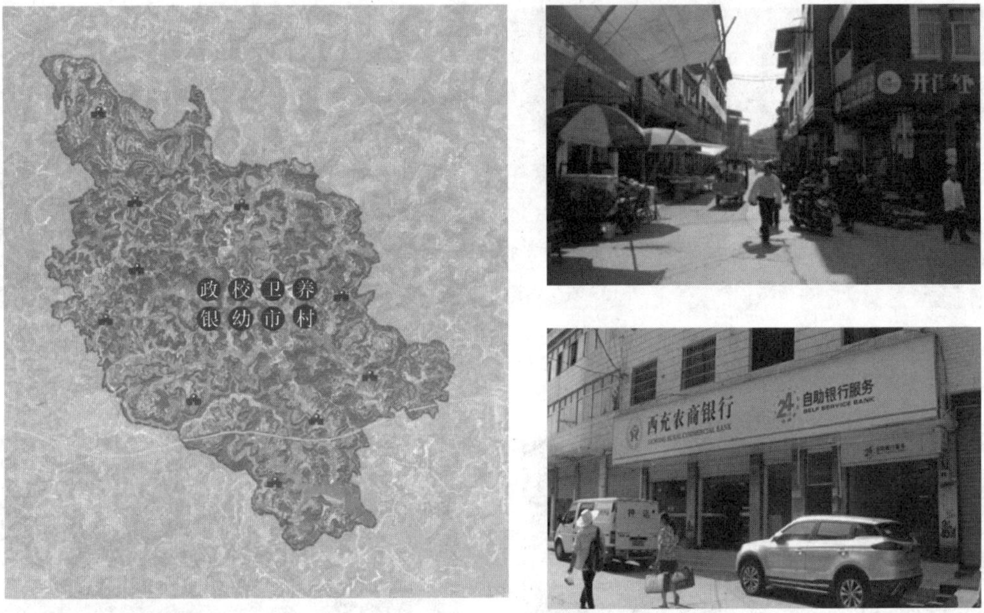

图 10-11　金源乡公共服务设施现状

6. 文化传统

全乡村推崇勤耕尚文，有宗祠文化旧址，有剪纸、泥塑等民间艺术，流行舞龙狮、灯戏、花鼓等民俗活动。现存 1 处历史传说古遗址、2 座古祠堂、3 座古庙、4 处古院落、11 棵古树，即创建于元代的帅家庙、古色古香的祭祀山庙、具神秘色彩的东裕文庙、产生状元的陈氏宗祠、别具风格的王家大院、保存完好的范氏宗祠、充满民族特色的西藏王传说等（图 10-12）。目前，经历岁月的祠庙和院落破败，急需修复和保护，优秀的乡村文化和文物需要抓紧整理、保护和传承利用。

10.1.4　生态环境

1. 林地

截至 2017 年，金源乡全乡林地面积 663.45hm^2，占土地总面积的 32.54%，主要为生态林。近年来金源乡大力实施天然林保护，在荒山及坡度大的区域植树造林 80hm^2，25°以上耕地退耕还林 100hm^2，森林覆盖率达 43.00%。林地分布均匀，林区生物种类丰富。

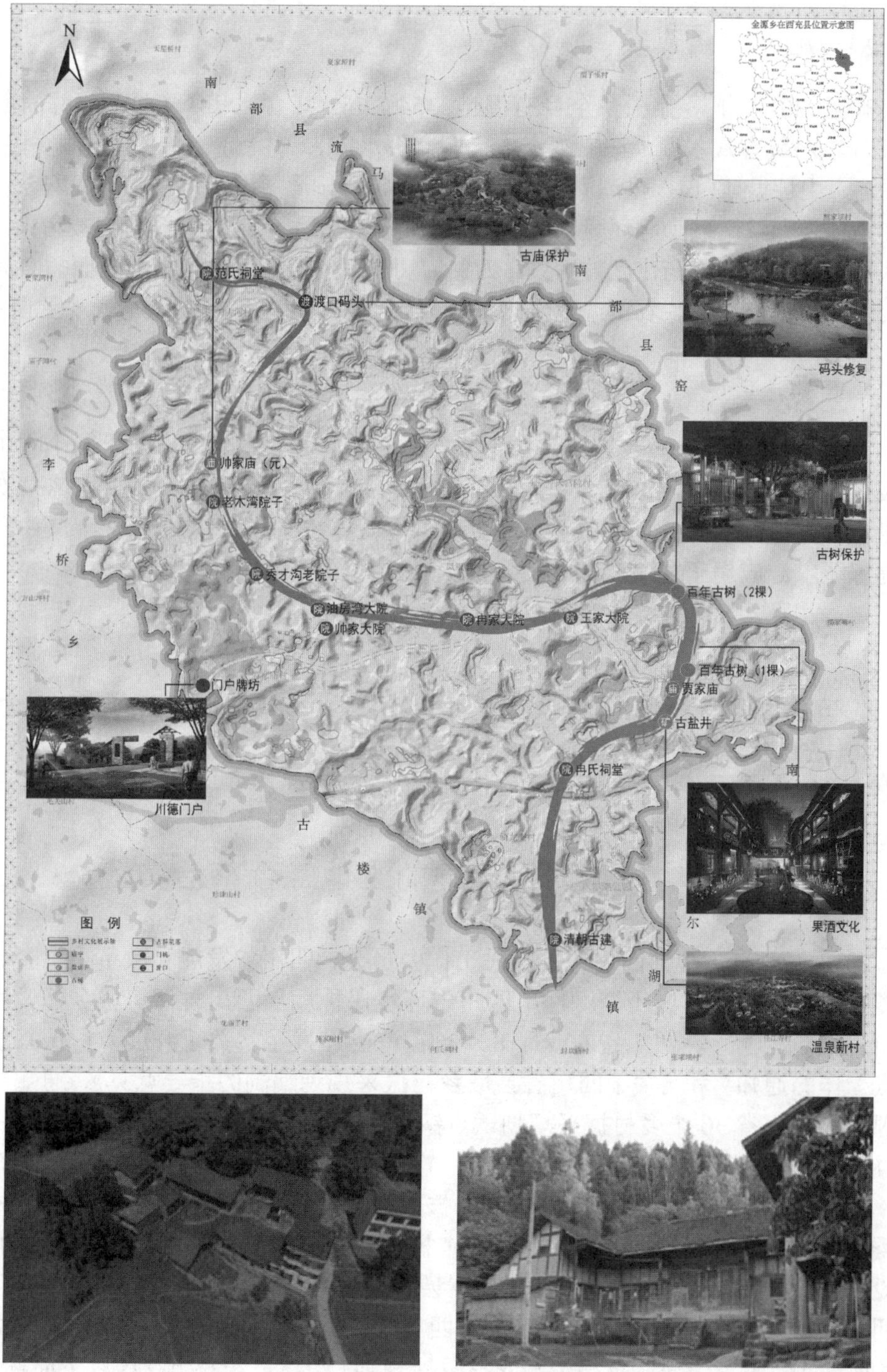

图 10-12　金源乡文化古迹情况

扫一扫　看彩图

2. 湿地

截至 2017 年，金源乡全乡有湿地 354.74hm^2（含水田），占土地总面积的17.40%。水域有八尔湖、毕家湾水库、谢家坡水库、刀尖河（李家河金源乡段）、玉溪河、山坪塘 42 口、排灌渠 16 条。存在河床和排灌渠淤泥堆积、不成网系、水生动物种类和数量减少等环境问题。河流水体受生产生活污水直排影响被污染，水田水体因过度使用农药化肥被污染，刀尖河（李家河金源乡段）出境断面短时间不能实现持续稳定达标。农田湿地生态系统遭到破坏，生态服务功能与景观受损。

3. 生物多样性

截至 2017 年，金源乡内有高等植物 320 种，含野生植物 245 种，其中有国家二级重点保护野生植物 8 种，稀有濒危植物 1 种，入侵植物数十种，国家二级重点保护野生植物有苏铁、银杏、红豆杉、香樟、天竺桂、胡桃、杜仲。其中杜仲经提炼能广泛应用于橡胶工业、航空航天等领域。

4. 地质灾害

截至 2017 年，金源乡有滑坡 4 处、崩塌 1 处，均为小型地灾点，影响 22 户农户共计 56 人，需要防治。河道年久失修，淤泥堆积，夏季洪水淹没周边农田。农田排灌设施缺乏，内涝现象常发生，影响农业生产。

10.2　乡村振兴目标下的土地综合整治实践

2018 年 8 月，中共四川省委农村工作委员会、四川省发展和改革委员会、四川省财政厅、四川省国土资源厅、四川省环境保护厅、四川省住房城乡建设厅、四川省交通运输厅、四川省农业厅 8 个部门联合印发了《关于开展乡村振兴规划试点工作的通知》和《关于四川省县域乡村振兴规划编制的指导意见》，通知明确金源乡为四川省 30 个乡村振兴规划试点镇（乡）之一，探索乡村振兴的规划和建设办法，形成成功的经验做法和模式。

2019 年 3 月，为深入贯彻落实乡村振兴战略的重大历史任务，根据中共西充县委《关于加快推动高质量发展争当“有机农业排头兵”打造“乡村旅游目的地”建设“产城一体示范区”的决定》《西充县乡村振兴战略规划（2018—2022 年）》，由四川省土地统征整理事务中心牵头，四川师范大学、四川大学等共同参与编制了《西充县金源乡土地综合整治与农村发展规划（2018—2027 年）》（以下简称《规划》）。《规划》围绕农业农村现代化总目标、坚持农业农村优先发展总方针，聚力产业振兴、人才振兴、文化振兴、生态振兴、组织振兴，按照产业兴旺、生态宜居、乡风文明、治理有效、生活富裕的总要求，在把握金源乡的资源禀赋、乡村现状及发展规律的基础上，规划了以构建乡村国土空间新格局、推动乡村高质量发展、建设美丽宜居新村、修复与保护生态环境、传承与保护乡村文化等内容为主体的结构体系。

西充县金源乡土地综合整治与乡村振兴规划，借鉴了德国乡村发展规划和公众参与的具体做法，学习德国村庄更新、农业现代化、生态环境保护、文化传承、城乡等值发展方面的空间规划理念，融入了本书提出的土地综合整治助力乡村振兴集成创新的思路和措施，力图为丘区欠发达乡村土地综合整治助推乡村振兴提供应用示范。

10.2.1　以镇村联动为主导，推进镇村体系建设

金源乡在城乡统筹布局中遵循建设向集镇集中、向特色村集中、向公共服务和基础设施条件好的村集中原则，按照镇村发展规律和乡村肌理特征，严格国土空间管控要求，落实西充县“一城十镇百村四组团”的城镇村空间格局。金源乡作为西充县 10 个优先发展乡镇，要统筹好镇村保护、利用与发展的关系，优化镇村体系、结构与布局，实施集镇和土坯房改造，切实保护传统村落、风貌、肌理和田园景观环境，构建产业发展、生态宜居和自然和谐的乡村发展新格局。

1. 镇村体系构建

根据金源乡人口变化趋势、主导功能、区位、公共与基础设施、生产生态和建设空间管控等因素，构建集镇—中心村—基层村镇村体系，形成“一心、两园、五新村、多点”的镇村格局（图 10-13）。一心：全乡行政、教育卫生、文化体育、商业贸易和综合服务中心。两园：一是现代农业产业园（席家庙村），建设农业农村科学技术研究与教育基地、建立烘干冷链物流和农产品加工中心，创建川字号金源农产品牌；二是温泉庄园（玉成村），是一三产业融合发展田园综合体园区。五新村：建设五个中心村。多点：因地制宜建设易地扶贫点、原址保留保存保护的居民点。

2. 镇村发展模式

科学确定金源乡镇村发展方向，在原有规模基础上有序推进改造提升，激活产业、优化环境、提振人气、流动要素、增添活力，保护乡村风貌，建设宜居宜业的美丽乡村。鼓励发挥自身优势，强化主导产业支撑，支持农业、工贸、教育医疗、休闲服务等产业发展。村庄发展模式分为镇村融合类、聚集提升类、特色保护类和撤并重组类。

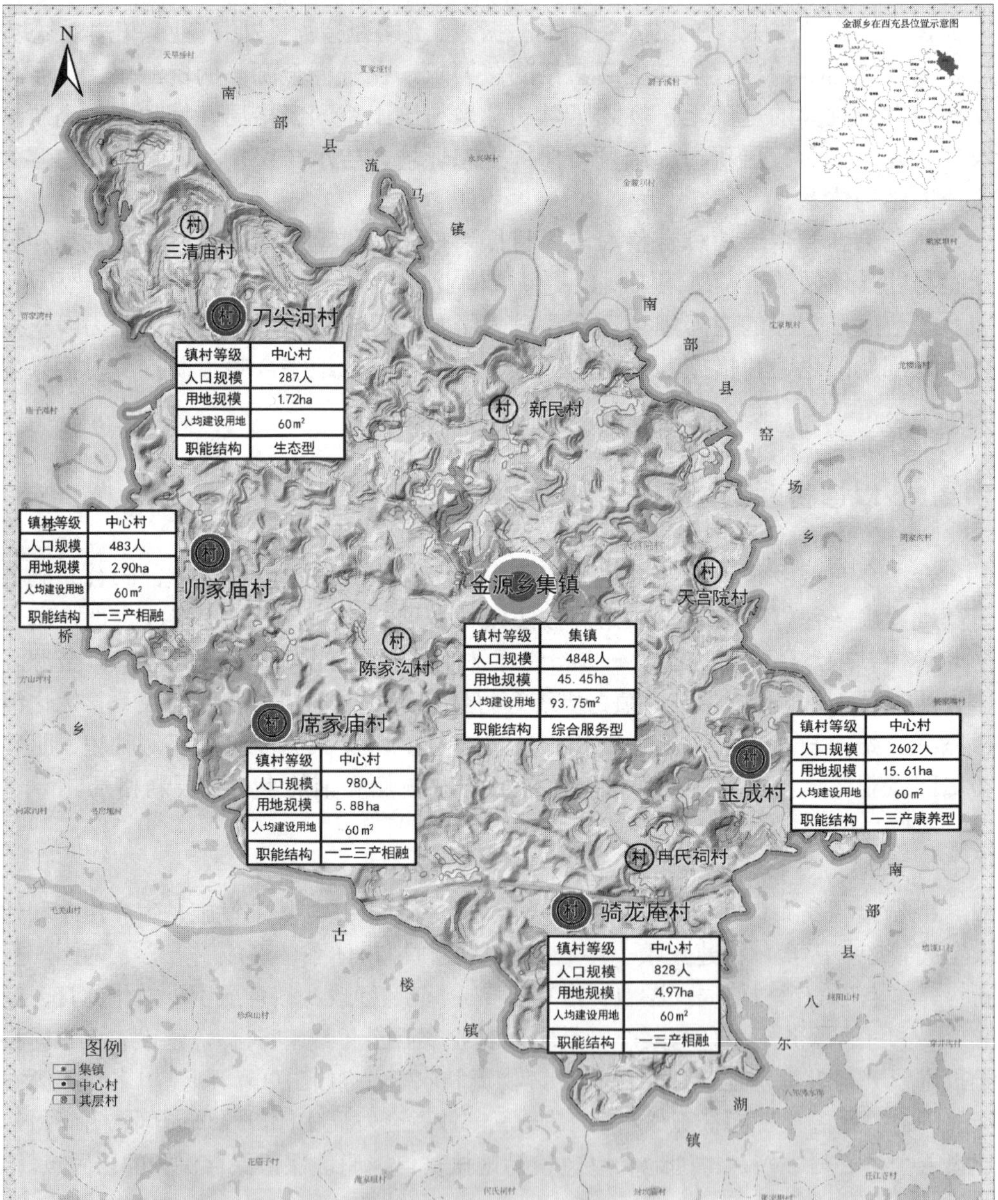

扫一扫　看彩图

图 10-13　金源乡镇村体系与空间格局

（1）镇村融合类，包括集镇附近的凤凰嘴村、新民村和天宫院村等村，具有向集镇聚居的条件。按照“业兴、家富、人和、村美”和城乡一体化发展的要求，实行基础设施、新型村庄、产业发展、公共服务和社会管理综合配套，加快城乡产业融合发展、基础设施互联互通、公共服务共建共享，在形态上保留乡村风貌，在治理上体现城镇水平，强化服务全乡发展、承接集镇功能外溢、满足全乡消费需求能力。

（2）聚集提升类，包括靠近交通轴线、产业园、资源富集区的玉成村、席家庙村、骑龙庵村、帅家庙村和刀尖河村等村，在原有规模基础上有序推进改造提升，积极推进中心村和聚居点建设，发挥自身优势，创新产业融合模式和多种农业经营模式，激活产业、优化环境、提振人气、增添活力，保护保留乡村风貌，形成自己的特色产业，建设成宜居宜业的美丽村庄，促进人口、产业、基础设施等资源聚集。

（3）特色保护类，包括冉氏祠村和陈家沟村等村，统筹保护、利用与发展的关系，努力保持村庄的完整性、真实性和延续性，科学推进旧村保护和改造提升，切实保护传统村落的选址、格局、风貌以及自然和田园景观等整体空间形态与环境。全面保护文物古迹、历史建筑、传统民居等传统建筑，延续山水田园与村落相融相合的肌理形态，加快改善村庄基础设施和公共环境，合理利用特色资源，形成特色资源保护与村庄发展的良性互促机制。

（4）撤并重组类，包括三清庙村等村，对位于自然保护区、水源保护地、生态环境脆弱的乡村，结合生态建设、防灾减灾和易地扶贫搬迁，逐步推进生态搬迁。

3. 镇村建设用地保障

以现行的土地利用总体规划期建设用地作为新村建设示范用地，并以《西充县金源乡土地综合整治与农村发展规划（2018—2027 年）》为基础做好与新一轮国土空间规划衔接，保障中远期发展用地需要。新村用地要以生态环境美化、基础设施完善、公共服务配套为重点，结合农村生产生活的实际情况，顺应地形、植被、水体等自然因素，以现代农业产业园、温泉庄园为平台推进田园综合体建设。按照“小规模、组团式、微田园、生态化”模式规划建设新村安置点。安排人均综合用地 50～70m^2 作为居住生活基本保障，安排人均 30m^2 作为产业发展用地。探索集体经营性建设用地入市，保障产业用地供给。要合理地进行各类建设用地功能安排，加强完善基础设施和公共服务配套。

10.2.2　实施三产融合，推动产业高质量发展

加强农业供给侧结构性改革，转变农业农村发展方式，结合金源乡资源禀赋和产业基础，突出第一产业，大力发展第三产业，适度发展农产品加工业，重点打造农业观光体验、休闲康养度假、职业教育及农产品物流新业态，构建现代农

业生产体系和经营体系，提升农业综合生产能力，推进农村一二三产业融合高质量发展。

1. 第一产业发展

围绕建立粮食生产功能区和重要农产品生产保护区，建设万亩优质粮油基地、万亩中国地理标志产品充国香桃、木本油料青花椒、杜仲特色经果林基地，落实永久基本农田保护制度，全面开展高标准农田建设，全面实施有机肥替代化肥行动，配套安装太阳能杀虫灯，实现有机生产基地绿色防控水平100%。提高农业综合生产能力，大力构建现代农业产业体系、农产品生产加工和物流体系、农业标准化体系、农业科技体系、新型农业经营体系，创造金源绿色有机农产品品牌。

（1）合理布局农业项目（图10-14）。①刀尖河村和三清庙村，以生态保护为主，主要发展彩叶林苗圃产业，种植柑橘和传统粮油经济作物，打造杜仲产业基地。②帅家庙村、陈家沟村，利用旱地种植青花椒和香桃；利用水田种植优质粮油经济作物。③席家庙村、冉氏祠村、凤凰嘴村南部区域，利用旱地种植香桃、柑橘等经济果木；利用优质水田打造高标准农田，集中发展现代农业，种植优质粮油经济作物，鼓励养殖稻鱼稻蛙。④新民村、天宫院村、凤凰嘴村北部区域，利用旱地打造杜仲产业园；利用优质水田打造高标准基本农田，种植优质粮油经济作物，鼓励养殖稻鱼稻蛙。⑤骑龙庵村，利用旱地种植景观花卉、观光性果木、经济果木，利用优质水田打造高标准基本农田。⑥玉成村，重点打造高标准基本农田，利用水田种植粮油经济作物，鼓励养殖稻鱼稻蛙，坡地种植特色旱作农作物、花卉苗木、牧草、经果林。⑦帅家庙村、席家庙村、凤凰嘴村，重点打造农业科技研发和应用示范地、智慧农业园区，建立有机生态农副产品展销中心，打造农业产品奥特莱斯，建设进出口农产品超市，建设星创天地，建设烘干冷链物流基地和农村振兴人才教育基地。

（2）构建新型农业经营体系。①培育壮大新型农业经营主体。实施新型经营主体培育工程，支持新型经营主体成为建设现代农业的骨干力量，鼓励通过土地经营权流转、股份合作、生产托管等多种形式开展适度规模经营。支持专业大户和家庭农场扩量，出台家庭农场注册登记办法，开展示范家庭农场创建活动。规范发展农民合作社，创建一批农民合作社示范社。支持农民合作社联合发展，自愿组建联合社。壮大龙头企业实力，强化农业产业化龙头企业扶持和监管，引导现有龙头企业通过兼并、重组、以商招商等方式做大做强，实施农业产业化龙头企业“排头兵”工程。培育以生产经营型为主、兼顾专业技能型和专业服务型的新型职业农民。培育发展一批带动作用突出、产业功能互补、综合竞争力强、稳定可持续发展的农业产业化联合体。②促进小农户与现代农业发展有机衔接。扶

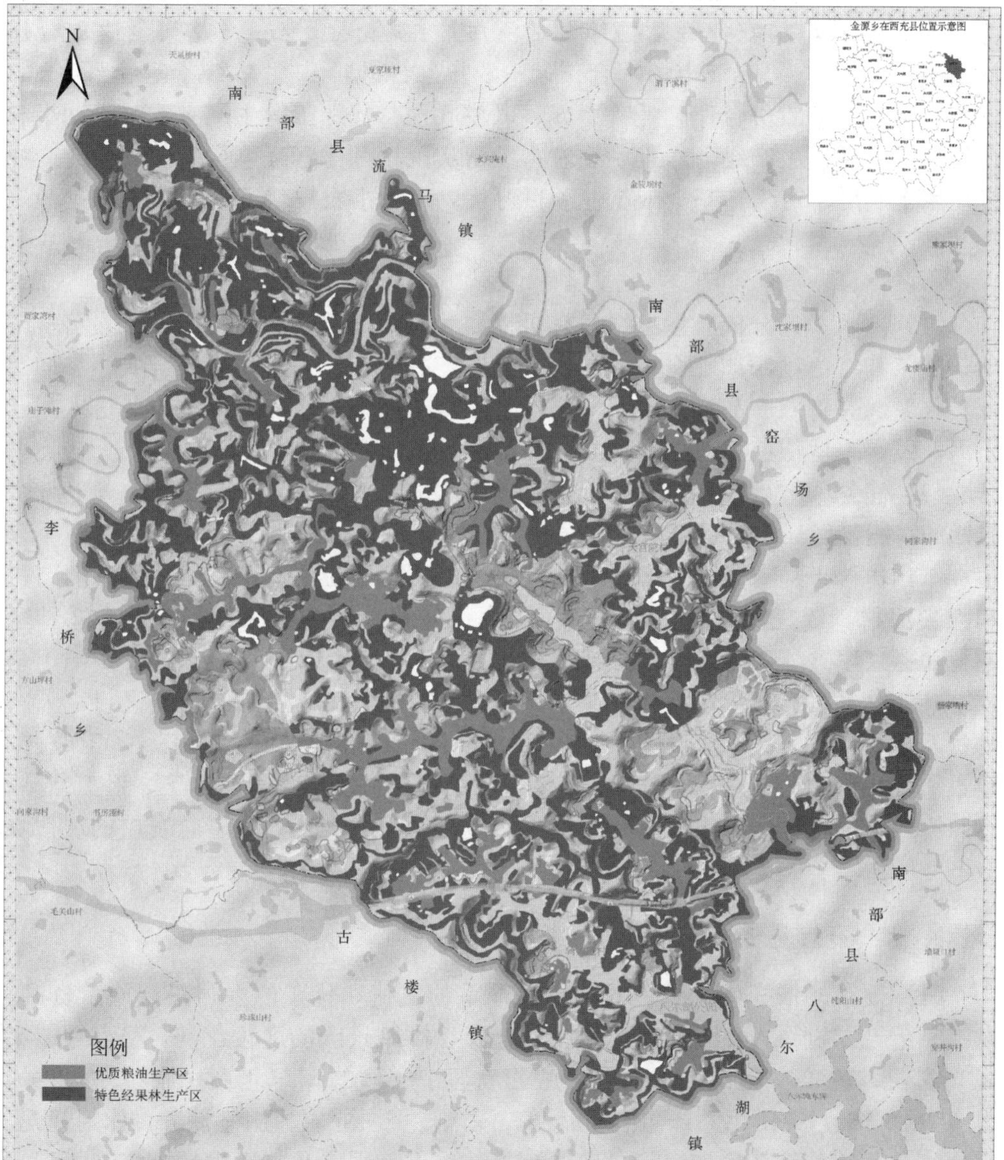

图 10-14　金源乡农业产业规划图

扫一扫　看彩图

持小农户发展现代农业能力，统筹兼顾培育新型农业经营主体和扶持小农户，研究完善带动小农户生产的扶持政策，建立健全小农户生产社会化服务机制，切实把绿色有机农资、高产优质种子、先进实用农业科技、现代化农机装备等现代生产要素供向小农户，扶持小农户发展生态农业、设施农业、体验农业、定制农业。

建立完善小农户与农业经营主体利益深度联结机制，推广“龙头企业＋合作社＋基地＋农户”“专业市场＋合作社＋农户”“供销社＋小农户”等经营模式，推行合同订单、股份合作、托管寄养、联耕联种、代加工等生产方式，带动小农户发展适度规模生产经营，推动小农户经营实现精细化管理。探索建立乡村产业发展用工制度，对生产基地或产业项目可优先吸纳小农户就近就地务工就业。

2. 第二产业发展

（1）要求。充分依靠生态绿色有机粮油和果蔬优质农产品资源，大力培育产地初加工和特色精深加工企业，加快提升农产品加工能力，大幅提升农产品加工业转化率。完善农产品加工政策，坚持节约集约用地，引导环保型企业进入产业园区，发展本地特色工业、现代农产品精深加工体系。

（2）任务。升级烟花爆竹厂产品；新建1座水果加工厂位于刀尖河村；新建3个果酒和啤酒作坊、2个手工艺品作坊位于席家庙村、玉成村等新村；新建1个玫瑰加工作坊位于帅家庙村；新建1处青花椒加工基地位于陈家沟村。①三清庙村和刀尖河村，依托两村特色水果，发展水果储藏、包装、深加工产业。②帅家庙村和陈家沟村，依托玫瑰、花椒种植产业，规划建设1个柑橘分拣包装厂、1个玫瑰加工作坊、1个青花椒初加工基地、1个农村电商物流园。③新民村、天宫院村及凤凰嘴村，对烟花爆竹厂产品升级换代，发展农产品深加工。④玉成村，建设2个果酒和德国啤酒作坊、2座手工艺品作坊，发展农产品加工、手工艺品。⑤席家庙村，建设1个果酒和德国啤酒作坊、1个一二三产业融合发展的现代农业产业园。

3. 第三产业发展

（1）要求。依托生态绿色农业资源厚重的文化和优美的乡村景观旅游资源，发挥临近八尔湖AAA级风景区和古楼金源香桃风景区的区位优势，重点打造集观光农业、体验农业、休闲农业、康养度假于一体的川东北乡村旅游休闲目的地（图10-15）。突出生态绿色有机优势，深入挖掘农业农村生态涵养、休闲观光、文化体验及康养等新价值，促进农业功能从提供物质产品向提供精神产品拓展，从提供有形产品向提供无形产品拓展。对具有传统文化的古村落、古院、老建筑、寺庙进行修复保护和再利用，发挥文化传承和乡村旅游作用。加快乡村旅游开发和旅游标准化建设步伐，统筹规划建设健康养老、康体养身、森林康养基础设施。引导和鼓励社会资本投入农村，大力发展特色农业、休闲观光、阳光康养、生态旅游、文化体验等产业。利用全乡传统教育文化底蕴，建设乡村职业教育和培训基地，为乡村输送人才，推进乡村文化和人才振兴，带动当地第三产业的配套发展。培育现代供应链主体，优化二三产业布局，鼓励供销、邮政和大型商贸物流

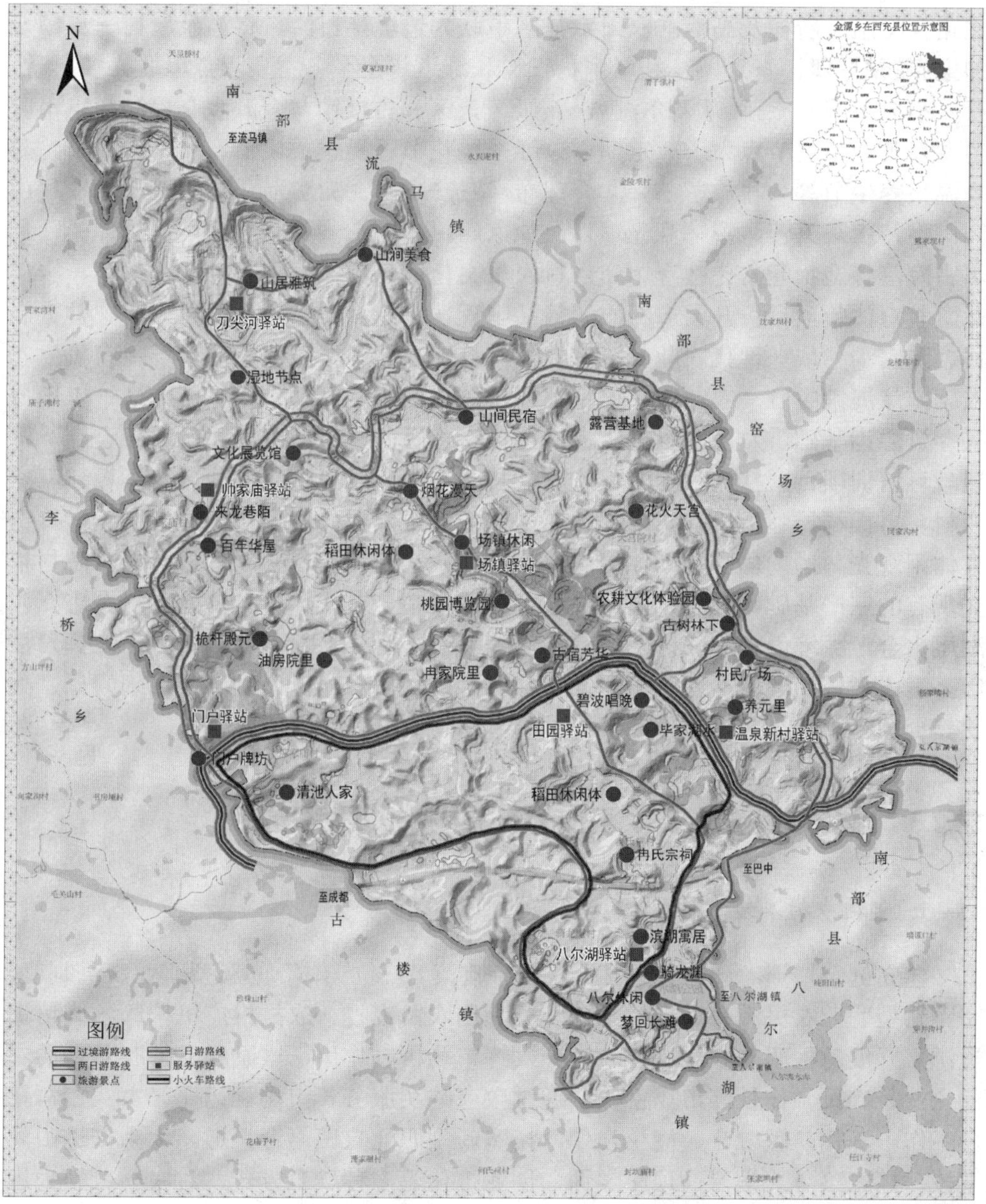

图 10-15　金源乡乡村文化旅游发展规划图

扫一扫　看彩图

企业加快在乡镇和中心村经营布局，建立各种形式的产销联合体，发展农超、农社、农企、农校等产销对接的新型流通业态。

（2）任务。①合理组织乡村文化旅游项目。依托温泉新村至川德门户段新建主路，将温泉新村及高标准农田示范区串联为过境半日游。将温泉新村、集镇及帅家庙新村串联为一日游。利用乡村干道和绿道将全乡各主要景点串联为多日游。开发小火车观光旅游，从八尔湖AAA级风景区和古楼镇与金源乡交界为起点串联金源乡黄金景观节点大道。定期举办春季桃花节、夏季香桃节、秋季丰收节、冬季温泉养生节等乡村旅游节。②合理布局三产项目。刀尖河村与三清庙村发展山间民宿、房车露营、彩林观光项目。帅家庙村、陈家沟村发展民俗文化体验，利用古院落打造状元文化教育馆和乡村农耕文化博物馆，发展宗祠文化体验、少年儿童教育体验项目；开展乡村旅游精品工程，打造乡村生态主题游乐园。帅家庙村、陈家沟村依托现代农业、智慧农业，打造农业科技技术交易市场、有机生态农副产品展销中心、农业产品奥特莱斯、进出口农产品超市、星创天地；以地方医疗资源为基础，发展综合性医疗，建设特色医养中心；规划建设教育设施，开展教育培训项目，打造教育中心，发展K12教育培训学校、职业教育学校。席家庙村、冉氏祠村、凤凰嘴村南部区域，依托高效农业，以农耕文化为主线，打造集休闲观光与运动体验为一体的农耕体验休闲产业。集镇、新民村、天宫院村依托现有的三产基础，大力发展服务业、餐饮住宿、节庆体验。骑龙庵村完善八尔湖尾水金源乡境内环湖路，发展滨水康养度假，利用乡村老宅改造为生态假日酒店。玉成村依托现有盐卤资源和油气井资源，发展温泉度假酒店、休闲娱乐、餐饮美食项目。

10.2.3　注重农民人力资本投资，实施乡村人才引育

1. 实施乡村本地人才培育

建立健全培训考评、认定管理和扶持政策“三位一体”的新型职业农民制度，完善新型职业农民教育培训体系。统筹利用农民夜校、农技推广机构等各类培训资源，开展新型职业农民培育。充分发挥市场机制作用，鼓励和支持有条件的农业企业、农民合作社等市场主体，通过政府购买服务、市场化运作等方式参与培育工作。深化产教融合、校企合作，拓宽新型职业农民培育渠道。大力推进田间学校，探索菜单式学习、顶岗实训、创业孵化等多种培育方式，对农村劳动力进行普遍培训，强化培训针对性、实用性。加大农村“土专家”、致富带头人培养力度，打造一批本土人才专家队伍，扶持一批农业职业经理人、经纪人，培育一批乡村工匠、文化能人、非物质文化遗产传承人等。

以懂农业、爱农村、爱农民作为基本要求，加强党委、政府分管负责同志、农业部门主要负责同志队伍建设，完善培养、考核、选拔、任用机制，推动实现“三农”领导干部年轻化、专业化、专家化。以党校、行政学院为载体，以有计划

地分期分批培训涉农干部，强化干部培养农村一线锻炼工作经历，加快形成人才向农村基层一线流动的用人导向，全面提升基层干部队伍能力素质。

按照爱农业、懂技术、善经营的总要求，以中心村为基地建立新型农民教育培训体系，实施新型职业农民培育工程。扎实推进金源乡农民教育培训工作，初步形成以农民科技教育培训中心为主体，有效连接农业科研院所、职业院校和农技推广服务机构、现代农业示范园区、产业发展园区、农业企业和农民合作社等农业产业链上的现场教学实训基地，共同构建“一主多元”的新型职业农民教育培训体系。充分利用现代化、信息化手段开展多种形式的新型职业农民培育工作，重点发挥好“村庄是教室、能人是教师、现场是教材”的“农民田间学校”培训模式作用，培育生产经营型新型职业农民。以家庭农场、农民合作社等新型经营主体为载体，大力扶持培养农业职业经理人、经纪人。

2. 实施社会人才引进

加快落实农民工返乡创业行动计划，加大农民工返乡创业就业政策扶持力度，落实返乡农民工创业普遍性降费政策和可享受的税收优惠政策。开展返乡农民工初创培训、创业辅导、创业提升培训。加强与异地西充商会的深度合作，引导和鼓励成功人士为金源乡村振兴献言献策、回乡领办创办企业和农民合作社等各类经济实体，实现更多金源籍在外优秀人才带技术、带资金、带成果、带项目回馈家乡、助力家乡振兴发展。允许符合要求的公职人员回村任职，引导教育、科研等事业单位专业技术人员到乡村和企业挂职、兼职和离岗创新创业。发挥群团组织和民主党派人才优势和力量，引导和支持退休干部、知识分子和工商界人士等乡贤返乡下乡，共同推动乡村振兴。

切实抓住农民工、大学生等人员加速回流、返乡创业的契机，积极吸纳其参加各类农业培训、创业培训和职业教育，将其培养成现代种养、农产品加工、农业休闲旅游、农业电子商务等农业新兴领域及农业新业态的生力军，辐射带动更多的农民创业就业。完善落实大学生农村创业扶持政策，支持农村创业大学生参加政府组织的各种创业大赛。实施“三支一扶”计划，定期招募高校毕业生到农村基层从事支农服务，通过服务岗位开发、能力提升专项培训、岗位成长培养和就业服务，积极引导高校毕业生到农村基层服务、返乡下乡、创业就业。

10.2.4　实施乡村文化修复，推进生态保护与文化传承

坚持生态环境保护与历史文化传承贯穿农村人居环境整治全过程，慎砍树、禁挖山、不填湖、少拆房，保护乡情美景，保留乡土气息。强化乡村历史记忆、

地域特色与民族特征，综合提升田水路林村风貌，促进人与自然和谐共生、村庄形态与自然环境相得益彰。

（1）根据生态保护需要，结合国土综合整治、建设废弃地复垦、环境恢复治理等各类工程项目的实施，因地制宜促进生态空间内建设用地有序退出，逐步增加生态用地面积，扩大生态保护空间。

（2）对具有传统文化的古建筑、古院落、古寺庙等进行分类保护与修复（图 10-16），准确把握其文化价值，按照保护与管理、维修与利用两种措施，结合产业新赋予的价值功能，发挥文化传承和乡村旅游作用。

图 10-16　金源乡古建筑古院落古寺庙修复与传承

（3）重视古树名木保护工作，每年都对所有古树名木进行普查核实登记与汇总，同时不断更新完善古树名木计算机管理资源信息库，制作古树名木石碑“名片”，落实专项管护资金，加大执法力度，积极完善古树名木的保护制度和保护措施，切实抓好松土施肥、枯枝修剪、树干涂白、安全支撑、病虫害防治等养护工作，保护好古树名木等人文和自然景观（图 10-17）。

图 10-17　金源乡古树名木修复与保护

10.3　国土空间规划指导下的土地综合整治应用

10.3.1　优化乡村国土空间格局

以土地利用地类图斑为单元，根据资源与环境承载能力、国土空间利用适宜性评价和各行政村村庄活力评价等数据，按照三线划定的技术要求，对金源乡全乡区域的生态、生产和生活空间进行划分（图 10-18），即以划定生态保护红线、永久基本农田保护红线和城镇开发边界三条控制边界进行管控，落实最严格的生态环境保护、耕地保护和资源节约等制度，切实保障经济发展，协调好经济社会发展和生态环境保护之间的关系。

1. *严格保护生态空间*

金源乡境内的刀尖河（李家河金源乡段）是水源保护地，其流域属于国家级水产种质资源保护区，首先纳入生态空间保护区域，作为一类生态保护区。生态保护区内的生态林具有重要的生态功能，作为一类生态保护区。乡境内的河流、湖（水库）、塘、堰、渠、池、滩涂等湿地（水域）是区域生物多样性保护、提供生态服务功能和生态产品的重要载体，构成区域生态空间的节点和网络廊道，应全部纳入生态空间保护范围。全乡范围内的森林和草地等生态系统是构成区域生态空间的基底部分，应纳入生态空间保护范围。规划期内，金源乡划定国家保护、湿地、林草地等生态用地 730.16hm^2，占全乡面积的 35.81%。规划期内，通过国土综合整治、山水林田湖草湿系统生态保护与修复项目的实施，采取生态占补平衡措施，将逐步提高生态用地的数量，扩大生态空间的保护范围。

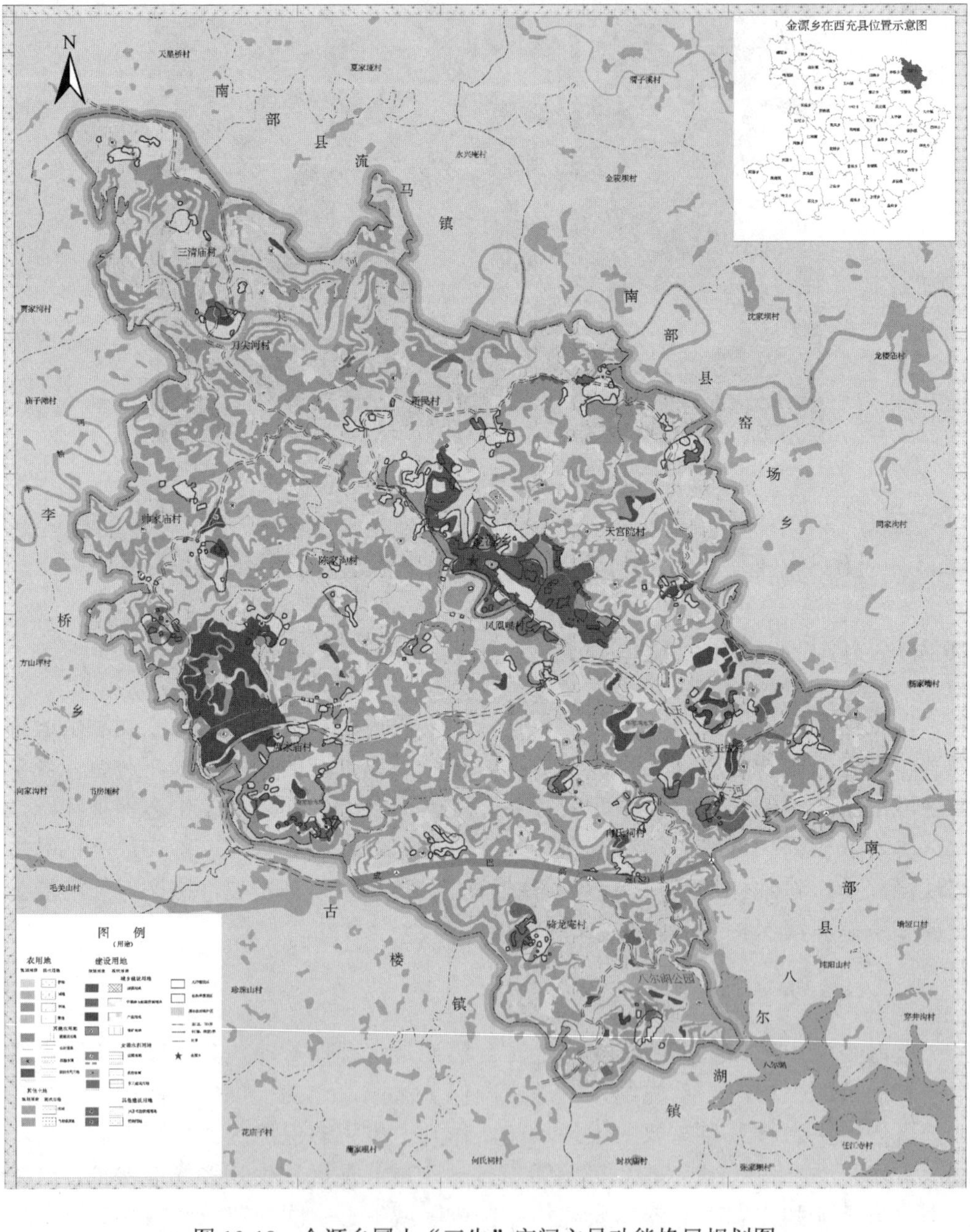

扫一扫 看彩图

图 10-18 金源乡国土“三生”空间主导功能格局规划图

2. 严格保护永久基本农田

永久基本农田具有生态和粮食生产双重功能，以保障粮食安全、提供食物为主，同时提供生态服务和生态产品，是全乡农业生产空间的主要构成部分。按照划优不划劣和集中连片的原则，将金源乡槽谷地带集中连片、质量较高的耕地优先划定为永久基本农田实行最严格的保护，并实施高标准农田建设项目，将其打造为高产稳产、旱涝保收的优质粮田。全乡耕地面积为 939.54hm^2，规划期划定永久基本农田保护面积 801.68hm^2，永久基本农田保护率为 85.33%。同时，一般农田也要划入农业生产空间，占全乡面积的 6.76%，实行保护，严禁违法占用。

3. 严格控制城镇开发边界

城镇开发等建设用地是兼具生产和生活功能的区域。建设用地的选址和规模安排要按照避让生态红线和永久基本农田保护区、节约集约利用的原则进行。规划期内，全乡建设用地面积不超过现有的建设用地总面积，通过村庄土地整治逐步减少建设用地面积，控制国土空间利用强度。在空间上，集镇、中心村和基层村建设区边界，不得突破生态环境保护红线和永久基本农田保护红线。规划至 2020 年，建设用地按现行土地利用总体规划（2014 年调整完善版）安排。集镇、中心村、基层村和产业项目等建设用地，要坚持节约集约利用国土空间的原则，尽量不占或少占生态用地和耕地，盘活存量建设用地，选择在低丘坡地搞建设，既要做到保障城乡融合发展和乡村振兴的用地需要，更要保护好乡村生态和农业生产空间。规划期内，划定全乡集镇、村庄和产业等建设用地 186.58hm^2，占全乡面积的 9.15%。

10.3.2　严格国土空间用途管制

1. 生态空间管制规则

生态空间范围内实施分类管控，一类管控区按禁止开发建设的要求进行用途管制。严禁不符合主体功能定位的各类开发建设活动，严禁任意改变用途，严格禁止任何单位和个人擅自占用和改变用地性质，鼓励按照规划维护、修复和提升生态功能的活动。生态保护红线内的原有居住用地和其他建设用地应逐步搬迁复垦，不得随意扩建和改建。

二类管控区实行负面清单制度，原则上按限制开发区的要求进行土地用途管制。在符合土地综合整治与农村发展规划的前提下，根据确定的开发强度，对城乡建设、工农业生产、矿产开发、文化旅游等活动的规模、强度、布局和环境保护等方面进行管控。

严格控制生态空间转为城镇空间和农业空间。符合区域准入条件和《西充县金源乡土地综合整治与农村发展规划（2018—2027 年）》的建设项目，确需占用生态保护红线外的生态空间，应进行严格的论证和管理，并实行生态用地占补平衡制度。

2. 永久基本农田管制规则

按照国家规定，永久基本农田一经划定，任何单位和个人不得擅自占用或者擅自改变用途，重大建设项目选址确实难以避让永久基本农田的，在可行性研究阶段报自然资源部进行用地预审，经国务院批准后方可占用。金源乡的永久基本农田必须坚持农地农用，任何单位和个人都要做到四个禁止，即禁止在永久基本农田保护区范围内建窑、建房、建坟、挖沙、采石、采矿、取土、堆放固体废弃物或者进行其他破坏永久基本农田的活动；禁止破坏永久基本农田耕作层；禁止闲置、荒废永久基本农田；禁止以设施农用地为名违规占用永久基本农田，建设休闲旅游、仓储厂房等设施。对利用永久基本农田进行农业结构调整的要合理引导，不得对耕作层造成破坏。临时用地和设施农用地原则上不得占用永久基本农田，重大建设项目施工和地质勘查临时用地选址确实难以避让永久基本农田的，直接服务于规模化粮食生产的粮食晾晒、粮食烘干、粮食和农资临时存放、大型农机具临时存放等用地确实无法避让永久基本农田的，在不破坏永久基本农田耕作层、不修建永久性建（构）筑物的前提下，经省自然资源主管部门组织论证确需占用且土地复垦方案符合有关规定后，可在规定时间内临时占用永久基本农田。

3. 建设用地空间管制规则

严格执行《西充县金源乡土地综合整治与农村发展规划（2018—2027 年）》确定的城乡建设用地边界，未经批准，不得擅自突破。需要使用土地的城、镇、村和工矿建设项目，应当在《西充县金源乡土地综合整治与农村发展规划（2018—2027 年）》确定的允许建设区和有条件建设区内安排建设用地。严禁在限制建设区和禁止建设区内安排乡村建设项目。属于单独选址的交通、能源、水利、军事、国家安全、矿山和其他因生态环境保护要求确需在限制建设区和禁止建设区内开展的建设项目，经批准后方可实施。

允许建设区内土地主导用途为镇、村或二、三产业建设发展空间。区内新增城乡建设用地受规划和年度计划指标约束，应统筹增量与存量用地，促进土地节约集约利用。规划实施过程中，在允许建设区面积不改变的前提下，其空间布局形态可依程序进行调整，但不得突破建设用地扩展边界和总量。建设区边界（规模边界）调整，须报规划审批机关审查批准。

有条件建设区内土地符合规定的，可依程序办理建设用地审批手续，同时相应核减允许建设区用地规模。土地利用总体规划确定的农村土地整治规模已完成，经评估确认拆旧建设用地复垦到位，存量建设用地达到集约用地要求的，区内土地可安排新增城乡建设用地。规划期内建设用地扩展边界原则上不得调整，如需调整按规划修改处理，严格论证，报规划审批机关批准。

10.3.3　实施生态化土地综合整治

金源乡在土地综合整治规划和实施中，坚持生态化整治理念，即尊重大自然内在肌理，进行生态化整治，开展山水林田湖草综合整治，保护和改善生态环境与农田景观，促进农田生物多样性和生态系统修复（图 10-19）。

1. 土地平整建设工程

土地平整，对丘陵谷地坡度小于 6°的水田开展“小并大”，格田化改造；对小于 25°的耕地实施零星地块归并和生态保坎。田土坎修筑应结合小流域水土治理，与沟渠道路治理和坡面防护相结合，提高水土保持能力。土地平整后形成的田坎应有生态化的工程措施进行巩固。护坎就地取材，采用土坎、石坎、土石混合保坎或生物保坎等保护方式，突出地方整治特色（图 10-20）。

2. 灌溉与排水工程

排灌渠建设首先打通水源来水，包括与升钟水库的斗渠贯通、整治生态净化池、新建蓄水池及提灌站。根据当地集体经济组织和群众的意见将淤积、垮塌、渗漏的山坪塘纳入整治范围，提高蓄水和供水能力。针对渗漏、损坏的渠道进行整治，新建与现代农业生产和水土保持相适应的排灌水系。运用生态化的手段整治沟渠，避免排灌渠“三面光”、山坪塘“四面光”硬化模式，保留支斗渠的自然形态与景观（图 10-21）。

3. 田间与生产道路工程

田间与生产道路整治要根据项目区内所在村的农业生产、居民生活需求与公路交通的衔接进行布局，提高农田通达率，形成公路与田间路和生产路互通的网络道路体系。在田间道的设计上着重考虑农田生产规模化和农机化的需要，保证中小型农机的通行能力和下田通道（图 10-22）。

4. 农田生态修复与保护工程

农田生态建设，一是规划库、塘、河、池、沟渠、湿地的水系建设，连通成网。二是土地平整筑埂要采用生态化的材料和工艺，生态型筑埂，在坡度陡以及筑埂稳定性差的地方修筑石坎或格网护坎，以保土保水保肥；在稳定性好的地方修建土坎，辅以生物制埂，达到生态修复目的。三是排灌渠水利建设采用网格或干砌措施，对原有河道不能裁弯取直，对排灌渠不能整体硬化，可以相隔一段距离设计生物通道和生态池。四是道路工程中，生产生活使用频繁的道路可以采用沥青或水泥路面，

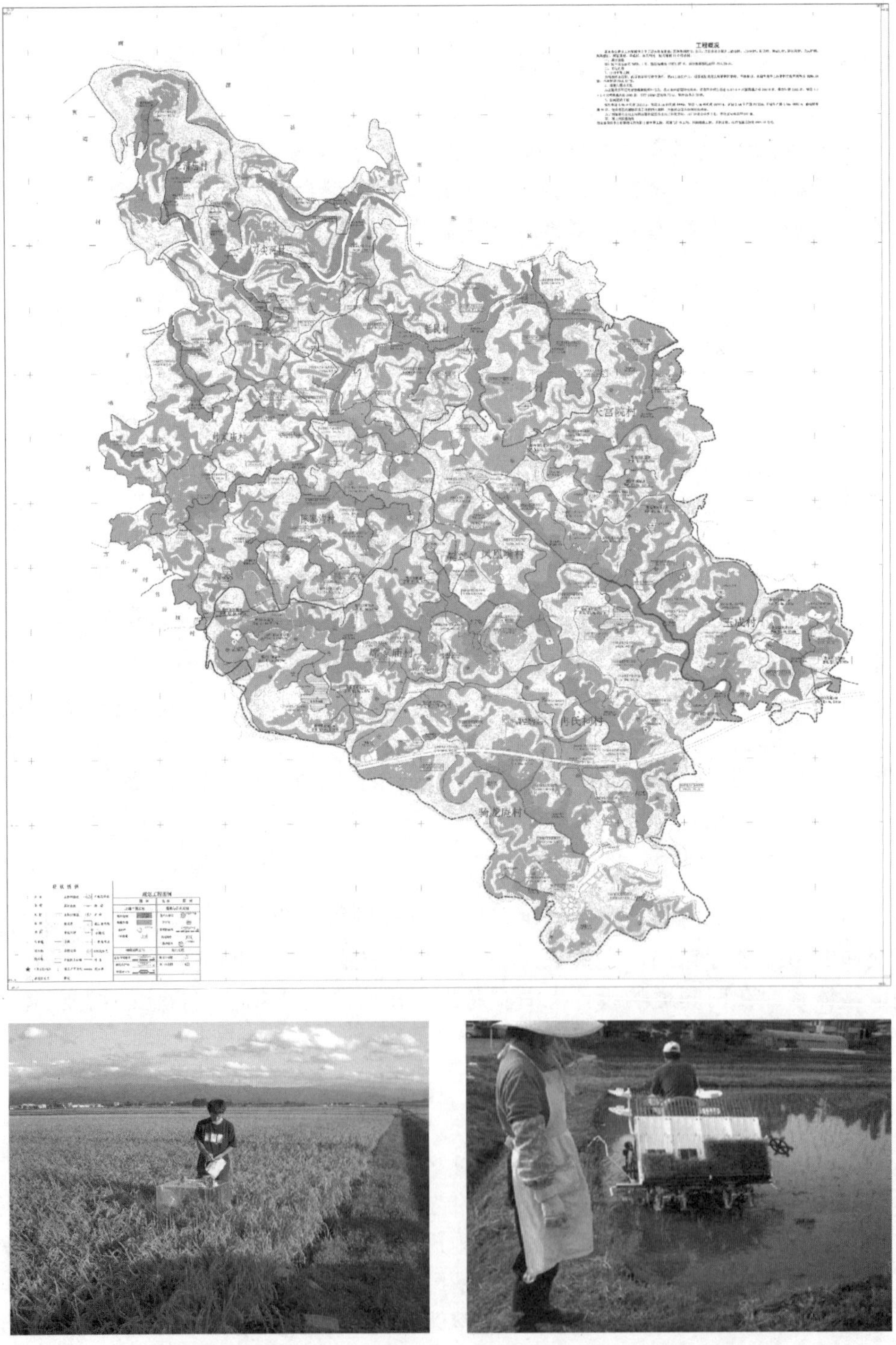

扫一扫　看彩图

图 10-19　金源乡高标准农田建设规划图

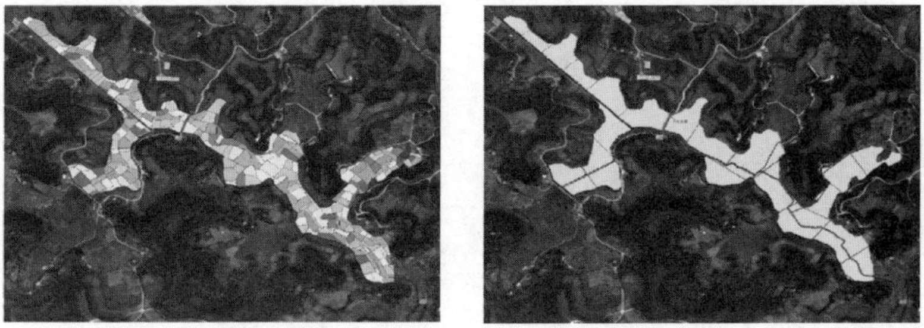

图 10-20　金源乡土地平整工程规划图

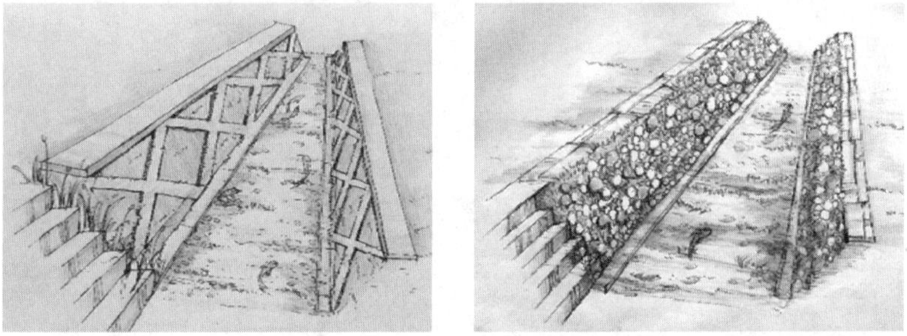

图 10-21　金源乡农田水利规划图

图 10-22　金源乡田间与生产道路工程规划图

其他采用生态化措施建设；农村道路建设结合乡村旅游形成绿道功能，并建设道路绿化生态缓冲隔离带；农村道路建设要考虑必要的生物通道。五是土壤培肥要合理使用化肥，提高有机肥使用率，防止土地退化，减少面源污染（图 10-23）。

5. 打造优美大地景观

（1）道路景观。在“一横一纵一环”主要道路沿线种植乡土绿化树种、花草，乔木以桂花、银杏、桃树、樱花等为主，并搭配以矢车菊、美人蕉、格桑花、百日菊等为主的草花；合理地将绿道沿线的景观引入道路中，形成近景和中远景的

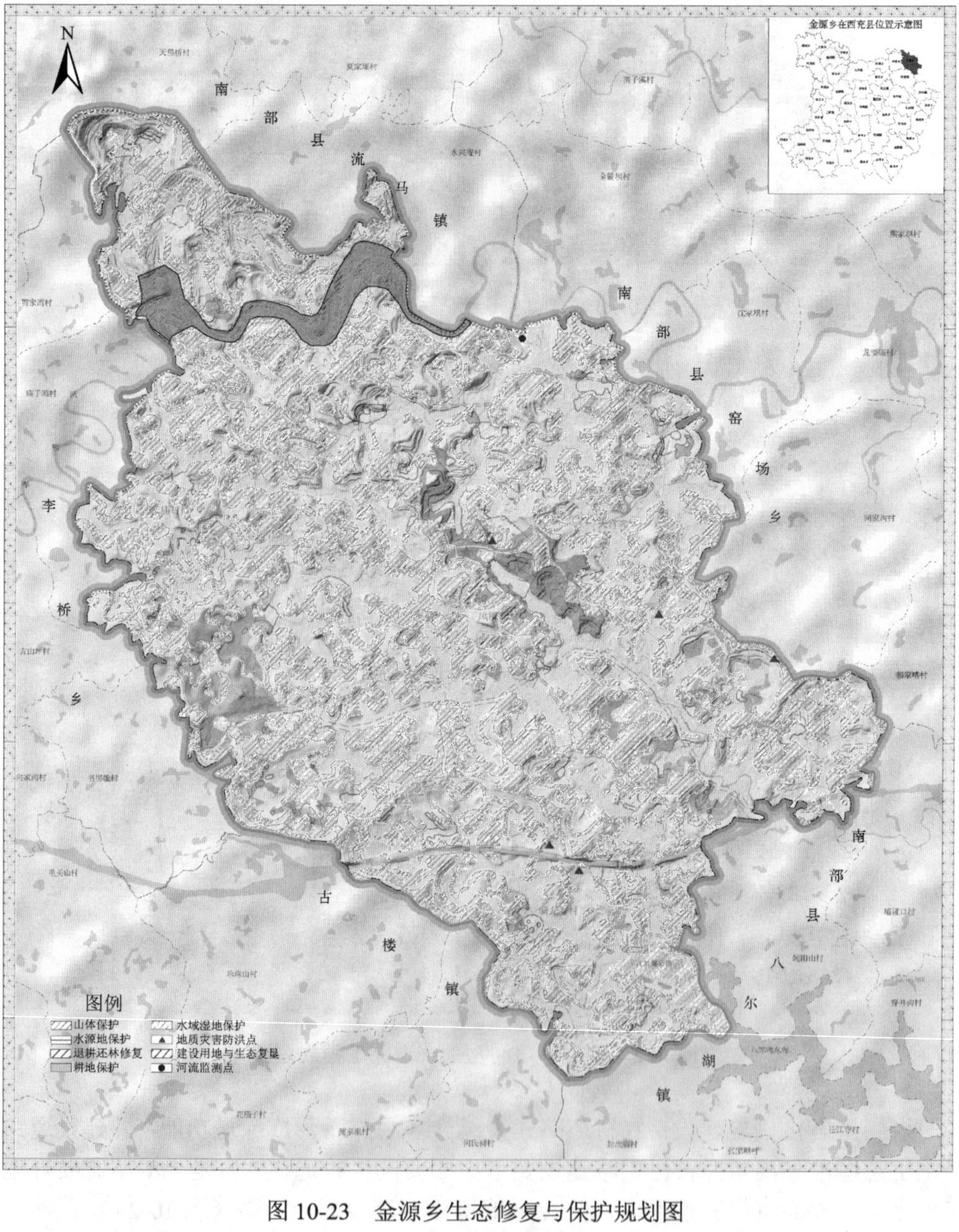

扫一扫　看彩图

图 10-23　金源乡生态修复与保护规划图

多彩界面，道路边坡植被以常绿小乔木为主，局部种植低矮植被的半开敞型景观，打造绿道沿线景观。

（2）山体坡地景观。在山坡地上种植地方特色林果，以柑橘、杜仲、香桃、香梨等特色经果林为主，利用特色经果林的观光体验价值进行景观化打造，形成以农作物种植时令为基础的四季轮回坡地景观。实施坡地小块并大块土地整治，并对田坎树木集中移栽，形成敞亮型大地景观。

（3）水田景观。在水田种植区进行图案景观种植，其中以新民村、凤凰嘴村、席家庙村、玉成村为主，成片的规模化图案式种植提升农田的景观性，同时结合梳理过的周边村庄环境，共同形成清爽宜人的大地景观（图 10-24）。

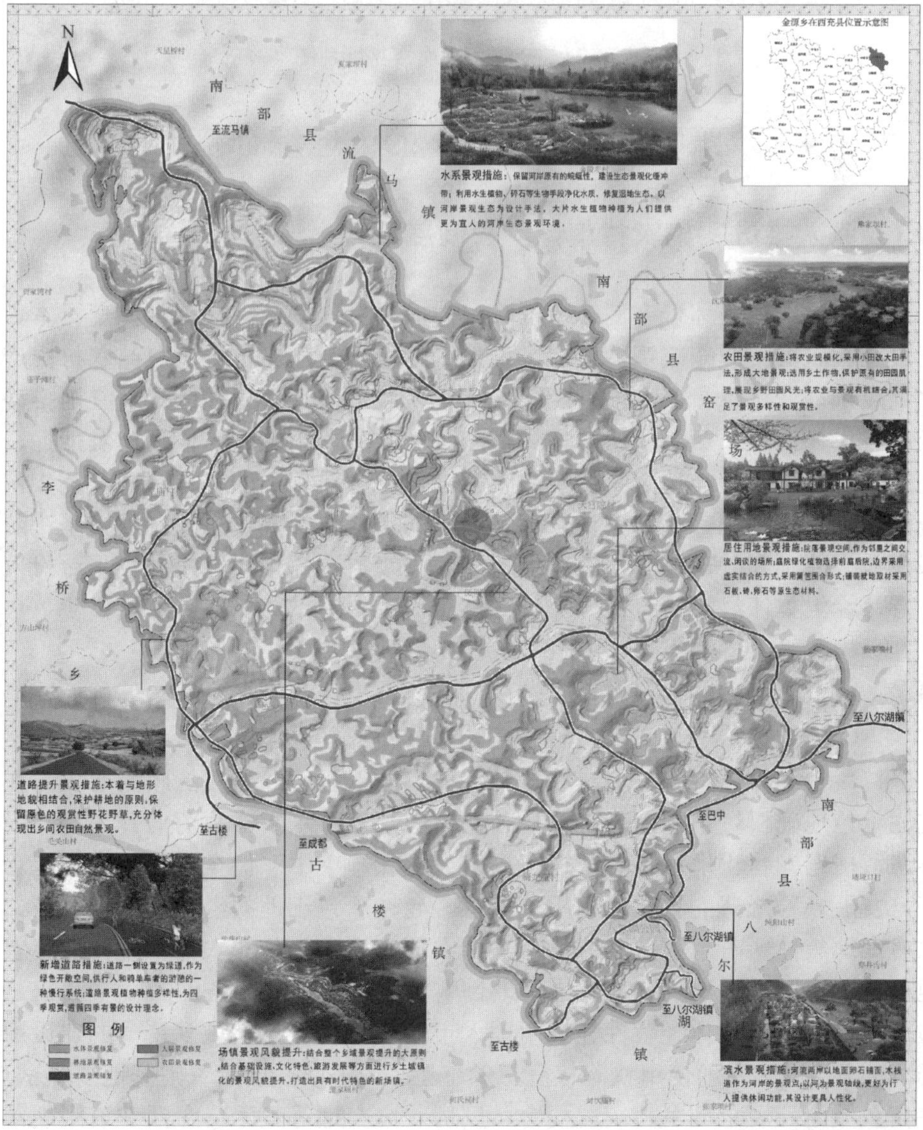

扫一扫 看彩图

图 10-24 金源乡景观修复规划图

10.4 政策制度集成创新下的土地综合整治探索

10.4.1 深入推进实施农村集体产权制度改革

全面开展农村集体资产清产核资、集体成员身份确认，推动资源变资本、资金变股金、农民变股东改革，发展多种形式的股份合作。进一步总结农村资产股份化试点，采取存量折股、增量配股、土地入股等多种形式，因地制宜地推动农村资产股份化改革。赋予农民对集体资产股份占有、收益、有偿退出及抵押、担保、继承等合法权益，按照集体资产收益由集体成员共享的基本原则，逐步构建归属清晰、权能完整、流转顺畅、保护严格的现代农村集体产权制度。坚决防止内部少数人控制和外部资本侵占集体资产。县级财政探索通过投融资平台投入资金扶持、壮大集体经济的路径。

10.4.2 深化农村土地制度改革

坚持落实集体所有权、稳定农户承包权、放活土地经营权的政策要求。在基本完成承包地确权登记颁证工作的基础上，开展“回头看”，做好收尾工作，妥善化解遗留问题，将土地承包经营权证书发放至农户手中。健全土地流转规范管理制度，发展多种形式的农业适度规模经营，允许承包土地的经营权担保融资。坚持农村土地集体所有，不搞私有化；坚持农地农用，防止非农化；坚持保障农民土地权益，不得以退出承包地和宅基地作为农民进城落户的条件。

探索推进农村集体经营性建设用地入市改革，加快建立城乡统一的建设用地市场。加快推进宅基地使用权确权登记颁证工作。争取开展闲置宅基地复垦试点，允许在乡域内开展全域乡村闲置校舍、厂房、废弃地等整治，盘活建设用地，重点用于支持乡村新产业新业态和返乡下乡创业。严格农业设施用地管理，满足合理需求。按照“取之于农，主要用之于农”的要求，调整完善土地出让收入使用范围，提高农业投入农村比例，重点用于农村人居环境整治、村庄基础设施建设和高标准农田建设等乡村振兴项目。开展新增耕地指标和城乡建设用地增减挂钩节余指标跨县、市、省域调剂使用，调剂收益全部用于巩固脱贫攻坚成果和支持乡村振兴。

农村土地使用制度是乡村振兴的抓手，总结农村土地征收、集体经营性建设用地入市、宅基地制度改革试点经验，逐步扩大试点。探索具体用地项目公共利益认定机制，完善征地补偿标准，建立被征地农民长远生计的多元保障机制。建立健全依法公平取得、节约集约使用、自愿有偿退出的宅基地管理制度。盘活集体建设用地存量，探索试点集体经营性建设用地入市，在符合规划和用途管制前提下，赋予农村集体经营性建设用地出让、租赁、入股权能，明确入市范围和途径。建立集体经营性建设用地增值收益分配机制，促进集体建设用地可持续利用和增收，确保农民群众权益不受损。

10.4.3　完善农村集体建设用地保障机制

统筹农业农村各项土地利用活动，乡镇土地利用总体规划可以预留一定比例的规划建设用地指标，用于农业农村发展。根据规划确定的用地结构和布局，年度土地利用计划分配中可安排一定比例新增建设用地指标专项支持农业农村发展。对于农业生产过程中所需各类生产设施和附属设施用地，以及由于农业规模经营必须兴建的配套设施，在不占用永久基本农田的前提下，纳入设施农用地管理，实行县级备案。鼓励农业生产与村庄建设用地复合利用，发展农村新产业新业态，拓展土地使用功能，对利用收储农村闲置建设用地发展农村新产业新业态的，给予新增建设用地指标奖励。

10.4.4　提高土地出让收益用于农业农村比例

健全乡村振兴投入保障制度，为实施乡村振兴战略提供稳定可靠的资金来源。坚持取之于地，用之于农的原则，制定调整完善土地出让收入使用范围、提高农业农村投入比例的政策性意见，所筹集资金用于支持实施乡村振兴战略。积极争取增加城乡建设用地增减挂钩节余指标、新增耕地指标跨地区跨省域流转，将指标流转的资金收入全部用于金源乡基础设施和公共服务设施建设中。积极探索开展经营性建设用地入市，按照土地利用规划分块出让部分集体经营性建设用地。预留不低于 30%的集体建设用地作为发展权留给当地农民群众，用于农村集体经济可持续发展。同时要健全农村集体经营性建设用地收益分配办法，收益用于本集体经济组织的生产生活设施改造、新村建设、组织管理和集体经济组织成员分红。

10.4.5　尊重和充分发挥农民主体作用

加强制度建设、政策激励、教育引导，把发动群众、组织群众、服务群众贯穿于乡村振兴全过程，充分尊重农民意愿，弘扬自力更生、艰苦奋斗精神。引导农民群众依法公平合理参与土地权属调整，保护群众权益，促进现代农业发展，推进镇村建设。激发和调动农民群众的积极性和主动性。发挥政府投资的带动作用，通过民办公助、筹资筹劳、以奖代补、以工代赈等形式，引导和支持村集体和农民自主组织实施或参与直接受益的村庄基础设施建设和人居环境整治。加强筹资筹劳使用监管，防止增加农民负担。出台村庄建设项目简易审批办法，规范和缩小招投标适用范围，依法采取村民自建、民办公助的方式，由农村集体经济组织实施，让农民更多参与并从中获益，激发乡村发展内生动力，推动群众群策群力、共建共享（图 10-25）。

图 10-25　金源乡规划编制过程中的农户参与

10.4.6　强化规划实施督促考核

加强《规划》实施考核监督和激励约束，《规划》确定的约束性指标以及重大工程、重大项目、重大政策和重要改革任务，要明确责任主体和进度要求，确保质量和效果。明确建设项目开工前需开展环境影响评价、水土保持、临时用地复垦方案编制工作，建立规划实施督促检查机制，逐级建立乡村振兴工作推进台账，有针对性地开展多种形式的督查，定期汇总通报工作进展。将《规划》实施成效纳入党委和政府及有关部门的年度绩效考评内容，考核结果作为领导干部年度考核、选拔任用的重要依据，确保各项目标任务按照时间节点和计划要求落实。加强乡村统计工作，建立科学、客观反映乡村振兴战略实施进展的指标和统计体系。适时开展《规划》中期评估和总结评估。

参 考 文 献

[1] Arvo V. An overview of land consolidation in Europe[J]. Nordic Journal of Surveying and Real Estate Research，2004，1（1）：124-136.

[2] 贾文涛，张中帆. 德国土地整理借鉴[J]. 资源·产业，2005（2）：77-79.

[3] 廖蓉，杜官印. 荷兰土地整理对我国土地整理发展的启示[J]. 中国国土资源经济，2004（9）：26-28，48.

[4] 吴诗嫚，叶艳妹，林耀奔. 德国、日本、中国台湾地区多功能土地整治的经验与启示[J]. 华中农业大学学报（社会科学版），2019（3）：140-148，165-166.

[5] Coelho J C，Pinto P A，Silva L M D. A systems approach for the estimation of the effects of land consolidation projects（LCPs）：A model and its application[J]. Agricultural Systems，2001，68（3）：179-195.

[6] Crecente R，Alvarez C，Fra U. Economic，social and environmental impact of land consolidation in Galicia[J]. Land Use Policy，2002，19（2）：135-147.

[7] Binns B O. The Consolidation of Fragmented Agricultural Holdings[R]. Washington D C：FAO Agriculture Studies，1950.

[8] 张军连，李宪文，刘庆，等. 国外市地整理模式研究[J]. 中国土地科学，2003（1）：46-51.

[9] Bosma H. Evolution in Advance of the Effects and Costs of Land Consolidation Projects in the Netherland[C]. Agriculture and the Management of Natural Resources：Eight Symposium of the European Association of Agricultural Economics，1985.

[10] Mihara M. Effects of agricultural land consolidation on erosion processes in semi-mountainous paddy fields of Japan[J]. Journal of Agricultural Engineering Research，1996，64（3）：237-247.

[11] Laird F N. Participatory analysis，democracy，and technological decision making[J]. Science Technology & Human Values，1993，18（3）：341-361.

[12] Bronstert A，Vollmer S，Ihringer J. A review of the impact of land consolidation on runoff production and flooding in Germany[J]. Physics & Chemistry of the Earth，1995，20（3-4）：321-329.

[13] 刘元芳，郑艳东，赵娇娇，等. 基于能值分析方法的农村土地整治效益评价[J]. 水土保持研究，2013，20（2）：191-195，200.

[14] 王晓健，钱程，邹秋华. 土地整治研究进展综述与展望[J]. 时代农机，2017，44（6）：136，138.

[15] 崔全红. 土地整治研究进展综述与展望[J]. 农村经济与科技，2018，29（11）：10-13.

[16] 张勇，汪应宏，包婷婷，等. 土地整治研究进展综述与展望[J]. 上海国土资源，2014，35（3）：15-20.

[17] Cay T，Iscan F. Fuzzy expert system for land reallocation in land consolidation[J]. Expert

Systems with Applications，2011，38（9）：11055-11071.
[18] 郭飞. 国内外土地整治研究进展[J]. 广东土地科学，2013，12（1）：15-21.
[19] 叶艳妹. 可持续农地整理的理论与方法研究[D]. 杭州：浙江大学，2002.
[20] 高向军，鞠正山. 论“中国土地整理微观行为的宏观理念”[J]. 中国软科学，2002（5）：14-15.
[21] 罗明，龙花楼. “土地整理理论”初探[J]. 地理与地理信息科学，2003（6）：60-64.
[22] 信桂新，杨朝现，魏朝富，等. 人地协调的土地整治模式与实践[J]. 农业工程学报，2015，31（19）：262-275.
[23] 刘彦随，朱琳，李玉恒. 转型期农村土地整治的基础理论与模式探析[J]. 地理科学进展，2012，31（6）：777-782.
[24] 龙花楼，张英男，屠爽爽. 论土地整治与乡村振兴[J]. 地理学报，2018，73（10）：1837-1849.
[25] 严金明，夏方舟，李强. 中国土地综合整治战略顶层设计[J]. 农业工程学报，2012，28（14）：1-9.
[26] 信桂新，陈兰，杨庆媛. 土地整治促进城乡统筹发展——基于重庆的实践考察[J]. 西南师范大学学报（自然科学版），2017，42（6）：65-72.
[27] 李献民，张雪峰，梅长青. 基于城乡统筹背景下的“人地挂钩”土地综合整治模式研究——以安徽省宿州市为例[J]. 科协论坛（下半月），2013（10）：157-158.
[28] 刘彦随，刘玉. 中国农村空心化问题研究的进展与展望[J]. 地理研究，2010，29（1）：35-42.
[29] 龙花楼. 论土地整治与乡村空间重构[J]. 地理学报，2013，68（8）：1019-1028.
[30] 高燕，叶艳妹. 农村居民点用地整理的影响因素分析及模式选择[J]. 农村经济，2004（3）：23-25.
[31] 杨庆媛，田永中，王朝科，等. 西南丘陵山地区农村居民点土地整理模式——以重庆渝北区为例[J]. 地理研究，2004（4）：469-478.
[32] 罗为群，蒋忠诚，覃小群. 广西平果龙何屯景观生态型土地整理模式探讨[J]. 广西师范大学学报（自然科学版），2005（2）：98-102.
[33] 谷晓坤，刘静，张正峰，等. 大都市郊区景观生态型土地整治模式设计[J]. 农业工程学报，2014，30（6）：205-211.
[34] 鲁成树，孙旭海. 城乡统筹背景下土地整治模式与政策选择研究[J]. 湖南农业科学，2014（1）：88-90.
[35] 谢建华. 助推乡村振兴战略 促进生态文明建设——杭州市积极探索和实践全域土地综合整治新路径[J]. 浙江国土资源，2008（10）：13-15.
[36] 冯磊. 土地整治促进农业发展研究——以陕西省为例[D]. 西安：长安大学，2014.
[37] 刘晶妹，张玉萍. 我国农村土地整理运作模式研究[J]. 中国土地科学，1999（6）：33-35.
[38] 赵冬玲，何珊珊，杨建宇，等. 基于限制因素和热点分析的耕地整治质量潜力测算[J]. 农业机械学报，2017，48（2）：158-164，157.
[39] 张充. 贵州省 5000～10000 亩坝区耕地整治数量潜力研究[J]. 南方农机，2017，48（18）：152-155.
[40] 孙丽娟，范丽娟. 贫困地区农用地整治潜力及分区研究——以宁夏同心县为例[J]. 宁夏农林科技，2019，60（8）：28-31，3，2.
[41] 路婕，夏秋月，吴克宁，等. 基于土地利用系数的补充耕地质量等级评价方法[J]. 河南农

业大学学报，2018，52（2）：265-272.
[42] 王洪丹，王金满，李新凤. 北方山丘区县域农用地整理数量质量潜力测算方法研究[J]. 山东农业大学学报（自然科学版），2015，46（3）：373-378.
[43] 唐秀美，陈百明，张蕾娜，等. 新形势下全国农用地整理潜力测算方法探讨[J]. 中国土地科学，2011，25（9）：67-71.
[44] 张慧，李新旺，霍习良，等. 基于产能理论的耕地整理现实潜力测算方法研究——以河北省肃宁县为例[J]. 水土保持研究，2011，18（2）：202-206，212.
[45] 王秋香，张红富，胡智毅，等. 广东省不同典型区耕地产能利用潜力分析[J]. 土壤学报，2011，48（3）：487-495.
[46] 高星，吴克宁，陈学砧，等. 土地整治项目提升耕地质量可实现潜力测算[J]. 农业工程学报，2016，32（16）：233-240.
[47] 宋戈，刘燕妮，张文琦，等. 基于可改良限制因子的耕地质量等别提升潜力研究[J]. 农业工程学报，2019，35（14）：261-269.
[48] 邵雅静，员学锋. 基于限制因子分析的耕地质量提升潜力分区[J]. 生态学杂志，2019，38（8）：2442-2449.
[49] 李鸿健，任志远，闵学. 山地丘陵区农村居民点整治潜力测算——以陕西省旬阳县为例[J]. 陕西师范大学学报（自然科学版），2017，45（1）：98-103.
[50] 黄烁秋，刘兆顺，孙博，等. 汪清县农村居民点用地整治潜力评价研究[J]. 水土保持研究，2017，24（6）：281-285.
[51] 高阳，张凤荣，郝晋珉，等. 基于整治潜力与迫切度的村级农村居民点整治时序研究[J]. 资源科学，2016，38（2）：185-195.
[52] 王阳，王占岐，陈媛. 基于Topsis和矩阵法的山区农村居民点整治时序分区研究[J]. 水土保持研究，2015，22（6）：324-330，334.
[53] 倪琳，宋安安，郑艳东，等. 基于生态约束的山区农村居民点整治分区研究——以河北省涞源县为例[J]. 中国农业资源与区划，2019，40（10）：26-33.
[54] 王玮，陈英，张仁陟. 农村宅基地整治潜力和整治成本测算方法——以河南省濮阳市为例[J]. 地域研究与开发，2017，36（4）：125-129.
[55] 宋荣，胡业翠. 中国城市土地整治综合潜力分区与提升路径[J]. 地球信息科学学报，2020，22（7）：1522-1531.
[56] 脱正杰，张永福，邓涛. 增减挂钩背景下绿洲县域农村居民点整治潜力测算及分区[J]. 江苏农业科学，2020，48（19）：6-11.
[57] 李敏，赵小敏，龚绍琦，等. 土地整理中土地经济效益分析——以山东省阳信县为例[J]. 江西农业大学学报（社会科学版），2003（4）：141-143.
[58] 张正峰，赵伟. 土地整理的资源与经济效益评估方法[J]. 农业工程学报，2011，27（3）：295-299.
[59] 卢卫阳，范员华，王敏，等. 农村土地整治项目经济效益评价——以江西省鄱阳县四十里街镇土地整治项目为例[J]. 资源信息与工程，2016，31（5）：105-106，108.
[60] 吴冠岑，刘友兆，付光辉. 基于熵权可拓物元模型的土地整理项目社会效益评价[J]. 中国土地科学，2008（5）：40-46.
[61] 邓经川，杨庆媛，藏波，等. 县域农村土地整理社会效益评价研究——以重庆市云阳县为

例[J]. 西南农业大学学报（社会科学版），2013，11（4）：1-6.
[62] 孙炜，朱美平. 浅议土地整理与土地生态保护[J]. 中国土地，2004（5）：39-40.
[63] 孙爱军. 土地整理必须注意生态环境保护[A]//2004 年中国科协年会 3 分会场论文摘要集[C]. 北京：中国土地学会，2004：2.
[64] 董利民，伍黎芝，王雅鹏. 刍议土地整理与土地生态保护[J]. 生态经济，2004（2）：33-35.
[65] 欧阳真程，赵小敏，张晗，等. 鄱阳湖平原区土地整治项目生态效益评价——以江西省鄱阳县为例[J]. 江西农业学报，2018，30（2）：123-128.
[66] 郑加玉，张忠峰，程森，等. 皖南烟区村域尺度土地整理的生态效益评价研究[J]. 中国烟草科学，2015，36（5）：90-95.
[67] 程文仕，乔蕻强，刘志，等. 基于 RAGA-PPC 模型的土地整治综合效益评价——以甘肃省庆阳市 15 个土地整治项目为例[J]. 水土保持通报，2016，36（4）：257-261，268.
[68] 曾璇，胡笑涛. 土地整理项目综合效益评价研究——以靖边县土地整理项目为例[J]. 农业与技术，2020，40（15）：165-166.
[69] 吴博. 陕西土地复垦与生态修复综合效益价值评估[J]. 中国农业资源与区划，2018，39（6）：152-159.
[70] 张雄一，王盈丽，董贤斌，等. 基于变异系数法的张家界市永定区土地利用综合效益评价[J]. 湖南农业科学，2020（2）：94-98.
[71] 杨俊，王占岐，金贵，等. 基于 AHP 与模糊综合评价的土地整治项目实施后效益评价[J]. 长江流域资源与环境，2013，22（8）：1036-1042.
[72] 刘志铭，王瑷玲. 基于模糊综合评价的土地整治效益研究——以诸城市黑龙沟等村土地整治项目为例[J]. 山东农业大学学报（社会科学版），2020，22（2）：77-82，148.
[73] 刘中正. 基于层次分析法的土地整治项目综合效益评价——以平昌县岳家镇土地整治项目为例[J]. 西部大开发（土地开发工程研究），2018，3（9）：6-9.
[74] 刘琦，尚杰. 基于 AHP 的延安治沟造地项目生态效益评价——以延长县 2018 年治沟造地项目为例[J]. 南方农机，2020，51（21）：69-71.
[75] 胡娟，刘新平，张琳. 基于模糊综合评价法的土地整治效益评价——以新疆沙湾县金沟河镇宋圣宫村为例[J]. 新疆农垦经济，2016（11）：48-54，84.
[76] 刘姝驿，杨庆媛，何春燕，等. 基于层次分析法（AHP）和模糊综合评价法的土地整治效益评价——重庆市 3 个区县 26 个村农村土地整治的实证[J]. 中国农学通报，2013，29（26）：54-60.
[77] 罗畅，夏春光，杨庆媛，等. 灾毁土地复垦的经济效益研究——以重庆市北碚区为例[J]. 西南师范大学学报（自然科学版），2005（6）：1138-1141.
[78] 原伟鹏，刘新平，马耘秀，等. 基于多指标综合评价的农村土地整治项目效益评价[J].南方农村，2016，32（4）：35-39.
[79] 王晶，白清俊. 土地整治生态效应及效益评价研究进展[J]. 西部大开发（土地开发工程研究），2019，4（6）：25-30.
[80] 鲍海君，徐保根. 生态导向的土地整治区空间优化与规划设计模式——以嘉兴市七星镇为例[J]. 经济地理，2009，29（11）：1903-1906.
[81] 金晓斌，李海涛，周寅康，等. 基于 DEM 的丘陵山区土地整理项目辅助决策[J]. 中国土地科学，2004（1）：39-44.

[82] 王超敏. 基于乡村振兴背景的土地整治技术体系探析[J]. 住宅与房地产，2020（26）：87，95.
[83] 陈百明，谷晓坤，张正峰，等. 土地生态化整治与景观设计[J]. 中国土地科学，2011，25（6）：10-14.
[84] 叶艳姝，吴次芳，俞婧. 农地整理中路沟渠生态化设计研究进展[J]. 应用生态学报，2011，22（7）：1931-1938.
[85] 胡静，金晓斌，陈原，等. 土地整治重大工程项目建设监测管理系统的设计与实现[J]. 中国土地科学，2012，26（7）：44-49，97.
[86] 王金满，白中科，宿梅双. 山地丘陵区坡式梯田土地整治工程量快速测算方法[J]. 中国土地科学，2013，27（1）：78-83.
[87] 顾培亮. 系统分析与协调[M]. 天津：天津大学出版社，1998.
[88] 朱佳敏. 我国土地整理中存在的问题及解决对策[J]. 安徽农业科学，2010，38（27）：15394-15395.
[89] 李永红，高照良，徐佳，等. 土地开发整理的概况、内涵及实践[J]. 科技和产业，2010，10（3）：108-122.
[90] 刘彦随. 科学推进中国农村土地整治战略[J]. 中国土地科学，2011，25（4）：3-8.
[91] 陈坤秋，龙花楼. 土地整治与乡村发展转型：互馈机理与区域调控[J]. 中国土地科学，2020，34（6）：1-9.
[92] 高佳莉. 乡村振兴背景下基于全域土地综合整治的村庄建设发展规划[D]. 杭州：浙江大学，2019.
[93] 范垚. 城乡统筹发展视角下农村土地综合整治绩效评价研究[D]. 重庆：西南大学，2016.
[94] 周路菡. 乡村振兴：超越新农村[J]. 新经济导刊，2018（Z1）：72-76.
[95] 文丰安. 新时代乡村振兴与精准扶贫战略协同推进的思考[J]. 新视野，2019（3）：17-22.
[96] 常江，朱冬冬，冯姗姗. 德国村庄更新及其对我国新农村建设的借鉴意义[J]. 建筑学报，2006（11）：71-73.
[97] 冯•贝塔朗菲. 一般系统论：基础发展和应用[M]. 林康义，魏宏森，译. 北京：清华大学出版社，1987.
[98] 李冰清，王占岐，金贵. 新农村建设背景下的土地整治项目绩效评价[J]. 中国土地科学，2015，29（3）：68-74，96.
[99] 杨斌，王占岐，胡学东. 基于改进可拓物元模型的土地整治项目绩效评价及影响因素分析[J]. 中国土地科学，2018，32（7）：66-73.
[100] 欧雪娇. 基于博弈论的土地整治权属调整研究[D]. 桂林：广西师范学院，2013.
[101] 胡丕勇，崔卫华，郑涛. 农村土地整治中权属调整机制初探[J]. 国土资源情报，2011（10）：46-49.
[102] 王淇. 辽宁沿海经济带城市土地利用效益研究[D]. 沈阳：沈阳师范大学，2019.
[103] 戴云菲. 可持续发展理论文献综述[J]. 商，2016（13）：111.
[104] 陈月英. 可持续发展理论综述[J]. 长春师范学院学报，2000（5）：50-52，25.
[105] 罗慧，霍有光，胡彦华，等. 可持续发展理论综述[J]. 西北农林科技大学学报（社会科学版），2004（1）：35-38.
[106] 罗明，宇振荣，应凌霄. 从生态系统健康视角看土地综合整治[J]. 中国土地，2020（2）：

4-8.
[107] 郭艳珍. 开展土地综合整治 创新民族地区可持续发展之路[J]. 科技视界，2013（3）：178.
[108] 王子凌. 县域土地综合整治潜力与整治分区研究[D]. 北京：中国地质大学，2014.
[109] 张建军. 城市地景园林与生态修复理论与方法[J]. 中国建设信息化，2018（19）：69-71.
[110] 尼尔. G. 科克伍德. 弹性景观——未来风景园林实践的走向[J]. 刘晓明，何璐，译. 中国园林，2010，26（7）：10-14.
[111] 魏后凯，苑鹏，芦千文. 中国农业农村发展研究的历史演变与理论创新[J]. 改革，2020（10）：5-18.
[112] 邹於娟. 新中国七十年农业农村发展历程及政策演变[J]. 农业经济，2020（10）：35-37.
[113] 郭学喆. 中国农村土地制度的世纪变革[J]. 黑龙江科技信息，2016（2）：239.
[114] 薄一波. 关于1956年度国民经济计划的执行结果和1957年度国民经济计划草案的报告[J]. 中华人民共和国国务院公报，1957（29）：603-629.
[115] 杨洁. 统购统销政策形成的原因和影响[J]. 经济视角（下），2013（10）：162-163.
[116] 毕美家. 中国共产党领导合作社发展的百年历程和经验启示[J]. 中国农民合作社，2021（7）：8-12.
[117] 夏一璞. 改革开放：以创新为生命的伟大革命[J]. 今日中国，2019，68（1）：13-15.
[118] 幸元源. 改革开放以来我国乡镇企业的发展历程和展望[J]. 改革与开放，2009（11）：99.
[119] 关锐捷，裍燕庆. 新中国农村经营体制改革60年回顾与展望[J]. 中国乡镇企业，2010（1）：47-50.
[120] 侯玲玲，穆月英，张春晖. 中国农业补贴政策及其实施效果分析[J]. 中国农学通报，2007（10）：289-294.
[121] 李丽. 我国财政支农支出的规模和结构分析及启示[J]. 技术与市场，2009，16（5）：22-23.
[122] 李涛. 土地流转下，农资渠道商如何生存与演变？[J]. 营销界（农资与市场），2014（1）：66-67.
[123] 韩长赋. 土地“三权分置”是中国农村改革的又一次重大创新[J]. 中国合作经济，2016（10）：6-10.
[124] 陈百明. 发展之要 统筹之本 生态之基——展望土地整治工作新趋势[J]. 中国土地，2012（3）：1.
[125] 贾文涛. 土地整治有了新目标——《全国土地整治规划（2011—2015年）》解读[J]. 中国土地，2012（4）：12-14.
[126] 徐绍史. 深入开展农村土地整治 搭建新农村建设和城乡统筹发展新平台[J]. 国土资源通讯，2009（8）：6-7，1.
[127] 夏方舟，杨雨濛，严金明. 中国国土综合整治近40年内涵研究综述：阶段演进与发展变化[J]. 中国土地科学，2018，32（5）：78-85.
[128] 吴传钧. 国土整治和区域开发[J]. 地理学与国土研究，1994（3）：1-12.
[129] 吴传钧. 国土开发整治区划和生产布局[J]. 经济地理，1984（4）：243-246.
[130] 陈传康. 国土整治的理论和政策研究[J]. 自然资源，1985（1）：1-7.
[131] 陆大道. 关于国土（整治）规划的类型及基本职能[J]. 经济地理，1984（1）：3-9.
[132] 包浩生，彭补拙，倪绍祥. 国土整治与自然资源研究[J]. 地理学报，1987（1）：62-68.
[133] 杨树珍. 国土整治与经济区划[J]. 地理学报，1983（2）：105-112.

[134] 黎福贤. 京津唐国土规划纲要研究[J]. 城市规划，1985（2）：24-29.
[135] 黄春海，张祖陆. 黄河三角洲国土开发与整治[J]. 地理科学，1986（3）：197-205.
[136] 周立三. 我国国土整治方针与任务的探讨[J]. 经济地理. 1982（4）：243-246.
[137] 王军，余莉，罗明，等. 土地整理研究综述[J]. 地域研究与开发，2003（2）：8-11.
[138] 吴次芳，肖武，曹宇，等. 全域土地综合整治典型案例[EB/OL].（2020-09-04）[2020-11-17]. http://lcrc. org.cn/tdzzgz/cxyal/202009/t20200904_51517.html.
[139] 中华人民共和国生态环境部. 浙江省“千村示范、万村整治”工程获联合国最高环境荣誉“地球卫士奖”[EB/OL].（2018-09-27）[2020-11-17]. http://www.mee.gov.cn/xxgk/gzdt/201809/t20180927_632673_wap.shtml.
[140] 谭荣，王荣宇. 借鉴德国乡村整治经验 助推全域土地综合整治[J]. 浙江国土资源，2018（10）：19-22.
[141] 毛春悦，上官彩霞，冯淑怡. 农村宅基地置换模式的差异性及其机理分析[J]. 干旱区资源与环境，2017，31（10）：31-37.
[142] 本刊编辑部. 河南：宅基地复垦券助力脱贫攻坚[J]. 资源导刊，2018（5）：10-12.
[143] 金桃，潘伯娟，廖小锋，等. 以“村民自建”土地整治模式助力脱贫攻坚——以贵州省为例[J]. 南方国土资源，2019（3）：28-31.
[144] 张挺，李闽榕，徐艳梅. 乡村振兴评价指标体系构建与实证研究[J]. 管理世界，2018，34（8）：99-105.
[145] 闫周府，吴方卫. 从二元分割走向融合发展——乡村振兴评价指标体系研究[J]. 经济学家，2019（6）：90-103.
[146] 姚树荣，龙婷玉. 农户福利视角下的美丽乡村建设模式比较研究[J]. 四川大学学报（哲学社会科学版），2019（1）：170-180.
[147] 钱龙，朱红根. 农户感知与响应视角下的确权颁证政策绩效研究——基于江西省的问卷调查[J]. 农村经济，2019（4）：21-30.
[148] 谢致红，王秀兰，梅昀，等. 市场主导型增减挂钩项目区农户福利变化及其影响因素研究[J]. 农业现代化研究，2018，39（5）：798-807.
[149] 陈义媛. 资本下乡的社会困境与化解策略——资本对村庄社会资源的动员[J]. 中国农村经济，2019（8）：128-144.
[150] 周立. “城乡中国”时代的资本下乡[J]. 人民论坛，2018（28）：70-72.
[151] 周振，卢洋啸. 工商资本参与乡村振兴的现状、难点与政策建议——基于五省九县的调研[J]. 中国经贸导刊，2018（36）：53-56.
[152] 姚树荣，周毓君. 乡村城镇化的市场驱动模式与实现路径——以成都市福洪镇为例[J]. 农村经济，2018（5）：81-86.
[153] 周其仁. 农村建设用地转让制度试验正当其时[J]. 农村工作通讯，2007（11）：29.
[154] 周其仁. 确权是土地流转的前提与基础[J]. 农村工作通讯，2009（14）：40.
[155] 周其仁. 土地确权维护农民权益[J]. 资源与人居环境，2009（13）：14.
[156] 周其仁. 城乡中国[J]. 中国经济周刊，2015（18）：81.
[157] 周其仁. 改革的逻辑[J]. 中国品牌，2018（11）：95.
[158] 贺雪峰. 中国土地制度向何处去[J]. 学习与实践，2009（6）：99-106，1.
[159] 贺雪峰. 地权的逻辑[J]. 决策，2014（1）：96.

[160] 贺雪峰. 地权的逻辑Ⅱ[M]. 北京：东方出版社，2013.
[161] 贺雪峰. 城乡建设用地增减挂钩政策的逻辑与谬误[J]. 学术月刊，2019，51（1）：96-104.
[162] 武琪. 华生：城市化转型与土地陷阱[J]. 财经界，2014（19）：10-16.
[163] 张蔚文，李学文，吴宇哲. 基于可转让发展权模式的折抵指标有偿调剂政策分析——一个浙江省的例子[J]. 中国农村经济，2008（12）：50-61.
[164] 覃琳，邓杨琼，邱凌. 浅谈耕地占补指标交易体系建设——基于重庆地票制度[J]. 国土资源科技管理，2013，30（3）：83-86.
[165] 袁志刚. 土地指标交易对于新型城镇化的意义[J]. 中国人力资源社会保障，2013，（5）：59.
[166] 廉大为，赵雪锋. 集体建设用地指标交易市场化机制研究——以上海市为例[J]. 华东经济管理，2012，26（11）：7-11.
[167] 李云，严俊. 政府主导下的增减挂钩项目实施模式初探[J]. 资源与人居环境，2013（7）：45-48.
[168] 张东一. 地票制度形成的土地增值利益分配结构研究[J]. 中国不动产法研究，2011（1）：186-195.
[169] 姜和忠，徐卫星. 农地非农化配置中的收益分配问题：基于可持续发展理论的公平原则[J]. 中国土地科学，2011，25（6）：65-69.
[170] 沈萍. 地票交易制度的创新、困境及出路[J]. 经济法论坛，2010（1）：236-244.
[171] 陈利根，成程. 基于农民福利的宅基地流转模式比较与路径选择[J]. 中国土地科学，2012，26（10）：67-74.
[172] 邱继勤，邱道持，石永明. 城乡建设用地挂钩指标的市场配置[J]. 城市问题，2010（7）：65-69.
[173] 吴胜利. 统筹城乡背景下永久基本农田保护补偿制度创新研究[J]. 农业经济，2012（9）：90-92.
[174] 文枫，鲁春阳，杨庆媛，等. 农村集体建设用地流转研究进展[J]. 地理科学进展，2011，30（9）：1193-1200.
[175] 伍学林. 成都市城乡建设用地增减挂钩试点的经验与启示[J]. 软科学，2011，25（5）：99-101.
[176] 诸培新，马贤磊，李明艳. 农村集体建设用地发展权配置模式分析：委托代理视角[J]. 南京农业大学学报（社会科学版），2009，9（4）：71-77.
[177] 鲁春阳，文枫，杨庆媛，等. 农村集体建设用地流转潜力估算[J]. 农业工程学报，2011，27（5）：305-312.
[178] 张震霞. 重庆市地票交易法律属性分析[J]. 福建论坛（人文社会科学版），2012（S1）：209-210.
[179] 陈美球，马文娜. 城乡建设用地增减挂钩中农民利益保障对策研究——基于江西省《“增减挂钩”试点农民利益保障》专题调研[J]. 中国土地科学，2012，26（10）：9-14.
[180] 韩纪江，任柏强. 借鉴开发权交易（TDR）推行用地指标交易的理论评述与展望[J]. 湖北社会科学，2011（7）：90-94.
[181] 杨继瑞，汪锐，马永坤. 统筹城乡实践的重庆“地票”交易创新探索[J]. 中国农村经济，2011（11）：4-9，22.

[182] 郭振杰. “地票”的创新价值及制度突破[J]. 重庆社会科学，2009（4）：71-75.
[183] 曹亚鹏. “指标漂移”的社会过程——一个基于重庆“地票”制度的实证研究[J]. 社会发展研究，2014，1（2）：55-91，243-244.
[184] 鲍建平. 义乌“集地券”管理制度的探索与实践[J]. 中国土地，2018（3）：41-43.
[185] 谭明智. 严控与激励并存：土地增减挂钩的政策脉络及地方实施[J]. 中国社会科学，2014（7）：125-142，207.
[186] 合富研究院. 从粤港澳大湾区看房地产前景（第一期：区域价值前景）[J]. 房地产导刊，2017（12）：28-31.
[187] 马梓洲. 基于佛山南海试点地券制度的广东地券市场化研究[J]. 浙江农业科学，2018，59（12）：2316-2318.
[188] 刘俊，杨惠，白庆兰，等. 地票的制度基础与法律性质[M]. 北京：法律出版社，2012.
[189] 李国强. 时代变迁与物权客体的重新界定[J]. 北京师范大学学报（社会科学版），2011（1）：125-132.
[190] 张先贵. 中国法语境下土地开发权理论之展开[J]. 东方法学，2015（6）：18-28.
[191] 陈柏峰. 土地发展权的理论基础与制度前景[J]. 法学研究，2012，34（4）：99-114.
[192] 唐薇. 建设用地指标交易的制度局限及法制应对——基于成渝建设用地指标交易实践视角[J]. 农村经济，2019（1）：37-45.
[193] 汪莉，王珺. 建设用地指标交易监管机制的完善[J]. 安徽工业大学学报（社会科学版），2017，34（2）：43-46.
[194] 卢文道. 证券交易所及其自律管理行为性质的法理分析[J]. 证券法苑，2011，5（2）：1007-1048.
[195] 刘澄宇，龙开胜. 集体建设用地指标交易创新：特征、问题与对策——基于渝川苏浙等地典型实践[J]. 农村经济，2016（3）：27-33.
[196] 马晓妍，叶剑平，郧文聚. 建设用地指标跨区域市场化配置可行性分析[J]. 中国土地，2017（10）：17-19.
[197] 李宝山，刘志伟. 集成管理——高科技时代的管理创新[M]. 北京：中国人民大学出版社，1998.
[198] 朱孔来，乐菲菲. 对集成创新有关理论和实践问题的思考[J]. 经济纵横，2011（10）：31-34.
[199] 刘雷，牛任远，郑嫣然，等. 乡村振兴背景下的农业大地景观设计手法[J]. 浙江农业科学，2019，60（9）：1623-1627，1630.
[200] 许刚. 生态型土地整治规划设计模式分析[J]. 上海国土资源，2012，33（1）：51-54.